公路边坡地质灾害研究

魏 念 著

吉林科学技术出版社

图书在版编目（CIP）数据

公路边坡地质灾害研究 / 魏念著． — 长春 ：吉林
科学技术出版社，2024.5
ISBN 978-7-5744-1391-7

Ⅰ．①公… Ⅱ．①魏… Ⅲ．①公路路基－边坡－地质
灾害－研究 Ⅳ．① U418.5

中国国家版本馆 CIP 数据核字 (2024) 第 102392 号

公路边坡地质灾害研究

著　　　魏　念
出 版 人　宛　霞
责任编辑　鲁　梦
封面设计　树人教育
制　　版　树人教育
幅面尺寸　185mm×260mm
开　　本　16
字　　数　360 千字
印　　张　16.5
印　　数　1~1500 册
版　　次　2024 年 5 月第 1 版
印　　次　2024 年 10月第 1 次印刷

出　　版　吉林科学技术出版社
发　　行　吉林科学技术出版社
地　　址　长春市福祉大路5788 号出版大厦A 座
邮　　编　130118
发行部电话/传真　0431-81629529 81629530 81629531
　　　　　　　　　81629532 81629533 81629534
储运部电话　0431-86059116
编辑部电话　0431-81629510
印　　刷　廊坊市印艺阁数字科技有限公司

书　　号　ISBN 978-7-5744-1391-7
定　　价　90.00元

前　言

　　公路作为交通基础设施的重要组成部分，在促进社会经济发展中发挥着不可替代的作用。然而，公路边坡地质灾害作为一种自然灾害，给公路建设和运营带来了巨大的挑战。随着交通运输的日益繁荣和交通网络的不断拓展，对公路边坡地质灾害的研究与防治显得尤为迫切和重要。本书将深入探讨公路边坡地质灾害的研究现状、影响因素、监测与评估方法以及防治对策，以期为公路工程的可持续发展提供科学依据。

　　公路边坡地质灾害是指在公路边坡或其周围发生的，由地质因素引起的崩塌、滑坡、泥石流等灾害事件。这些灾害不仅会对公路交通产生直接影响，还可能会造成严重的人员伤亡和财产损失。因此，对公路边坡地质灾害的研究显得尤为重要。

　　公路边坡地质灾害的研究和防治是一项复杂而长期的任务。通过深入研究其影响因素、监测评估方法和防治对策，我们能够更全面、科学地认识和应对这一问题。未来，随着科技的不断发展和研究的深入推进，我们有望在公路工程中更好地预防和应对边坡地质灾害，为公路运输的安全可靠提供更为坚实的保障。相信通过共同努力，我们一定能够建设更为安全、高效的交通网络，推动社会经济的可持续发展。

目 录

第一章 公路地质环境与边坡形成机制 ·· 001

第一节 公路边坡的地质特征 ··· 001

第二节 公路边坡形成机制与地质灾害类型 ·································· 005

第三节 边坡稳定性的主要影响因素 ··· 012

第四节 地质环境与边坡相互作用机理 ··· 018

第二章 公路地质灾害诱发因素与机制 ·································· 027

第一节 降雨对边坡稳定性的影响 ·· 027

第二节 人为活动与地质灾害的关联性 ··· 034

第三节 地质灾害的渐进演化过程 ·· 042

第四节 岩土体力学与边坡稳定性分析 ··· 050

第五节 诱发因素与机制的模型研究 ··· 057

第三章 公路边坡变形监测与评价技术 ·································· 063

第一节 公路边坡监测的基本原理 ·· 063

第二节 先进的遥感技术在公路边坡监测中的应用 ····················· 073

第三节 GPS 与 InSAR 技术在公路边坡变形监测中的应用 ········· 082

第四节 新型传感器技术在公路边坡监测中的应用 ····················· 091

第五节 数据集成与公路边坡变形预测模型 ································· 098

第六节 多源数据在公路边坡评价中的综合应用 ························ 106

第四章 公路边坡工程设计与建设 ·· 113

第一节 公路边坡设计的原则与标准 ··· 113

第二节 地质灾害易发区规划与公路工程布局 ···························· 123

第三节 边坡防护结构的设计与选择 ··· 134

　　第四节　高填土边坡工程施工技术 ……………………………… 143

　　第五节　公路边坡绿化与生态恢复 ……………………………… 151

　　第六节　环保型公路边坡工程材料的应用 ……………………… 160

第五章　公路地质灾害应急响应与灾后恢复 ……………………… 167

　　第一节　地质灾害应急响应计划的制订 ………………………… 167

　　第二节　灾前预案与危险源辨识 ………………………………… 175

　　第三节　灾害应急物资与设备准备 ……………………………… 184

　　第四节　灾害应急响应组织与指挥 ……………………………… 192

　　第五节　灾后损失评估与边坡重建规划 ………………………… 202

　　第六节　地质灾害灾后生态修复与环境保护 …………………… 211

第六章　社会与环境影响评价 ……………………………………… 221

　　第一节　边坡工程对周边社会的影响评价 ……………………… 221

　　第二节　环境影响评价在边坡工程中的应用 …………………… 228

　　第三节　边坡工程的可持续性评估 ……………………………… 235

　　第四节　社会与环境保护的法规要求 …………………………… 244

　　第五节　公路边坡工程的社会责任与义务 ……………………… 251

参考文献 ……………………………………………………………… 256

第一章　公路地质环境与边坡形成机制

第一节　公路边坡的地质特征

一、公路边坡的地质构造与地层特征

公路边坡的地质构造与地层特征是一个涉及工程地质学和公路工程的重要领域。在公路工程中，地质构造和地层特征对于设计、施工和维护都具有重要的影响。下面将详细讨论公路边坡的地质构造和地层特征，以便更好地理解和处理与公路边坡相关的地质问题。

（一）地质构造

1. 断裂

在公路边坡的地质构造中，断裂是一个常见且重要的地质现象。断裂是地壳中岩石断裂和位移的带状地质结构，可能对边坡的稳定性产生直接影响。不同类型的断裂对于边坡的影响也各不相同，有的可能导致边坡的塌方，有的则可能影响边坡的排水性能。

2. 褶皱

褶皱是地球表面岩层弯曲的地质构造形式，其存在可能会导致公路边坡的不均匀沉降或形变。设计和施工过程中，需要考虑褶皱对边坡稳定性的潜在影响，采取相应的加固和支护措施。

3. 岩性变化

地质构造中的岩性变化是指在地层中存在不同种类的岩石，其物理和力学性质各异。岩性变化可能导致边坡材料的不均匀性，从而影响边坡的稳定性。在工程设计中，需要充分考虑岩性变化对边坡工程的影响，并采取相应的处理措施。

（二）地层特征

1. 地层厚度

地层厚度是指地层的垂直厚度，直接影响到边坡的坡度设计和稳定性评估。不同地层厚度可能需要采取不同的边坡设计方案，以确保边坡的安全性。

2. 地层倾角

地层倾角对于边坡的稳定性同样至关重要。陡峭的地层倾角可能增加边坡的滑坡风险，而较缓的地层倾角则可能减小边坡的稳定性。因此，在设计边坡时，需要充分考虑地层的倾角，并选择合适的坡度和支护结构。

3. 地层材料

地层材料的性质直接关系到边坡的工程性能。不同类型的地层材料具有不同的强度、压缩性和渗透性等特性。在设计和施工中，需要根据地层材料的性质合理选择边坡结构和支护方式，以确保公路边坡的长期稳定性。

公路边坡的地质构造与地层特征是一个复杂而重要的课题，需要综合考虑多个因素来确保边坡的稳定性和安全性。在工程实践中，地质调查和分析是不可或缺的步骤，通过充分了解地质条件，设计和施工团队能够制定科学合理的方案，保障公路边坡的可靠性和持久性。

二、公路边坡地质材料的物理性质

公路边坡的地质材料物理性质对于工程设计、施工和维护都具有重要影响。这些物理性质涉及地层的结构、颗粒特征、密实度、渗透性等方面，对于边坡的稳定性、排水性能和工程质量有直接的影响。下面将详细讨论公路边坡地质材料的物理性质，以便更好地理解和处理与公路边坡相关的工程问题。

（一）地质材料的结构

1. 颗粒组成

地质材料的颗粒组成是其物理性质的基础。不同的地质材料包含不同类型和大小的颗粒，如沙、粉土、泥质岩石等。颗粒的形状和分布对于土体的强度和渗透性都有影响。颗粒组成的研究是评估地质材料力学性质的重要步骤。

2. 颗粒排列

地质材料中颗粒的排列方式直接影响到其密实度和稳定性。密集排列的颗粒结构可能导致边坡的强度较高，而松散的排列可能导致边坡的不稳定性。了解颗粒的排列方式将有助于选择合适的边坡坡度和支护结构。

3. 结构性特征

地质材料的结构性特征包括水平和垂直方向上的层理、节理等。这些结构性特征对边坡的开挖、支护和排水都有直接的影响。特别是在岩石地质中，结构性特征可能导致边坡稳定性出现问题，这需要采取相应的工程措施来解决。

（二）地质材料的密实度

1. 初期密实度

地质材料的初期密实度是指在自然状态下的密实度，对于边坡的稳定性评估至关重要。初期密实度较高的材料通常具有较高的抗剪强度，适用于较陡峭的边坡坡度。

2. 最大密实度

最大密实度是指地质材料在外力作用下可达到的最大密实状态。了解最大密实度有助于确定边坡在施工过程中可能达到的密实程度，从而指导边坡的设计和施工。

3. 有效应力

地质材料的有效应力是指实际应力中排除了孔隙水压力的部分。在边坡稳定性分析中，考虑有效应力对于准确评估土体的强度和变形特性至关重要。

（三）地质材料的渗透性

1. 渗透系数

渗透性是指地质材料对水分渗透的能力，通常用渗透系数来表示。渗透系数的大小直接影响到地质材料的排水性能，对于边坡的稳定性和抗渗性能有关键作用。

2. 孔隙度

孔隙度是指地质材料中孔隙的体积比例。孔隙度与渗透性之间存在直接关系，孔隙度较大的材料通常具有较好的渗透性，但也可能导致边坡的不稳定性。因此，在设计中需要权衡孔隙度与边坡稳定性之间的关系。

（四）其他重要物理性质

1. 热膨胀系数

热膨胀系数是地质材料在温度变化时体积膨胀的比例。该性质在寒冷地区的公路边坡工程中尤为重要，因为温度的变化可能导致地质材料的体积发生变化，影响边坡的稳定性。

2. 弹性模量

弹性模量是地质材料的弹性变形特性的一个重要参数。了解地质材料的弹性模量有助于理解其对外力的响应，对于边坡的变形和沉降特性的预测具有指导意义。

公路边坡地质材料的物理性质是一个综合而复杂的课题，需要充分了解地质材料的结构、密实度、渗透性等多个方面。在工程设计和施工中，通过对这些物理性质的深入研究，能够制定科学合理的边坡工程方案，确保公路边坡在长期使用中的稳定性和安全性。

三、地形与地貌对边坡的影响

地形与地貌是公路边坡稳定性的重要影响因素，它们直接影响边坡的设计、施工和维护。因此了解地形与地貌对边坡的影响，对于制定科学合理的工程方案具有重要意义。下面将详细讨论地形与地貌如何影响公路边坡。

（一）地形对边坡的影响

1. 坡度

地形的坡度是边坡稳定性的直接影响因素。坡度越陡，边坡的稳定性就越受挑战，越容易发生滑坡和坍塌等问题。因此，在不同坡度的地形中设计和施工边坡时，需要根据具体情况选择合适的坡度，并采取相应的支护和防护措施。

2. 高差

地形的高差是指地表之间的垂直距离，对于边坡的设计和排水具有直接影响。在高差较大的地形中，可能需要考虑更复杂的边坡结构和排水系统，以确保边坡的稳定性和排水性能良好。

3. 地貌特征

地形的地貌特征包括山脉、丘陵、平原等不同的地貌形态。不同地貌特征可能导致边坡的地质条件有很大的差异，需要根据具体地貌特征采取不同的边坡设计策略。例如，在山脉地区，可能会遇到复杂的岩石地质条件，就需要更加谨慎地设计和施工边坡。

4. 气候条件

地形与气候条件密切相关，气候条件对于边坡的稳定性和维护性有重要的影响。在寒冷地区，可能会发生冻融作用，导致地质材料的体积变化，进而影响边坡的稳定性。而在潮湿的气候条件下，可能面临边坡材料的湿润和软化问题，需要采取相应的防护措施。

（二）地貌对边坡的影响

1. 河流与水系

河流和水系是地貌的重要组成部分，对于边坡的稳定性和排水性能有着直接的影响。靠近河流的边坡可能面临河岸侵蚀和水位变化的挑战，需要采取相应的水土保持措施。此外，水系的存在也需要充分考虑边坡的排水系统，以防止水分对边坡的不利影响。

2. 地质构造

地貌中的地质构造，如断裂、褶皱等，直接影响边坡的地质条件。存在断裂带的地区可能面临边坡的不稳定性，需要谨慎设计和加固。褶皱地区可能导致边坡的不均匀沉降，需要采取相应的支护措施。

3. 植被覆盖

地貌中的植被覆盖率对于边坡的稳定性具有重要作用。植被可以通过根系的牢固作用减缓土壤侵蚀和滑坡的发生。因此，在设计和维护边坡时，需要考虑植被的保护和恢复，以提高边坡的稳定性。

4. 人为开发

人为开发活动对地貌的改变可能引起边坡的不稳定性。例如，大规模的开发和挖掘可能改变地形的坡度和高差，导致边坡的失稳。因此，在城市规划和工程设计中，需要充分考虑人为开发对地貌的影响，并采取合适的工程措施来保障边坡的稳定性。

地形与地貌对公路边坡的影响是一个复杂而多方面的问题，需要综合考虑地形的坡度、高差，地貌的特征、水系、地质构造、植被覆盖以及人为开发等因素。通过深入了解这些因素对边坡的影响，可以制定科学合理的工程方案，确保公路边坡在各种地形和地貌条件下的稳定性和安全性。

第二节　公路边坡形成机制与地质灾害类型

一、边坡形成的基本过程

边坡的形成是一个复杂的过程，受到多种因素的综合作用，包括地质、气候、水文、植被等。了解边坡形成的基本过程对于工程设计、施工和维护具有重要意义。下面将详细讨论边坡形成的基本过程，以便更好地理解和处理与边坡相关的问题。

（一）地质因素的影响

1. 岩性和地层特征

不同岩性和地层特征对边坡的形成有不同的影响。岩石的强度、断裂和褶皱等地质特征会影响边坡的稳定性。地层的倾角和层理面的存在则可能导致边坡的滑动和变形。

2. 地质构造

地质构造，如断裂和褶皱，可能导致地层的不均匀变形，增加边坡失稳的风险。断裂带的存在则可能使得地层容易发生位移，影响边坡的稳定性。

3. 地下水位

地下水位的升降会影响边坡的稳定性。高地下水位可能导致边坡饱和，减小土体的抗剪强度，增加滑坡的风险。低地下水位可能导致边坡的干燥和松散，增加坍塌的可能性。

（二）气候因素的影响

1. 降水

降水是边坡形成和演变的主要驱动因素之一。长期的降水会导致地表水分渗透到边坡内部，增加地下水位，引发滑坡和坍塌。特别是在降雨量较大的地区，边坡失稳的风险更为显著。

2. 温度变化

温度变化对于边坡形成也有一定的影响。在寒冷地区，冻融作用可能导致地层材料的体积发生变化，增加边坡的变形和开裂风险。

3. 风力

强风可能对植被覆盖的边坡造成破坏，降低植被的护坡作用。风力还可能在边坡表面吹积松散的土层，增加坡面的受侵蚀风险。

（三）水文因素的影响

1. 河流侵蚀

河流的侵蚀作用可能导致边坡的下部发生剧烈的侵蚀，增加边坡的高差，影响边坡的稳定性。在河岸边坡的设计中，需要考虑到河流侵蚀对边坡的潜在威胁。

2. 地下水脉动

地下水脉动是指地下水位周期性的升降。这种脉动可能导致边坡内部的水分变化，影响边坡的稳定性。在某些地区，地下水脉动可能是引发边坡问题的重要因素之一。

（四）生物因素的影响

1. 植被覆盖

植被在边坡上的覆盖率对于稳定边坡具有积极的作用。植被的根系可以固定土壤，减缓水分渗透，减轻降雨对边坡的冲刷。因此，在边坡的设计和维护中，植被的保护和恢复是一个重要的考虑因素。

2. 动物活动

动物的挖掘和活动可能破坏边坡的表面，导致坡面的不均匀沉降和侵蚀。特别是在一些生态脆弱地区，动物活动对于边坡稳定性的影响需要得到充分的重视。

（五）人为活动的影响

1. 开发和挖掘

人为的土地开发和挖掘活动可能改变地形，增加地层的坡度，导致边坡的失稳。特别是在大规模工程和开发活动中，需要采取合适的工程措施，以防止边坡问题的出现。

2. 排水和工程结构

排水系统的设计和工程结构的设置可能对边坡的稳定性产生积极影响。良好的排水系统可以减缓水分对边坡的渗透，减轻水分引起的土体软化和饱和，提高边坡的稳定性。

边坡形成的基本过程是一个复杂而多因素相互作用的过程。地质、气候、水文、植被、生物因素和人为活动等多个因素共同作用，影响着边坡的形成和演变。在工程设计、施工和维护中，需要全面考虑这些因素，制定科学合理的边坡工程方案，以确保公路边坡的长期稳定性和安全性。

在实际工程中，边坡问题的解决需要综合考虑多个方面的因素。首先，通过详细的地质勘查和地形分析，了解地层、岩性、地形和水文等情况，以评估边坡的潜在风险。其次，通过合理设计边坡的坡度和支护结构，以降低边坡失稳的概率。最后，合理设置排水系统，减少水分对边坡的侵蚀和渗透，提高边坡的抗滑性。植被的保护和恢复也是重要的工程手段，通过增加植被覆盖盖来增强边坡的稳定性。在人为活动影响方面，需要采取有效的措施来控制开发和挖掘活动，减少对边坡的不利影响。

综上所述，边坡形成的基本过程是一个综合性的、多因素相互作用的过程。在公路工程中，再通过充分了解地质、气候、水文、植被、生物和人为活动等因素后，可以制定科学合理的边坡工程方案，确保边坡在各种自然和人为因素的作用下能够保持稳定和安全。这需要地质工程师、水文工程师、生态学家、土木工程师等多学科的协同合作，以实现边坡工程的可持续性和综合性管理。

二、常见地质灾害类型与特征

地质灾害是自然环境中发生的一系列具有破坏性的地质过程，包括但不限于滑坡、泥石流、地震、火山喷发、地面塌陷等。这些灾害对人类居住区、交通线路、水利设施等构成了潜在的威胁。下面将详细讨论一些常见的地质灾害类型及其特征。

（一）滑坡

1. 特征

地表土壤和岩石的滑动：滑坡是地表土壤和岩石在斜坡上滑动的过程，通常由坡度过陡、降雨引起的土壤湿润和地下水位升高等因素触发。

形成特征：可能形成缓慢滑坡和快速滑坡两种形式。缓慢滑坡通常以较慢的速度滑动，而快速滑坡则可能瞬间发生，且速度较快。

2. 类型

黏土滑坡：主要由黏土等黏性土壤组成，发生在高降雨、高水位、地下水位上升的条件下。

碎屑滑坡：由碎屑岩石、砾石等组成，可能由地震、雨水浸润等因素引起。

（二）泥石流

1. 特征

混合流体：泥石流是由大量泥沙、碎石、水等混合物组成的流体，具有较高的流动速度。

山洪暴发：通常与山区的强降雨所引起的山洪暴发有关，大雨冲刷山坡上的泥石，形成泥石流。

2. 形成机制

降雨和融雪：大量降雨或雪融会导致山坡上的泥石流动，形成泥石流。

地震：强烈地震可能引发山坡上的土石松动，形成泥石流。

（三）地震

1. 特征

地壳震动：地震是由地球内部的地壳运动引起的地震波，通常伴随着地面的振动。

震源和震源深度：地震的震源是地壳内部的能量释放点，震源深度不同可能导致不同程度的地表震动。

2. 影响

地面破裂和位移：地震可能导致地面破裂、断层滑动和地表位移，从而对建筑物和基础设施造成破坏。

次生灾害：地震可能引发次生灾害，如滑坡、泥石流等，加剧灾害程度。

（四）火山喷发

1. 特征

岩浆喷发：火山喷发是火山岩浆、气体、火山灰等物质喷射到地表的过程，通常伴随着火山的爆发。

火山灰和岩浆流：火山灰云可能造成空中交通和环境污染问题，岩浆流可能沿山坡流动，对周围地区造成严重破坏。

2. 影响

生命安全：火山喷发可能威胁到附近居民的生命安全。

环境破坏：喷发过程中释放的火山灰可能对环境造成污染，影响农业和生态系统。

（五）地面塌陷

1. 特征

地层坍塌：地面塌陷是指地下空洞或溶洞导致地表塌陷的现象，通常由溶解岩石、煤矿开采等引起。

2. 形成机制

溶洞形成：溶洞是由地下水对溶解性岩石（如石膏、石灰岩）的侵蚀形成的。当溶洞空间大到一定程度时，地面可能塌陷。

（六）地质断层

1. 特征

岩层位移：断层是地壳中岩层发生位移的地质现象，通常伴随着地壳的变形和破裂。

地震：断层可能是地震发生的地方，因为断层上的岩石可能在应力积累过程中突然释放。

2. 影响

地震和地表破裂：断层带通常是地震发生的地方，地震时可能导致地表破裂和建筑物受到损坏。

综上所述，常见的地质灾害类型及其特征多种多样，它们在不同的地质背景和自然环境中发生，对人类社会、生态环境和经济活动都可能产生严重的影响。有效的地质灾害防治需要综合考虑地质、气象、水文、人类活动等多方面因素，并采取相应的预警、监测、防护和治理措施。

在地质灾害预防和治理中，科学技术的进步为我们提供了更多手段之一。地质勘测、遥感技术、地质监测系统等可以帮助我们更好地了解地质灾害的发生机理和发展趋势。提前预警系统可以通过监测地震、降雨、地表形变等参数，提前发现潜在的地质灾害风险，从而采取及时有效的措施减轻灾害的影响。

此外，规划和合理利用土地资源也是预防地质灾害的重要手段。避免在地质灾害易发区进行过度开发，科学规划城市布局，合理设置基础设施，都有助于降低地质灾害的风险。在一些灾害频发区域，可以采取生态工程、布置防护林带等生态恢复手段，提高地区的生态抗灾能力。

公众的地质灾害教育也是非常重要的。加强对地质灾害知识的宣传和普及，提高公众的防灾意识和应对能力，有助于降低灾害发生时的人员伤亡和财产损失。

总的来说，地质灾害的发生受多种因素影响，要想有效防治，需要科学综合利用各种手段和技术，实施综合的灾害管理措施，以减少灾害对人类社会和自然环境的危害。

三、不同地质条件下的边坡稳定性差异

边坡稳定性是指在不同地质条件下，边坡在外部作用力（如重力、水分、地震等）的影响下，能够保持稳定的程度。不同地质条件下的边坡稳定性差异主要受到地层、岩性、水文条件、地形等因素的影响。以下将详细讨论不同地质条件下边坡稳定性的差异，以增加对这一问题的理解。

（一）地层差异对边坡稳定性的影响

1.地层类型

不同地层类型对边坡稳定性有着显著影响。在软弱的地层中，如黏土和淤泥，由于其较低的抗剪强度，边坡容易发生滑坡和水土流失。而在坚硬的地层中，如岩石，边坡通常更为稳定。

2.地层倾角

地层的倾角也是影响边坡稳定性的关键因素。较陡的地层倾角可能导致边坡的不稳定，特别是在软弱地层中。较缓的地层倾角则有助于边坡的稳定。

3.地层结构

存在于地层中的裂缝、断层等结构也对边坡稳定性有一定的影响。裂缝和断层可能导致地层的不均匀变形，从而增加边坡滑动的风险。

（二）岩性差异对边坡稳定性的影响

1.岩石类型

不同类型的岩石具有不同的力学性质，从而影响边坡的稳定性。硬质岩石通常具有较高的抗剪强度，边坡相对较为稳定。而软质岩石则容易发生破裂和滑动。

2.岩层的连续性

岩层的连续性也是一个重要因素。在存在节理、裂缝等不连续性的岩石中，水分容易渗透并加速岩石的风化，从而影响边坡的稳定性。

3. 岩石的风化程度

岩石的风化程度直接影响其物理性质和抗剪强度。高度风化的岩石通常更脆弱，容易发生崩塌和滑动。

（三）水文条件对边坡稳定性的影响

1. 地下水位

地下水位的高低对边坡稳定性有着直接的影响。高地下水位可能导致边坡饱和，减小土壤的抗剪强度，增加滑坡和流失的风险。低地下水位则有助于维持边坡的稳定性。

2. 降雨

降雨是导致边坡滑动的主要诱因之一。大雨冲刷边坡表面，增加土体的饱和度，减小抗剪强度，从而可能导致滑坡的发生。

3. 断层附近的水文条件

断层附近可能存在地下水的集聚和排泄，这也可能对边坡稳定性产生影响。水文条件的不均衡可能导致断层附近的边坡发生变形和滑动。

（四）地形对边坡稳定性的影响

1. 坡度

地形的坡度是影响边坡稳定性的关键因素之一。较陡的坡度可能导致边坡的不稳定，而适度的坡度则有助于维持边坡的稳定。

2. 高差

地形的高差也是一个重要因素。高差大的地形可能需要考虑更复杂的边坡结构和排水系统，以确保边坡的稳定性和排水性能。

（五）综合因素对边坡稳定性的影响

综合考虑地层、岩性、水文条件、地形等多个因素，不同地质条件下的边坡稳定性表现出明显的差异。例如，在软弱的黏土地层中，陡峭的坡度可能导致滑坡的风险增加，而在坚硬的岩石地层中，适度的坡度可能并不会引发严重的稳定性问题。岩石类型和风化程度的不同也会导致不同地质条件下边坡的抗剪强度差异，从而影响边坡的稳定性。

此外，水文条件的影响也是显著的。高地下水位和强降雨可能在软弱地层中导致边坡的不稳定，而在坚硬的岩石中，水分的渗透作用可能导致岩层的风化和崩塌。因此，在不同地质条件下，水文因素对边坡稳定性的影响差异明显。

第三节　边坡稳定性的主要影响因素

一、水文条件对边坡稳定性的影响

水文条件是边坡稳定性的重要影响因素之一，涉及地下水位、降雨、地表径流等方面。水文条件对边坡稳定性的影响主要表现在水分对土体的渗透、饱和度的变化、坡面水流对边坡的冲刷等方面。在理解这些影响的基础上，工程师可以采取相应的措施来维护和提高边坡的稳定性。

（一）地下水位对边坡稳定性的影响

1. 地下水位的升降

地下水位的升降是影响边坡稳定性的重要因素。当地下水位上升时，边坡内的土体可能会饱和，减小土体的抗剪强度，从而增加滑动和滑坡的风险。相反，当地下水位下降时，边坡内的土体可能会变得较为干燥，从而导致土体的收缩和裂缝的发生。

2. 地下水位的季节性变化

地下水位通常具有季节性的变化，这可能与降雨、融雪等因素有关。季节性地下水位的变化可能导致边坡土体的膨胀和收缩，从而影响边坡的稳定性。特别是在降雨量多的季节，地下水位的升高可能会引发边坡的滑动。

（二）降雨对边坡稳定性的影响

1. 降雨引发的土体湿润

降雨是导致边坡滑动和坍塌的主要外部因素之一。大雨可能导致边坡土体的湿润，使土体饱和，降低土体的抗剪强度。这种情况下，边坡可能发生滑坡，特别是在坡度较陡的地方。

2. 降雨引发的地表径流

强降雨可能引发地表径流，增加边坡面的水流量。这样的地表径流可能加速土壤的侵蚀，形成沟壑，导致坡面的不均匀沉降，增加边坡的不稳定性。

3. 降雨对边坡的间接影响

降雨还可能通过引发河流的上涨和地下水位的升高，进一步影响边坡稳定性。河流侵蚀、地下水位的升高都可能导致边坡的松散化和滑动。

（三）地表径流对边坡稳定性的影响

1. 沟壑的形成

地表径流可能在边坡上形成沟壑，特别是在陡峭的坡度上。沟壑的形成会导致土体的局部侵蚀，增加边坡的不均匀沉降，影响边坡的整体稳定性。

2. 土体的冲刷和剥蚀

地表径流还可能对边坡土体进行冲刷和剥蚀。水流的冲刷作用可能导致土体的移动和局部崩塌，降低土体的抗剪强度，加剧边坡的不稳定性。

（四）综合水文条件对边坡稳定性的影响

综合考虑地下水位、降雨和地表径流等水文条件对边坡稳定性的影响，需要进行全面的水文调查和监测。在实际工程中，可以采取以下措施来提高边坡的稳定性：

1. 合理的排水系统

通过建立合理的排水系统，包括排水沟、排水管道等，以有效降低地下水位和降雨引发的地表径流对边坡的影响。

2. 加固措施

对于已经发生稳定性问题的边坡，可以考虑采取加固措施，如加设挡土墙、增设护坡、采用土工合成材料等，以提高边坡的整体稳定性。

3. 生态防护

保护和恢复植被，以提高边坡的生态防护能力。植被具有抑制水土流失、减缓雨水冲刷的作用，能够稳定边坡土体，减小地下水位的升降速度，降低边坡的滑动风险。

4. 监测与预警系统

建立完善的边坡监测系统，通过监测地下水位、降雨情况、地表形变等参数，及时掌握边坡的变化情况，实施预警和及时应对。

5. 合理规划与设计

在工程规划和设计阶段，充分考虑水文条件的影响，采用合理的坡度、排水系统和支护结构，以确保边坡在各种水文条件下都能够保持稳定。

在实际的工程中，不同的地质和水文条件可能需要不同的应对策略。例如，在黏土地层中，要特别注意地下水位的管理和排水系统的设计；在岩石地质条件下，应采取合理的坡度和支护结构以抵御地质力的影响。在雨季和降雨频繁的区域，预警系统和监测手段尤为关键，因为这可以提前发现潜在的边坡稳定性问题，及时采取有效的应对措施。

总的来说，水文条件对边坡稳定性的影响是多方面的，需要全面考虑地下水位、降雨和地表径流等因素。科学合理的工程规划、设计和管理是确保边坡在不同水文条件下保持稳定性的关键。通过合理的排水系统、加固措施、植被保护和监测预警等手段，可以降低水文条件对边坡稳定性的不利影响，确保边坡在各种自然条件下都能够安全稳定。

二、地质构造对边坡稳定性的制约

地质构造是地球内部岩石和土壤排列的方式，包括断层、褶皱、岩性、岩层倾角等多个因素。这些地质构造因素都会对边坡的稳定性产生直接而显著的影响。在理解这些影响的基础上，工程师可以更好地评估和处理边坡工程中的地质构造问题，制定出科学合理的工程方案。

（一）断层对边坡稳定性的影响

1.断层的类型

断层是地球表面上地壳的裂缝，通常分为正断层、逆断层和走滑断层。断层活动可能导致地层位移，会直接影响边坡的稳定性。

正断层：断层两侧的岩块相对位移，一侧上升，一侧下降，可能导致边坡的不均匀沉降和变形。

逆断层：断层两侧的岩块相对位移，一侧上升，一侧下降，可能导致边坡的抬升和崩塌。

走滑断层：断层两侧的岩块相对水平位移，可能导致边坡的横向挤压和滑动。

2.断层的活动性

断层的活动性也是影响边坡稳定性的关键因素。活动的断层可能在地震事件中发生破裂，引发边坡的滑动和变形。工程师需要充分考虑断层的活动性，通过地质勘测和监测手段确定断层的位置、走向和活动程度。

（二）岩性对边坡稳定性的影响

1.岩石的强度和稳定性

不同类型的岩石具有不同的力学性质，如抗剪强度、压缩强度等。硬质岩石通常具有较高的抗剪强度，边坡相对较为稳定。而软质岩石则更容易发生破裂和滑动。

2.岩层的连续性

岩层的连续性也是影响边坡稳定性的因素。存在于岩层中的裂缝、节理等不连续结构可能导致水分渗透，增加岩石的风化程度，降低边坡的稳定性。

3.岩石的风化程度

岩石的风化程度直接影响其物理性质和抗剪强度。高度风化的岩石可能更脆弱，容易发生崩塌和滑动，从而降低边坡的稳定性。

（三）岩层倾角对边坡稳定性的影响

岩层倾角是指岩层相对水平面的倾斜角度，也是影响边坡稳定性的因素之一。不同倾角的岩层对边坡的稳定性产生不同的制约。

1. 陡峭岩层

陡峭的岩层倾角可能导致边坡的不稳定，尤其是在软弱地层中。岩层的陡峭倾斜会增加地层的位移和滑动风险，影响边坡的整体稳定性。

2. 较缓的岩层

相对较缓的岩层倾角通常有助于边坡的稳定。较小的倾角有助于减缓岩层的位移速度，减小滑动的风险。

（四）褶皱对边坡稳定性的影响

褶皱是地层中因地壳运动形成的褶曲状结构，对边坡稳定性有一定的制约作用。褶皱可能导致岩层的不均匀应力分布，增加岩石的开裂和滑动风险。此外，褶皱处可能形成裂隙，加剧水分渗透，降低边坡的稳定性。

（五）地质构造与边坡工程的应对策略

1. 断层

准确勘测：对工程区域范围内进行准确的断层勘测，确定断层的位置、走向和活动性。

合理设计：在工程设计中，避免建设在活动断层带附近，或者采取相应的工程防护措施。

地震设计：对于位于活动断层带附近的边坡工程，需要进行防地震设计，确保在地震发生时能够保持稳定。

监测预警：建立断层监测系统，通过实时监测断层的活动性，提前预警可能发生的地质灾害风险。

2. 岩性

工程勘测：在工程勘测中充分了解岩石的类型、强度和风化程度，为工程设计提供准确的地质信息。

支护结构：针对软质岩石，可能需要采用支护结构，如挡墙、锚杆等，增强边坡的稳定性。

植被保护：合理的植被保护可以减缓岩石的风化，提高边坡的稳定性。

3. 岩层倾角

合理坡度：根据岩层倾角选择合理的边坡坡度，避免陡峭岩层的边坡。

加固措施：对于陡峭岩层，可能需要采用支护结构、防护网等加固措施。

4. 褶皱

避免建设在褶皱处：尽量避免在褶皱处建设边坡工程，选择相对平缓的地形。

加强监测：对于可能受到褶皱影响的边坡，建立监测系统，实时监测地层变形。

地质构造是影响边坡稳定性的重要因素之一，包括断层、岩性、岩层倾角、褶皱等。工程师在进行边坡工程设计和施工前，需要充分了解工程区域内的地质构造情况，采取应对策略，以确保边坡在各种地质构造条件下都能够保持长期稳定性。

通过科学合理的地质勘测、监测系统的建立以及合理的工程设计，可以有效降低地质构造对边坡稳定性的制约作用。在面对活动断层、软质岩石、陡峭岩层等问题时，工程师可以采取一系列的工程措施，如支护结构、植被保护、监测预警等，以确保边坡的稳定性和安全性。在边坡工程的规划和设计中，综合考虑地质构造因素，是确保工程质量和安全的关键一步。

三、人为活动对边坡稳定性的影响

人为活动是指人类在地表进行的各种工程建设、采矿、土地利用等活动，这些活动对边坡稳定性产生直接而显著的影响。人为活动可能导致边坡的破坏、滑动、沉降等问题，因此在工程规划和实施过程中需要充分考虑这些影响，并采取相应的工程措施来保障边坡的稳定性。

（一）岩土开发与边坡稳定性

1. 采矿活动

采矿活动是一种常见的人为活动，可能导致地表的岩土被大量开采，从而影响边坡的稳定性。主要影响因素包括以下几点。

土体削减：采矿活动通常伴随着土体的削减，可能使边坡的坡度变陡，增加滑动风险。

水平挤压：采矿导致的空隙可能引起土体水平挤压，导致边坡的不稳定。

空隙充填：为了支撑矿坑的稳定，人们可能进行空隙充填，改变了原有的地层结构。

2. 地基开挖

地基开挖是城市建设和基础设施建设中常见的活动，可能对边坡稳定性产生影响。

土体削减：地基开挖通常伴随着土体的削减，降低了边坡的稳定性。

水平支撑：地基开挖时，可能采用支撑结构来防止土体坍塌，但这也可能改变边坡的原有状态。

（二）建筑物与边坡稳定性

1.房屋建设

房屋建设可能涉及边坡的开挖、土体的移动，对边坡稳定性产生直接影响。

土体削减：房屋建设通常需要进行地基开挖，土体削减可能引起边坡的不稳定。

荷载作用：房屋的建设可能对边坡施加额外的荷载，增加了边坡的荷载压力。

2.道路和基础设施建设

道路和基础设施建设可能改变地表地貌，对边坡稳定性产生一系列影响。

土体削减：道路和基础设施建设可能需要进行边坡开挖，削减土体，改变原有地形。

排水问题：道路建设可能改变地表的排水状况，增加了边坡受水分影响的风险。

（三）水利工程与边坡稳定性

1.水库和水坝

水库和水坝的建设可能对边坡产生直接和间接的影响。

水位变化：水库的水位变化可能导致边坡的湿润和干燥，增加了边坡的不稳定性。

水体压力：水体对边坡的水平和垂直压力可能导致边坡的滑动和变形。

2.河道整治

河道整治工程可能改变河道的水流方向和速度，对边坡产生影响。

侵蚀和冲刷：河道整治可能导致水流对边坡的侵蚀和冲刷，增加了边坡的不稳定性。

水位变化：河道整治可能改变河水位，对边坡的湿润和干燥产生影响。

（四）城市化与边坡稳定性

1.城市扩张

城市扩张可能导致土地利用的改变，对边坡稳定性产生多方面的影响。

土地开发：新建建筑和基础设施可能涉及边坡的开挖和土体削减。

排水系统：城市化可能改变地表的排水系统，增加了边坡的湿润和干燥风险。

2.雨污分流

城市化常伴随雨污分流系统的建设，对边坡稳定性产生影响。

排水问题：雨污分流系统可能改变了雨水的排放路径，影响了边坡的水文条件，增加了滑动和冲刷的风险。

土壤侵蚀：长期的雨水冲刷可能导致边坡土壤的侵蚀，减弱了土体的抗剪强度。

（五）城市活动与边坡稳定性

1. 地下管线建设

地下管线建设可能涉及边坡的开挖和土体削减，对边坡产生直接的影响。此外，地下管线的维护和修复工作也可能影响边坡的稳定性。

2. 森林砍伐

森林砍伐可能减少植被覆盖率，对边坡稳定性产生间接的影响。

土壤保持：森林砍伐减少了植被的保护作用，使土壤更容易受到雨水冲刷，增加了边坡的侵蚀风险。

坡面稳定性：森林的消失可能导致边坡的坡面变得更加敏感，容易发生滑坡和崩塌。

3. 地下水开采

地下水开采可能导致地下水位下降，对边坡稳定性产生直接的影响。

土体干燥：地下水位下降可能导致边坡土体的干燥，减弱了土体的抗剪强度，增加了滑动风险。

地层沉降：地下水位下降还可能引起地层的沉降，导致边坡的不均匀沉降和变形。

综合而言，人为活动对边坡稳定性的影响需要通过综合性的工程和管理措施来规避和减缓。科学合理的规划设计、工程施工、生态保护和监测预警体系的建立，是确保边坡在人为活动的影响下能够保持长期稳定性和安全性的关键步骤。

第四节　地质环境与边坡相互作用机理

一、地质因素与气候变化的相互作用

地质因素与气候变化之间存在复杂的相互作用，地质条件对气候变化的响应以及气候变化对地质过程的影响都是重要的研究领域。在全球气候变化日益显著的背景下，深入了解地质与气候之间的相互作用对于环境保护、自然灾害防范以及可持续发展至关重要。

（一）地质因素对气候变化的响应

1. 地质构造与气候区划

地质构造对气候区划产生影响，不同地质构造下的地表形态和地形特征会影响气流的分布和气候类型的形成。例如，山脉、高原、平原等地质构造单元对大气环流和降水分布产生显著影响，从而影响区域气候的划分。

2. 地质结构与气候事件

地质结构如断层、褶皱等对气候事件的发生有一定影响。断层可能导致地下水运动的变化，影响地下水位，从而影响地表的湿润程度。褶皱可能改变区域地表的坡度，影响水分径流速度，进而导致洪涝和干旱等气候事件的发生。

3. 地质材料与气候敏感性

不同地质材料对气候变化的敏感性不同。例如，黏土地质材料对水分的敏感性较高，容易发生膨胀和沉降，对降水和气温的变化较为敏感。岩石地质材料相对稳定，但在气温剧烈波动时可能发生裂缝和岩体风化。

4. 地球化学过程与气候变化

地球化学过程如岩石风化、溶解作用等对气候变化的影响也是很重要的。地球化学过程可能释放或吸收大气中的温室气体，从而影响气候。岩石风化释放二氧化碳，溶解作用可能吸收二氧化碳，这些过程对地表碳循环和温室气体平衡都有一定影响。

（二）气候变化对地质过程的影响

1. 地表形态与冰川作用

气候变化对冰川作用有显著影响，尤其在高纬度和高海拔地区。温暖气候导致冰川融化和退缩，影响地表形态和地貌。冰川的融化可能导致冰川前缘地区的冰碛物沉积，对地形地貌的演变产生影响。

2. 气候变化与海平面上升

气候变化导致的全球变暖会引起冰川融化和海水膨胀，进而导致海平面上升。海平面上升可能引发沿海侵蚀和滨海地区的地质灾害。同时，潮汐和海浪的作用也可能加剧沿海地区的地质过程。

3. 极端气候事件与地质灾害

气候变化引起的极端气候事件，如强降雨、洪涝、干旱、飓风等，对地质灾害的发生产生直接影响。强降雨可能引发滑坡、泥石流等地质灾害，而长期干旱可能导致地表裂缝和土壤侵蚀。

4. 生态系统与土地利用变化

气候变化对生态系统和土地利用的影响也会对地质过程产生影响。生态系统的变化可能导致植被的退化，增加土壤侵蚀和滑坡的风险。土地利用变化如城市化、农业扩张等也可能改变地表形态，影响地质过程。

（三）可持续发展中的地质与气候综合管理

在面对地质与气候的相互作用时，实施可持续发展战略是至关重要的。以下是一些综合管理的原则：

1. 综合风险评估

进行综合的地质和气候风险评估，深入了解地质构造、地质材料、气候变化趋势等，为决策提供科学依据。

2. 建立监测预警系统

在易受气候变化和地质灾害影响的区域建立监测预警系统，对地质过程和气象条件进行实时监测，及时发现异常情况并采取相应的措施。这包括地质灾害监测、气象监测、海平面监测等系统的建设，以提高对潜在风险的预警和应对能力。

3. 生态保护与恢复

通过生态保护和恢复来维护自然生态系统的完整性，减少土地利用变化对地质过程的影响。植被的保护和恢复有助于防止土壤侵蚀、滑坡等地质问题的发生。

4. 可持续土地利用规划

在土地利用规划中考虑气候变化和地质条件，避免在潜在地质风险区域进行不适当的开发活动。合理的土地利用规划可以减少人为活动对地质和气候系统的干扰。

5. 强化社区教育和防灾减灾意识

提高社区居民对地质和气候变化风险的认知，加强防灾减灾意识，通过培训和教育活动使居民更好地应对可能发生的地质灾害和气候变化影响。

6. 国际合作与信息共享

加强国际合作，共享地质和气候监测数据、科研成果以及应对经验。全球范围内的气候变化和地质过程相互关联，国际协作是有效应对的关键。

地质与气候的相互作用是一个复杂而多层次的系统工程。地质条件对气候变化的影响以及气候变化对地质过程的影响互为因果，需要综合考虑。在全球气候变化不断加剧的情况下，理解这些相互作用对于科学规划、环境管理和可持续发展至关重要。

有效的综合管理策略包括综合风险评估、建立监测预警系统、生态保护与恢复、可持续土地利用规划、强化社区教育和国际合作与信息共享等方面。通过综合性的措施，可以降低潜在地质风险，减缓气候变化对地质过程的影响，促进地球系统的健康发展。未来，随着科技的发展和社会的进步，更深入的研究和可持续管理将为地球的未来提供更好的保障。

二、人为活动与地质环境的协同作用

人为活动与地质环境之间存在着复杂而密切的协同作用关系。人类的生产、建设和资源利用对地质环境产生或直接间接的影响，同时地质环境的特征和变化反过来也影响人类的活动。深入理解人为活动与地质环境之间的协同作用，对于可持续发展和环境保护至关重要。本节将从不同角度探讨人为活动与地质环境的相互关系。

（一）土地利用与城市化

1. 城市化对地质环境的影响

随着城市化的快速发展，大量土地被用于城市建设和基础设施。这对地质环境产生了多方面的影响。

土地开发：城市的扩张导致土地的大规模开发，可能涉及平原、山区、湿地等不同地质环境。

地表覆盖变化：建筑、道路、水泥化等改变了地表覆盖度，影响水文循环和地表径流，增加洪涝和地质灾害的风险。

地下水抽取：大规模城市的地下水抽取可能导致地下水位下降，影响地下水生态系统变化和引发地层沉降。

2. 土地利用规划的重要性

科学合理的土地利用规划对于减轻城市化对地质环境的负面影响至关重要。通过合理划定城市用地、农业用地、自然保护区等区域，可以最大限度地保护地质环境的完整性。同时，应充分考虑地质条件，避免在地质灾害易发区进行城市建设，降低灾害风险。

（二）水资源开发与管理

1. 水库与地质环境的互动

水库建设是人类对水资源进行大规模开发和管理的重要手段。然而，水库的建设给地质环境也带来了一系列影响。

地质灾害：水库蓄水可能引发地质灾害，如滑坡、塌方等，尤其是在地质构造活动频繁的地区。

地壳应力：水库的蓄水会改变地壳应力分布，可能导致地震的发生。

地下水位：水库的蓄水会改变周边地区的地下水位，影响地下水生态系统。

2. 水资源管理的综合考虑

在水资源的开发和管理中，需要充分考虑地质环境的特征。科学合理的水资源管理应该结合地质条件，合理规划水库的位置、容量，预防地质灾害的发生。同时，注重水资源的可持续利用，应防止过度抽取地下水资源导致地下水位下降和地层沉降。

（三）能源开发与地质环境

1. 矿产资源开发的影响

矿产资源的开发对地质环境产生显著影响，特别是对于煤炭、石油、天然气等能源资源的开采。

地表破坏：矿产资源开采可能导致地表的大规模破坏，包括采煤导致的矿坑、采石导致的裸露地表等。

地下水位下降：长时间的矿产资源开采可能导致地下水位下降，影响周边的地下水系统。

2. 新能源开发的挑战

新能源的开发，如风电、太阳能等，也应涉及地质环境的考虑。例如，风电场的建设可能影响地表覆盖，太阳能电池板的生产涉及对稀有矿产的开采。因此，在新能源开发中，需要综合考虑环境保护和地质环境的平衡。

（四）地质灾害与人类活动

1. 人类活动引发的地质灾害

人类的一些活动可能引发地质灾害，如下面几种。

采矿活动：大规模的采矿活动可能导致地表塌陷、坑口陷落等地质灾害。

建筑施工：不合理的建筑施工可能触发滑坡、崩塌等地质灾害。

地下水过度抽取：过度抽取地下水可能导致地下空洞的形成，引发地下塌陷。

2. 预防和应对地质灾害的措施

预防和应对地质灾害需要综合考虑人类活动和地质环境的协同作用。以下是一些预防和应对地质灾害的措施。

科学规划：在城市规划和土地利用规划中，充分考虑地质条件，避免在潜在灾害风险区进行建设。

监测预警系统：建立地质灾害监测预警系统，实时监测地表变形、地下水位等参数，及时发现潜在风险。

合理采矿：采矿活动需要科学合理的规划，采用安全的开采技术，避免对地质环境造成严重破坏。

合规施工：在建筑施工中，遵循规范，采取防灾措施，如加固措施、防滑措施等。

水资源管理：合理管理水资源，避免过度抽取地下水，要保持地下水位的稳定，减少地下水引发的地质灾害风险。

社区教育：加强地质环境知识的普及，增强社区居民的防灾意识，使其能够在灾害发生时采取正确的应对措施。

（五）污染与地质环境

1. 地质环境对污染的调节作用

地质环境对污染有一定的调节作用，具体有以下几点。

土壤过滤：地质环境中的土壤具有一定的过滤和吸附能力，可以减缓污染物的渗透速度，降低地下水污染的风险。

地下水自净作用：地下水系统具有一定的自净作用，通过生物降解、吸附等过程可以减轻水质污染。

岩石风化：岩石风化释放的矿质物质可能对一些污染物有吸附和沉淀作用。

2. 人为活动引发的地质环境污染

然而，人为活动也可能引发地质环境的污染问题，其中包括下面几种。

矿产开采污染：矿产开采可能释放出有害物质，如重金属、酸性物质等，对土壤和水体造成污染。

化学品排放：工业生产、化工厂排放的废水、废气中的化学物质可能对地质环境造成污染。

垃圾填埋：不当的垃圾填埋可能导致废弃物渗透，污染地下水。

（六）地质遗产与文化保护

1. 人类活动对地质遗产的影响

地质遗产包括自然地貌、化石、地层等，是地球演化和地质历史的见证。人类活动可能对地质遗产造成损害。

旅游开发：大规模的旅游开发可能导致对地质遗产的过度开发，破坏其原始状态。

采集活动：对地质遗产的采集、探险等活动可能对其造成物理损伤。

城市建设：城市的建设可能涉及一些地质遗产区域，对其造成影响。

2. 地质遗产保护与可持续旅游

保护地质遗产对于维护地球历史和生态平衡至关重要。在人类活动中，可以通过以下方式实现对地质遗产的保护。

建立保护区：针对重要的地质遗产区域，建立自然保护区或者地质公园，实行专门的管理和保护。

教育与宣传：通过教育和宣传活动，提高公众对地质遗产的认识和保护意识。

可持续旅游：在旅游开发中，采取可持续的旅游模式，减少对地质遗产的人为干扰。

人为活动与地质环境的协同作用是一个复杂而多层次的过程。在追求经济发展和人类活动需求的同时，必须考虑到对地球的影响，寻求人类与地质环境之间的和谐共存。科学合理的规划、可持续的资源管理、环境保护措施以及公众的参与和意识提升都是实现这一目标的关键。通过综合考虑人为活动与地质环境的协同作用，可以更好地实现可持续发展，保护地球的生态系统和自然遗产。

三、生态系统对边坡稳定性的调节机制

生态系统在边坡稳定性中发挥着重要的调节作用。生态系统通过植被覆盖、根系绑土、土壤固结、水分调节等多方面机制，影响着边坡的稳定性。深入了解生态系统对边坡稳定性的调节机制对于环境保护和灾害预防具有重要意义。

（一）植被覆盖的保护作用

1. 根系的固土作用

植物的根系在土壤中形成网络，通过固定土壤颗粒，防止其被水流冲刷和风蚀。这种固土作用可以有效减缓边坡的侵蚀和崩塌，提高边坡的抗冲刷能力。根系还能增加土壤的抗剪强度，减轻土体的压缩变形，从而稳定边坡。

2. 植物覆盖对降雨冲击的缓冲

植被的覆盖能够减缓降雨对地表的冲击，避免降雨直接冲刷土壤。植物的茎叶和枝干形成的阻隔层可以减缓强降雨对地表的冲击速度，降低冲蚀力，防止土壤的流失。这对于减轻边坡的侵蚀和维护边坡的稳定性至关重要。

3. 植物根系对土体的抗滑作用

植物的根系通过穿透土层，形成一种"植物纤维"，能够有效增加土体的抗滑能力。这种抗滑作用可以防止土体在降雨或其他外部力的作用下发生滑坡，提高边坡的稳定性。植物的根系可以将土体结实地连接在一起，形成一种天然的防护结构。

（二）土壤水分调节的影响

1. 植物对土壤保水的贡献

植物通过根系吸收土壤中的水分，并通过蒸腾作用释放水分到大气中，这有助于调节土壤的含水量。适当的土壤水分对于维持土体的黏聚力和抗剪强度至关重要。植物的保水作用有助于减缓降雨对土壤的冲刷，降低边坡发生滑坡的风险。

2. 植物根系对土壤排水的影响

植物的根系可以改善土壤的排水性能。根系通过孔隙和根道的途径，有助于加速土壤中水分的排出，防止土体因过度浸润而发生松动和滑坡。良好的排水性能有助于维持土壤的透水性，减缓降雨对边坡的侵蚀，维护边坡的稳定。

（三）土壤固结和根际效应

1. 植物根际效应的加固作用

植物的根系在土壤中形成的根际效应，能够增加土壤的整体强度。根际效应使土体中的颗粒间形成更为紧密的结构，提高土体的抗剪强度。这种加固作用有助于减缓土体的压缩变形，增加土体的抗力，从而维护边坡的稳定性。

2.植物根际对土壤固结的影响

植物的根际效应还能影响土壤的固结特性。植物的根系在土壤中活动，通过改变土体的物理结构和化学性质，影响土壤的固结过程。这种影响可能会减缓土体的沉陷速度，有助于维持边坡的平衡。

（四）生态系统对边坡稳定性的可持续管理

1.生态修复与边坡稳定性

生态修复是通过植被的引入和土壤改良等手段，恢复受损生态系统的功能，提高边坡的稳定性。通过合理的植被选择和生态工程手段，可以加速植被恢复，增加根系覆盖率，减缓边坡的侵蚀和滑坡。

2.生态工程在防灾减灾中的应用

生态工程在防灾减灾中发挥着越来越重要的作用。通过在边坡上引入适宜的植物，通过植草、植树等手段，可以有效降低边坡的侵蚀风险，提高抗滑能力。同时，结合水土保持措施，采用梯田、护坡、排水系统等手段，有助于改善地表水分的分布和流动，减缓水流速度，从而降低边坡的冲刷和崩塌风险。

3.水土保持工程的整合

水土保持工程与生态系统的保护和恢复相辅相成。水土保持工程包括梯田、护坡、植草等手段，可以减缓水流速度，防止水分过度流失，提高边坡的抗冲刷和抗滑能力。将水土保持工程与植被恢复相结合，可以实现更好的生态系统与工程手段的协同效应，达到更全面的边坡稳定性管理。

（五）生态系统调节边坡稳定性的局限与挑战

尽管生态系统对边坡稳定性的调节作用十分重要，但也存在一些局限与挑战。

1.生态系统恢复周期较长

生态系统的建立和恢复需要一定的时间，尤其是在恶劣的环境条件下，植被的生长和根系的形成需要较长的周期。在一些急需治理的边坡问题中，时间的压力可能成为一个挑战。

2.生态系统对特定环境的适应性

不同的生态系统具有对特定环境的适应性，因此，在选择适宜的植被进行生态修复时，需要考虑生态系统的特性和环境的要求。有些植物可能对于某些特殊地质条件不适应，这就需要在实施生态修复时进行合理选择。

3. 人为干扰与生态系统

人为活动对生态系统的破坏可能影响生态系统对边坡稳定性的调节作用。过度的开发、乱砍滥伐等人为活动可能削弱或破坏植被覆盖，减弱了植物根系的绑土作用，导致生态系统的功能丧失。

4. 复杂多变的地质环境

地质环境的复杂性和多变性是生态系统调节边坡稳定性面临的挑战之一。不同地区的地质条件千差万别，需要因地制宜地选择适宜的生态修复和水土保持手段。

生态系统对边坡稳定性的调节机制是一个综合而复杂的过程，涉及植被覆盖、根系作用、水分调节、土壤固结等多个方面。通过合理的生态修复和水土保持手段，可以提高边坡的抗冲刷和抗滑性能，降低地质灾害的风险。然而，生态系统的调节作用会受到一系列因素的影响，包括环境条件、人为活动等，需要综合考虑这些因素，实现对边坡稳定性的可持续管理。未来，相信通过科学研究和实践经验的积累，可以更好地发挥生态系统在地质环境管理中的作用，实现人类与自然的和谐共生。

第二章 公路地质灾害诱发因素与机制

第一节 降雨对边坡稳定性的影响

一、降雨引发地质灾害的基本原理

降雨是引发地质灾害的重要气象因素之一。在地球表面，地形和地质条件的差异导致了不同地区对降雨的响应不同，而大雨、暴雨等极端降雨事件往往是引发地质灾害的关键。本节将深入探讨降雨引发地质灾害的基本原理，包括降雨对土壤的影响、水分渗透和渗漏、地下水位的变化、土体的稳定性破坏等多个方面。

（一）降雨对土壤的影响

1. 水分的增加与土壤液化

降雨导致土壤中水分的增加，当土壤饱和度较高时，可能引发土壤液化现象的发生。土壤液化是指土壤在饱和状态下，由于外部应力的作用而失去抗剪强度，表现为土壤呈液态流动的状态。这种现象在松散、含水量较高的沉积层地区较为常见，一旦发生，可能导致地基沉降、建筑物倾斜、道路崩塌等地质灾害。

2. 土壤侵蚀与坡面破坏

降雨会引起坡面的水流，形成地表径流。当地表水流速度较大时，可能产生土壤侵蚀。特别是在没有足够植被覆盖的裸露坡面，降雨冲刷会带走土壤表层，加速坡面的破坏，形成沟壑和河道淤积，增加了地质灾害的风险。

（二）水分渗透和渗漏

1. 土壤渗透与坡体滑坡

降雨使土壤中的水分逐渐渗透，特别是在土壤较干燥的情况下，土壤对水的渗透性较好。当大量水分渗透到坡体中时，可能造成坡体的加湿和饱和，使坡体内的土颗粒失去黏结力，导致滑坡的发生。此外，坡体中存在的夹层、断层等地质结构也可能影响水分的渗透，进而导致滑坡的发生。

2. 地下水位的变化与坡脚滑移

降雨过程中，降水渗透到地下，可能导致地下水位的升高。当地下水位上升到坡脚以下时，增加了坡体的上推力，可能引发坡脚滑移。这种情况在陡坡和松散的地层中更为常见。地下水位的变化对坡体的稳定性有着重要的影响，可能导致滑坡、崩塌等地质灾害。

（三）土体的稳定性破坏

1. 降雨引起土体湿润与抗滑力降低

降雨过程中，土体的湿润是引发地质灾害的一个重要因素。湿润的土体抗滑力较干燥土体明显降低，使得土体容易发生滑坡、崩塌等现象。尤其是在陡坡、裸露坡面等地形条件下，降雨对土体的湿润作用更为显著。

2. 降雨诱发地裂与地面沉降

在干旱地区，土壤中的含水量相对较低。当降雨突然发生时，土体吸收水分，可能导致土体的膨胀，引发地裂现象。这种地裂可能导致地表裂缝、地面沉降，影响建筑物和基础设施的稳定性。

3. 河流洪水与河岸侵蚀

降雨引发的洪水可能导致河流水位急剧上升，河岸侵蚀也是一种常见的地质灾害。洪水冲击河岸，可能导致河道淤积和河岸坡体的破坏，加剧河岸的侵蚀过程，对沿岸地区的安全构成威胁。

（四）地质灾害的类型及其特征

1. 滑坡

降雨是滑坡发生的主要诱因之一。降雨易引起坡体内部水分的变化，可能导致坡体的失稳，发生滑坡。滑坡通常伴随着土石方量的移动，对下方的建筑、道路等构成威胁。

2. 泥石流

在强降雨的情况下，可能引发泥石流。降雨过程中，山体的土石松散并被雨水冲刷形成泥石流，伴随着强烈的流动性。泥石流通常具有快速、瞬时的特点，对下游的地区通常会造成极大危害。

3. 地裂

在干旱地区，降雨可能导致土壤膨胀，引发地裂。这种地裂可能对建筑物和基础设施造成损害，甚至导致地面的沉降。

4. 河岸侵蚀

降雨引发的洪水可能导致河岸受到侵蚀，加剧河道淤积和河岸的破坏。河岸侵蚀可能威胁到沿岸地区的安全，对河流生态系统造成负面影响。

（五）预防与应对措施

1. 土壤保持与植被覆盖

加强土壤保持工程，采用梯田、护坡、植被覆盖等手段，减缓水流速度，降低土壤侵蚀的风险。植被覆盖能够通过根系绑土、防止水土流失，提高坡体的抗冲刷和抗滑性能。

2. 水土保持与排水系统

建立水土保持工程和排水系统，合理设计排水沟、排水管道等设施，避免积水对土体稳定性的不利影响。良好的排水系统能够减轻坡体受水分渗透的压力，维护坡体的稳定。

3. 地质灾害监测与预警系统

建立地质灾害监测预警系统，通过监测地下水位、坡体位移、地面沉降等参数，及时发现潜在地质灾害风险，采取预警和避险措施，减少灾害损失。

4. 合理规划与土地利用

在城市规划和土地利用中，合理规划建设区域，避免在潜在地质灾害风险区进行建设，减少人员和财产的损失。

5. 改善生态环境

加强生态修复工程，通过植被恢复、水土保持等手段，改善生态环境，提高地质灾害的抗风险能力。

降雨引发地质灾害的基本原理涉及多个方面，包括土壤的液化、侵蚀、滑动、地裂等过程。在不同地质环境和气象条件下，降雨可能引发不同类型的地质灾害，对人类居住区域和基础设施构成威胁。预防和应对强降雨引发的地质灾害需要综合考虑土壤保持、水土保持、排水系统建设、地质灾害监测与预警等多种手段，实现可持续发展和人类与自然的和谐共存。

二、降雨特征对边坡稳定性的差异影响

降雨特征是影响边坡稳定性的重要因素之一。不同地区的降雨情况各异，包括降雨强度、降雨持续时间、降雨频率等多个方面的特征，这些特征对边坡的水文过程、土壤侵蚀、地下水位变化等都会产生影响，最终影响边坡的稳定性。本节将深入探讨降雨特征对边坡稳定性的差异影响，并阐述在不同降雨条件下采取的相应防护措施。

（一）降雨强度对边坡稳定性的影响

1. 强降雨引发边坡滑坡

降雨强度是指单位时间内雨水的降落量，强降雨容易引发边坡滑坡。当降雨强度大于土壤的入渗能力时，地表水分不能迅速渗透，导致水分在地表流动，增加了边坡的水分含量，使得土体饱和，降低了土壤的抗剪强度，增大了滑坡的风险。

2. 长时间强降雨引发滑坡

强降雨的持续时间也是影响边坡稳定性的关键因素。长时间的强降雨会使土壤长时间处于饱和状态，增加土体的重量，也增大了土壤流动性，容易引发滑坡。尤其是在山区等地形复杂的地方，长时间强降雨可能导致大范围的滑坡。

（二）降雨频率对边坡稳定性的影响

1. 高频降雨引发的反复影响

降雨频率指的是单位时间内降雨事件的发生次数。高频降雨可能导致边坡受到反复的影响。短时间内多次发生的强降雨事件，即使每次降雨强度不是很大，反复的水文过程也可能累积影响边坡的稳定性，增加滑坡的概率。

2. 低频降雨引发的积累效应

相反，低频降雨可能引发土壤的积累效应。由于低频降雨的稀缺性，土壤可能在较长时间内逐渐干燥，使得土体处于较干燥状态。然而，当低频降雨发生时，土体吸收水分的能力有限，可能导致局部水分骤增，影响边坡的稳定性。

（三）降雨时空分布对边坡稳定性的差异影响

1. 不均匀降雨引发的局部问题

降雨的时空分布不均匀可能导致边坡稳定性差异。当降雨在较短的时间内集中在某一区域时，可能导致局部边坡饱和，增加滑坡的风险。这种情况在山区、丘陵地带较为常见。

2. 大范围均匀降雨引发的全局性问题

大范围均匀降雨可能引发全局性问题。当大范围地区都受到均匀降雨时，可能导致多个边坡同时受到影响，增加了整个区域地质灾害发生的风险。这种情况通常出现在平原地区和低山地带。

（四）不同地质条件下降雨特征的影响

1. 不同地质条件的入渗差异

不同地质条件下的土壤入渗能力也存在差异。在沙砾层、岩层等地质条件下，土壤的入渗能力相对较高，水分更容易渗透，但也容易导致地下水位上升。在黏性土、黏土等地质条件下，土壤的入渗能力较低，容易发生地表径流，增加水土流失的风险。

2. 地下水位对不同地质条件的响应

不同地质条件下的地下水位对降雨的响应也不同。在沙砾层等较疏松的地质条件下，地下水位的上升速度可能相对较快，增加了滑坡的概率。而在黏土等较密实的地质条件下，地下水位上升速度相对较慢，但可能导致土体湿润，增加地裂和坡脚滑移的风险。

（五）预防与应对措施

1. 强化边坡防护结构

针对降雨强度大、频率高的地区，应加强边坡的防护结构设计。这包括但不限于加固坡体、设置挡土墙、安装护坡网等措施。强化边坡的结构可以增加其抗滑性和抗冲刷能力，减少降雨对边坡的不利影响。

2. 合理规划土地利用

在降雨特征差异较大的地区，应通过合理规划土地利用，避免在潜在的地质灾害风险区域进行建设。对于易发生滑坡的陡坡地区，可以限制其土地利用的强度，减少人员和财产的损失。

3. 加强边坡监测与预警

建立完善的边坡监测与预警系统，通过监测边坡的位移、地下水位、降雨情况等参数，及时发现边坡可能发生滑坡的迹象，并采取相应的预警和避险措施，减小灾害损失。

4. 提高水文响应能力

对于降雨频率高、持续时间长的地区，提高水文响应能力是关键。建设良好的排水系统，包括排水沟、雨水收集系统等，确保降雨能够迅速排除，减少对土壤的渗透和侵蚀。

5. 采取植被覆盖措施

植被覆盖对于减缓降雨对边坡的冲刷、提高土壤的抗剪强度具有显著作用。在裸露的坡面，通过植被覆盖，可以减缓雨水流速，促进水分渗透，提高边坡的稳定性。

6. 灵活调整应对策略

不同地区、不同季节可能面临不同的降雨特征，因此需要采取灵活的应对策略。应根据实时的气象和地质监测数据，及时调整预防与应对策略，最大限度地降低地质灾害风险。

降雨特征对边坡稳定性的差异影响是一个综合而复杂的过程。降雨强度、频率、时空分布等因素相互作用，共同影响着边坡的水文过程、土壤侵蚀、地下水位变化等。为了有效预防和减缓降雨引发的地质灾害，必须综合考虑地质条件、气象特征以及人为活动等因素，采取多层次、多角度的综合防护措施。通过科学的规划、有效的监测和预警体系以及及时的应对措施，可以最大限度地降低边坡稳定性受到降雨特征影响的风险，实现人类与自然的和谐共存。

三、降雨事件与地质灾害频发区域的关联性

降雨事件与地质灾害频发区域的关联性是地球科学领域中一个备受关注的研究课题。不同地区的气象条件、地形地貌、地质构造等因素导致了降雨引发地质灾害的差异。本节将深入探讨降雨事件与地质灾害频发区域之间的关联性，分析影响这种关联性的因素，并探讨如何有效的预防和制定管理策略。

（一）降雨事件与地质灾害频发区域的关联性

1. 地质灾害的定义

地质灾害是指在地球表面，由于地质因素（包括地形、地质构造、地层、水文等）和气象、气候等自然因素的作用，以及人类活动引起的，造成地表变形、破坏、危害、威胁人类生命和财产安全的一类自然灾害。地质灾害包括但不限于滑坡、泥石流、地裂、崩塌等各种类型。

2. 降雨事件对地质灾害的触发作用

降雨事件是地质灾害的重要触发因素之一。降雨的水分渗透、流动和集聚作用，可能导致土壤流失、坡体滑坡、泥石流等地质灾害的发生。特别是在降雨强度大、降雨频率高的区域，地质灾害的发生频率相对会会较高。

3. 地质条件与降雨引发地质灾害的敏感性

不同地质条件下的地表和地下结构差异，导致了降雨引发地质灾害的敏感性不同。例如，在地质条件复杂、地形陡峭的山区，由于土层薄、坡度大，降雨容易引发滑坡、泥石流等灾害。而在平原地区，降雨可能导致地下水位上升，引发地裂、坡脚滑移等问题。

（二）影响降雨与地质灾害关联性的因素

1. 气象条件

气象条件是影响降雨与地质灾害关联性的重要因素。气象条件包括降雨强度、降雨频率、降雨时空分布等。在气象条件相对恶劣的区域，地质灾害的发生可能更为频繁。

2. 地形地貌

地形地貌是地质灾害发生的重要背景条件。山区、丘陵地带由于地形陡峭、坡度大，

容易发生滑坡、泥石流等地质灾害。平原地区则可能面临地下水位上升、地裂等问题。

3. 地质构造

地质构造对地下水的运动、地层的稳定性等有着重要的影响。断层、褶皱等地质构造可能导致地层不稳定，这也增加了地质灾害的风险。

4. 土壤类型

不同土壤类型具有不同的入渗能力、稳定性等特点。黏土、沙砾层等土壤类型在降雨作用下可能出现液化、坡体滑坡等问题。

5. 人类活动

人类活动也是影响降雨与地质灾害关联性的因素之一。过度开发、滥伐森林、不合理的土地利用等人为活动可能加剧地质灾害的发生。

（三）降雨与地质灾害频发区域的空间分布

1. 亚热带、热带地区

亚热带、热带地区通常降雨较为充沛，气候潮湿，地质灾害频发。热带气旋、季风等因素可能导致这些地区会遭受强降雨，引发滑坡、泥石流等问题。

2. 高山地区

高山地区由于地形陡峭、气温变化大，降雨可能引发的地质灾害风险较高。冰雪融化、降雨导致的坡体饱和等因素可能诱发滑坡、雪崩等灾害，对高山地区的生态和人类居住环境构成威胁。

3. 山前地区

山前地区常受季风影响，降雨明显季有节性变化。季风雨季来临时，山前地区可能面临较长时间的强降雨，增加了泥石流、滑坡等地质灾害的风险。

4. 沿海地区

沿海地区受台风、热带气旋等气象因素影响，可能面临短时间内大量降雨的情况。这种强降雨可能引发滑坡、泥石流等地质灾害，对沿海城市和沿海地区的土地利用和基础设施构成威胁。

（四）预防与应对措施

1. 加强监测与预警

建立健全的监测系统，包括气象监测、地质监测、地下水位监测等，及时获取降雨和地质灾害风险信息。建立预警系统，提前预警可能发生的地质灾害，为居民撤离和抢险救援提供时间。

2. 合理规划土地利用

在地质灾害频发区域，制定科学的土地利用规划，避免在潜在的灾害源区进行大规模建设。对于已有的建设项目，加强防护工程建设，降低灾害风险。

3. 加强基础设施建设

在容易受到地质灾害影响的地区，加强基础设施建设，包括护坡、挡土墙、排水系统等，提高地区的抗灾能力。

4. 生态修复与植被覆盖

通过生态修复项目，恢复植被覆盖，改善地区的生态环境。植被能够减缓水流速度，增加土壤的抗剪强度，降低地质灾害的风险。

5. 公众教育与培训

加强公众对地质灾害的认知，增强应对灾害的自救互救意识。定期进行应急演练和培训，使居民具备基本的灾害防护和自救能力。

6. 跨部门协同合作

建立跨部门的协同合作机制，包括气象、地质、水利、城乡规划等相关部门。通过信息共享、联合研究等方式，全面提高地质灾害防范和治理的水平。

降雨事件与地质灾害频发区域之间存在密切的关联，不同气象、地形、地质条件下，降雨对地质灾害的影响差异巨大。科学的监测、预警体系、合理的土地利用规划、加强基础设施建设以及公众教育等措施是有效预防和管理地质灾害的关键。通过综合治理，人类可以更好地适应自然环境，减轻地质灾害对人类社会的危害，实现可持续发展和社会的安全稳定。

第二节　人为活动与地质灾害的关联性

一、建设活动对地质环境的影响

建设活动对地质环境的影响是一个涉及土地利用、地表覆盖变化、地下水位变动等多方面的复杂问题。随着城市化和工业化的推进，建设活动在全球范围内不断增加，其对地质环境产生的影响引起了广泛关注。本节将深入探讨建设活动对地质环境的多方面影响，包括土地资源利用、地表覆盖变化、地下水位变动、地质灾害风险等，同时将探讨可持续的建设方式以减缓对地质环境的不良影响。

（一）土地资源利用与土地覆盖变化

1.土地开发与城市化

建设活动常伴随着土地的大规模开发，尤其是在城市化过程中。土地被用于建设住宅、商业区、工业区等用地，这种大规模土地开发可能导致原有的自然植被破坏、土壤侵蚀，使土地失去原有的生态功能。

2.土地利用冲突

建设活动的扩张可能引发土地利用冲突。例如，农用地被转为工业区、居住区，可能导致农业资源的减少和农业经济的下滑，对农村社区产生深远的影响。

3.土地沙漠化与退化

大规模的建设活动可能导致土地沙漠化和退化。过度采矿、不合理的土地利用方式，以及缺乏有效的生态修复措施，都可能使土地失去生产力，沙漠化和土地退化的风险增加。

（二）地表覆盖变化

1.城市热岛效应

城市化过程中，建筑物的大量建设和道路的铺设导致城市热岛效应的显著增强。城市热岛效应不仅使城市温度升高，还影响大气环境和生态系统，对地质环境会产生一系列不利影响。

2.土地密度增加

建设活动通常伴随着土地密度的增加，建筑物和道路的扩张使得土地表面变得更加坚硬。这可能导致雨水难以渗透，增加了发生洪水的风险，同时减缓了地下水的补给速度。

3.生态系统破坏

建设活动通常伴随着对周围生态系统的破坏，包括湿地、森林、草地等。生态系统的破坏可能导致生物多样性减少、土壤侵蚀、水源减少等问题的出现，给地质环境带来不可逆转的影响。

（三）地下水位变动

1.地下水开采

建设活动中常伴随着对地下水资源的开采，用于城市供水、工业生产等。过度的地下水开采可能导致地下水位下降，引发地面沉降、地裂等问题，影响地质环境的稳定性。

2. 城市排水系统

城市建设通常伴随着完善的排水系统建设。然而，不合理的排水系统可能导致地下水位的快速下降，加快地面沉降和地下空洞的形成。

3. 污染物渗透

建设活动中产生的污染物可能渗透至地下水层，引发地下水污染。地下水污染不仅影响饮用水安全，还可能导致土壤污染和地下水位变动，影响地质环境的稳定性。

（四）地质灾害风险

1. 滑坡与坡脚滑移

建设活动可能改变地势，导致坡体失稳。在施工过程中，地表的挖掘和填筑可能引发滑坡。另外，建设活动还可能导致坡脚的滑移，增加了地质灾害的风险。

2. 泥石流

大规模的土地开发和植被的破坏可能引发泥石流。特别是在山区，由于建设活动可能导致大量的泥石堆积，另外雨水的冲刷可能引发泥石流灾害。

3. 地震灾害

在地震多发区域，建设活动可能加剧地质环境的不稳定性。地震可能导致建筑物出现倒塌、地裂、滑坡等，加大了地质灾害的发生概率。

（五）可持续建设与环境保护

1. 生态城市规划

可持续建设需要采取一系列环保和可持续发展的规划和管理策略。生态城市规划是其中的一种重要方式。通过合理规划城市空间，保留自然绿地、湿地、森林等生态系统，减缓城市化对自然环境的冲击，实现城市与自然的和谐共生。

2. 绿色建筑和低影响开发

绿色建筑以及低影响开发是可持续建设的关键要素。绿色建筑注重利用可再生能源、减少能源消耗、降低排放，同时注重生态系统的保护。低影响开发则追求在建设过程中对环境的最小影响，尽量保留原有的生态系统。

3. 智慧城市技术

智慧城市技术的应用有助于提高城市的效率，减少资源浪费。通过智能化的城市规划、交通管理、能源利用等方面的措施，可以降低对土地、水资源的需求，减缓对地质环境的不利影响。

4. 生态修复与植被保护

对于已经进行过大规模建设的区域,生态修复和植被保护是恢复地质环境的关键。通过植树造林、湿地修复、草地保护等方式，增加土壤的稳定性，提高地质环境的韧性。

5. 环保建设标准与法规

加强环保建设标准和法规的制定和执行，对建设活动进行环境影响评价，确保建设项目在满足发展需求的同时，最大限度地减少对地质环境的负面影响。法规的制定还可以规范建设行为，防止过度开发和滥用土地资源。

6. 社区参与和公众教育

社区参与和公众教育是可持续建设的重要组成部分。通过加强社区居民的参与，使他们更加了解建设项目对地质环境的影响，并能提出合理化的建议。公众教育可以增强居民的环保意识，促使他们更加理性地对待土地利用和建设活动。

建设活动对地质环境的影响是一个综合性的问题，涉及土地资源利用、地表覆盖变化、地下水位变动、地质灾害风险等多个方面。在追求城市化和工业化的过程中，必须认识到地质环境的脆弱性，采取有效措施减缓不良影响。可持续建设理念的引入是解决这一问题的关键，通过生态城市规划、绿色建筑、智慧城市技术等手段，实现城市与自然的协同发展。同时，加强环保建设标准、社区参与和公众教育也是推动可持续建设的重要内容。通过全社会的共同努力，可以实现经济发展和环境保护的双赢。

二、采矿与挖掘对边坡稳定性的影响

采矿与挖掘是一种常见的地质工程活动，对边坡稳定性产生直接而深远的影响。这种活动涉及土石的开采和挖掘，可能导致地表和边坡结构的改变，增加边坡发生滑坡、崩塌等地质灾害的风险。本书将深入探讨采矿与挖掘对边坡稳定性的各种影响，包括地表破坏、土体变形、水文效应等，并提出相应的预防与治理措施。

（一）地表破坏与边坡失稳

1. 矿区挖掘引发边坡崩塌

采矿活动通常涉及大量土石的挖掘，矿区内的挖掘过程可能直接导致边坡的破坏和崩塌。大规模的挖掘过程削减了边坡的支撑，短时间内的剧烈变化可能引发边坡失稳现象。

2. 挖掘引发坡脚滑动

挖掘活动改变了坡脚的支撑条件，可能导致坡脚的滑动。特别是在矿区的山脚地带，挖掘活动可能使坡脚土体失去支撑，增加了坡脚滑动的风险。

3. 土石堆积引发坡顶崩塌

采矿活动产生的土石堆积可能形成在边坡上，堆积的土石增加了坡体的负荷，可能导致坡顶的崩塌。这种崩塌可能是由于堆积体的自重以及与坡体间的相互作用。

（二）土体变形与滑坡风险

1. 采矿导致土体裂缝

采矿活动可能导致土体内部发生裂缝。这些裂缝使得土体的内部结构变得不稳定，增加了土体发生滑坡的概率。特别是在挖掘深度较大的情况下，裂缝的形成可能更为显著。

2. 挖掘引发土体压实

在挖掘过程中，土石经常需要移动和堆积，这可能导致土体的压实。土体的压实会改变其原有的物理性质，增加了土体的密实度，降低了土体的剪切强度，增加了滑坡的风险。

3. 挖掘导致土体失稳

大规模的挖掘活动可能导致土体的失稳。失稳可能表现为整个土体块的滑动或坍塌，增加了边坡发生滑坡的危险性。

（三）水文效应与边坡稳定性

1. 挖掘导致地下水位下降

挖掘活动通常伴随着对地下水的开采，这可能导致地下水位下降。地下水位下降可能降低边坡的稳定性，使得边坡土体失去水分支撑，增加了滑坡的风险。

2. 挖掘导致水流路径改变

挖掘活动改变了地表和地下水流的路径。这可能导致原本排水通道畅通的地方发生积水，增加了地下水的侵蚀和土体的液化风险。

3. 挖掘引发地下水位上升

一些挖掘活动可能会引发地下水位上升。地下水位上升则可能导致坡体土体变得饱和，减小土体的抗剪强度，增加边坡滑坡的危险性。

（四）预防与治理措施

1. 合理规划和设计

在进行采矿和挖掘活动前，应进行充分的地质勘查和稳定性分析，合理规划和设计挖掘方案。通过减少挖掘深度、合理分段挖掘等方式，减缓对边坡的影响。

2. 边坡支护工程

在挖掘活动的同时，进行边坡支护工程是一种常见的预防和治理手段。通过设置支护结构，如挡墙、护坡、钢丝网等，加强边坡的稳定性，减少边坡发生滑坡和崩塌的风险。合理选择和设计支护结构，考虑土体特性和地质条件，是确保支护效果的关键。

3. 水土保持措施

实施水土保持措施是减缓挖掘活动对边坡影响的有效途径。包括植被覆盖、草坪保护、排水沟设置等，这些措施有助于保持土体的结构完整性，减缓水流对土体的侵蚀，提高边坡的抗剪强度。

4. 合理的排水系统

建立合理的排水系统有助于控制地下水位的变化，减缓边坡的液化风险。通过设置排水沟、渗流井等排水设施，及时排出边坡内部的积水，降低水分对土体的影响。

5. 监测与预警体系

建立边坡监测与预警体系，通过地质、水文等监测手段实时监测边坡的变化情况。一旦发现边坡发生变形、裂缝等异常，及时采取应急措施，保障人员和财产的安全。

6. 生态修复与植被保护

对于已经发生地质环境变化的区域，进行生态修复和植被保护是恢复边坡稳定性的重要手段。通过植树造林、草本植被的恢复，提高土体的抗剪强度，减缓水流速度，降低滑坡和崩塌的风险。

7. 社区教育和参与

通过社区教育，提高周边居民对地质环境变化的认识，加强其对潜在危险的警觉性。同时，鼓励社区居民参与地质环境的监测和治理，形成全社会共同关注和参与的氛围。

采矿与挖掘活动对边坡稳定性的影响是一个复杂而多方面的问题，涉及地表破坏、土体变形、水文效应等多个方面。在进行这类活动前，必须认真进行地质勘查和稳定性分析，采取有效的预防和治理措施，确保边坡稳定性，减少地质灾害的风险。合理的规划和设计、边坡支护工程、水土保持措施、排水系统的建设、监测与预警体系的建立、生态修复与植被保护等都是维护边坡稳定性的关键手段。通过综合施策，可以实现采矿与挖掘活动的可持续发展，最大限度地减少对地质环境的负面影响。

三、城市化进程与地质灾害的关系

城市化是人口向城市聚集、城市面积扩大以及城市化水平提高的过程。在城市化的进程中，人类活动对自然环境产生着深远的影响，其中地质灾害成为一个值得关注的问题。本节将探讨城市化进程与地质灾害之间的关系，包括城市化对地质灾害的影响、地质灾害对城市化的制约和城市化进程中的防灾减灾措施。

（一）城市化对地质灾害的影响

1. 地表覆盖变化

随着城市化进程，大量的自然地表被城市建设覆盖，包括道路、建筑、水泥、沥青等人造覆盖物。这种地表覆盖的改变可能导致原有的水文循环和土地利用格局发生变化，增加地质灾害的风险。例如，城市化过程中的土地密集开发可能导致雨水难以渗透，增加洪涝和泥石流的发生概率。

2. 地下水位变动

城市化过程中，大量地区进行了地下水的开采，以满足城市居民和工业的用水需求。地下水位的下降可能导致土体失去水分支撑，增加地质灾害的风险，尤其是对于坡地来说，可能导致滑坡和坡脚滑动的发生。

3. 土地利用变化

城市化通常伴随着土地利用的剧烈变化，例如农地被转为城市建设用地，山地被开发为居住区等。这种土地利用变化可能改变地形和地质条件，引发地质灾害，如土体的坍塌、滑坡等。

4. 地质环境的破坏

城市化过程中，大量的基础设施建设和土地开发可能对地质环境造成破坏。例如，隧道、挖掘、填土等活动可能改变地下结构，影响地层的稳定性，增加地质灾害的危险性。

（二）地质灾害对城市化的制约作用

1. 阻碍城市建设

一些地质灾害，如滑坡、泥石流等，可能直接阻碍城市的建设。城市化过程中需要规划大量的土地用于基础设施和住宅建设，地质灾害的频发可能导致城市建设受到限制，增加城市规划和土地利用的难度。

2. 人员和财产安全风险

地质灾害对人员和财产构成潜在威胁。城市化过程中，人口聚集在城市区域，地质灾害的发生可能导致大量人员伤亡和财产损失。这也使得城市化过程需要更加谨慎地考虑地质灾害的风险管理。

3. 生态系统破坏

一些地质灾害可能对周边生态系统造成破坏，影响生态平衡。在城市化过程中，为了满足建设和生活需求，土地的开发可能导致植被的破坏，动植物栖息地的丧失，进而加剧地质灾害的发生。

（三）防灾减灾措施与可持续城市化

1. 地质勘查与规划

在城市化过程中，进行充分的地质勘查和规划是预防地质灾害的关键。通过科学的勘查手段，了解地质条件、地下结构，合理规划城市建设，避免在潜在地质灾害风险区进行大规模的建设。科学合理的城市规划可以在一定程度上降低地质灾害发生的风险。

2. 土地利用管理

建立有效的土地利用管理制度，包括合理的土地开发政策、土地使用监管体系等。通过对土地利用的科学管理，可以减少过度开发、滥用土地资源的现象，有助于维护地质环境的稳定性。

3. 灾害监测与预警系统

建立灾害监测与预警系统，利用现代科技手段对地质灾害进行实时监测和及时预警。通过遥感技术、地理信息系统等工具，及时发现潜在的地质灾害隐患，提前采取防范措施，降低灾害的危害程度。

4. 生态恢复与植被保护

推动生态恢复和植被保护，通过植树造林、湿地保护等手段，增加土壤的保持力，减缓水流速度，提高地质环境的稳定性。保护自然植被也有助于减轻地质灾害风险的发生。

5. 可持续城市规划

制定可持续城市规划，注重城市的生态、环保、防灾等方面。通过合理布局城市功能区、优化交通规划、设立绿色空间等方式，实现城市和地质环境保护的协调发展。

6. 公众教育与参与

加强公众教育，提高市民对地质灾害的认识和防范意识。通过宣传教育，引导市民在日常生活中学会一些简单的防灾措施，增加整个社会对地质灾害的关注程度。

7. 技术创新与应对能力提升

在城市化过程中，注重技术创新，提升城市应对地质灾害的技术水平。包括地质勘查技术、工程建设技术、监测预警技术等方面的创新，提高城市抗灾能力。

城市化进程与地质灾害之间存在密切的相互影响。城市化的过程中，人类活动对自然环境的改变可能导致地质灾害的频发，而地质灾害又对城市化的发展构成一定的制约。为了实现可持续城市化，必须采取一系列综合性的防灾减灾措施。通过科学规划、有效的土地利用管理、灾害监测与预警系统的建设、生态恢复和植被保护、可持续城市规划、公众教育与参与、技术创新与应对能力提升等手段，可以在城市化的过程中最大限度地减少地质灾害，确保城市的可持续发展和居民的安全。

第三节 地质灾害的渐进演化过程

一、地质灾害的发展演变模型

地质灾害的发展演变模型是通过对地质灾害发生、演变的过程进行分析和建模，以深入了解地质灾害的形成机制、演变规律和影响因素。这种模型可以帮助我们更好地预测和防范地质灾害，为地质灾害管理提供科学依据。在这里，我们将讨论地质灾害的发展演变模型，包括模型的构建原理、主要要素和应用场景。

（一）地质灾害发展演变模型的构建原理

1. 多因素综合考虑原理

地质灾害的发展演变受多种因素的影响，包括地质、气象、人为活动等。构建地质灾害发展演变模型时，必须综合考虑这些因素的相互作用。模型应该能够揭示不同因素之间的复杂关联，以更全面地理解地质灾害的演变过程。

2. 阈值触发原理

地质灾害通常是由一系列阈值的触发引起的，例如地下水位的升高、坡体的位移达到一定程度等。构建模型时，需要考虑这些阈值，并通过监测和模拟来判断何时触发了这些阈值，从而预测地质灾害的可能发生时机。

3. 动力学演化原理

地质灾害的演变是一个动态的过程，涉及各种动力学因素的相互作用，如地壳运动、地下水流动、岩体破裂等。构建地质灾害发展演变模型时，需要综合考虑这些动力学因素的影响，以更准确地模拟地质灾害的演变过程。

4. 模拟与验证原理

地质灾害发展演变模型的建立需要依据实际观测数据进行模拟和验证。通过收集大量的地质灾害案例数据，建立模型，并利用实际观测数据进行验证，以此来确保模型的可靠性和准确性。

（二）地质灾害发展演变模型的主要要素

1. 地质因素

地质因素是地质灾害发展的基础，包括地层结构、地壳运动、地质构造等。模型中需要考虑不同地质条件对地质灾害发展的影响，如喀斯特地貌、滑坡、地震等地质灾害类型的特有因素。

2. 气象因素

气象因素是地质灾害发展的重要驱动力，包括降雨、气温、风速等。模型需要考虑气象因素对地下水位、坡体稳定性等的影响，以更准确地模拟地质灾害的发生概率。

3. 水文因素

水文因素与地质灾害密切相关，包括地下水位、河流水位、土壤含水量等。模型需要考虑水文因素对滑坡、泥石流等地质灾害的影响，以预测不同水文条件下地质灾害的发生概率。

4. 人为活动因素

人为活动对地质灾害的发展也有重要影响，包括采矿、城市化、土地利用变化等。模型需要考虑人为活动对地质环境的改变，以预测不同人为活动条件下地质灾害的演变规律。

5. 监测与预警系统

建立有效的监测与预警系统是地质灾害发展演变模型的关键要素。模型需要集成实时监测数据，以及与预警系统的协同作用，实现对地质灾害发展过程的实时监测和准确预警。

（三）地质灾害发展演变模型的应用场景

1. 灾害风险评估

地质灾害发展演变模型可以用于灾害风险评估，通过模拟不同因素的影响，分析不同区域、不同时段地质灾害的发生概率，为防灾减灾提供科学依据。

2. 灾害预警与应急响应

基于地质灾害发展演变模型，可以建立灾害预警系统，实时监测各项指标，提前预警可能发生的地质灾害。在灾害发生前，开展紧急应对和预案制定，最大限度减轻因灾害造成的损失。

3. 土地规划与城市建设

在土地规划和城市建设中，利用地质灾害发展演变模型进行科学合理的规划。通过对地质灾害的模拟和预测，可以避免在高风险区域进行大规模建设，减少地质灾害对城市建设的影响。

4. 生态环境保护

地质灾害的发生往往与生态环境的破坏有关，构建地质灾害发展演变模型可以帮助科学规划生态环境保护措施。通过合理的生态修复和植被保护，减缓土壤侵蚀、提高地表覆盖度，有助于降低地质灾害的风险。

5.自然资源管理

在自然资源管理中，地质灾害发展演变模型可以用于评估自然资源的可持续利用性。通过分析地质灾害对自然资源的影响，科学制订资源开发和利用计划，保障自然资源的合理利用。

6.教育与培训

利用地质灾害发展演变模型进行教育与培训，提高相关领域从业人员的防灾减灾意识和应对能力。通过模拟地质灾害的发展过程，培养人们对灾害预警和防范的敏感性，降低灾害带来的损失。

地质灾害发展演变模型是深入了解地质灾害形成机制、演变规律和影响因素的重要工具。构建这样的模型需要考虑多因素综合原理、阈值触发原理、动力学演化原理等，以确保模型的科学性和准确性。地质灾害发展演变模型的主要因素包括地质因素、气象因素、水文因素、人为活动因素和监测与预警系统。这些要素的综合考虑使模型更全面、有效。

在应用场景上，地质灾害发展演变模型可以广泛用于灾害风险评估、灾害预警与应急响应、土地规划与城市建设、生态环境保护、自然资源管理以及教育与培训等领域。通过科学的模拟和预测，可以提高对地质灾害的认识，有效降低灾害的发生概率和危害程度，为可持续发展提供有力支持。因此，地质灾害发展演变模型的建立与应用对于地质环境的保护和人类社会的安全具有重要意义。

二、渐进演化与灾害防范的关键节点

随着全球气候变化、人类活动的不断发展以及自然地质过程的影响，地质灾害成为威胁人类安全和可持续发展的重要问题。渐进演化是指地质灾害在漫长的时间尺度内逐渐发展、积累和演变的过程。了解渐进演化的规律以及灾害防范的关键节点对于科学有效地降低地质灾害的风险至关重要。本节将深入探讨渐进演化与灾害防范的关键节点，包括渐进演化的定义、影响因素、关键节点的判定以及灾害防范的科学策略。

（一）渐进演化的定义与特征

1.渐进演化的概念

渐进演化是指地质灾害在长时间内逐渐发展、演变和积累的过程。与瞬时性灾害相对，渐进演化型地质灾害的发展通常需要较长的时间，其影响可能在演变的过程中逐渐显现，而非突然爆发。常见的渐进演化型地质灾害包括滑坡、地面沉降、岩溶等。

2. 渐进演化的特征

时间尺度长：渐进演化是一个长时间尺度的过程，可能涉及数年、数十年甚至更长的时间。因此，其监测和预测需要考虑较大的时间范围。

演变的积累：渐进演化型地质灾害的发展通常是逐渐积累的结果。例如，滑坡可能随着土体逐渐失稳，而地面沉降可能是由地下水抽取引起的。

潜在威胁：渐进演化的地质灾害往往具有潜在的威胁性，即在演变的过程中可能不易察觉，但一旦爆发可能带来严重后果。

（二）影响渐进演化的因素

1. 地质因素

地质因素是影响渐进演化的重要因素之一。地层的性质、构造活动、岩性等会直接影响地质灾害的发生和发展。例如，岩溶地区容易发生地下溶洞的演变。

2. 气象与气候因素

气象与气候因素在渐进演化中扮演关键角色。降雨、温度、湿度等因素会影响土壤的稳定性、地下水位以及植被的状况，从而直接或间接地引发地质灾害。

3. 人为活动

人为活动是导致渐进演化的重要因素。不合理的土地利用、大规模的开发建设、过度的资源开采等人为活动都可能导致地质灾害的发生。

4. 水文因素

水文因素包括地下水位、河流水位、土壤水分等。这些因素的变化会直接影响土体的稳定性和地质灾害的发生。

（三）渐进演化中的关键节点

渐进演化型地质灾害发展过程中存在一些关键节点，这些节点的把握对于灾害防范至关重要。

1. 预兆信号的出现

在渐进演化的过程中，地质灾害可能会释放一些预兆信号，如地面裂缝、地下水位变化、地面沉降等。及时监测和识别这些预兆信号，对于预防灾害具有重要意义。

2. 潜在风险评估

在灾害可能爆发之前，进行潜在风险评估是关键节点之一。通过综合考虑地质、气象、水文等因素，对潜在的灾害风险进行科学评估，将为采取防范措施提供依据。

3. 防范措施的实施

渐进演化的地质灾害一旦被识别，需要及早采取有效的防范措施。这可能包括土地利用规划的调整、植被的恢复、水资源的合理利用等。

4. 风险治理的监测

灾害防范不仅仅是发生前的一系列措施，还需要在发生后进行风险治理的监测。这包括对灾害发生后的地质环境进行监测、评估和修复，以减轻灾害带来的影响。

（四）灾害防范的科学策略

了解渐进演化与灾害防范的关键节点后，制定科学的策略对于有效防范地质灾害至关重要。

1. 多因素综合研究

在渐进演化型地质灾害的防范中，必须进行多因素综合研究。这包括地质、气象、水文、人为活动等多个方面的因素。只有全面理解各因素的相互作用，才能更好地制定防范措施。

2. 预警与监测系统建设

建立高效的预警与监测系统是关键节点之一。通过使用现代科技手段，如遥感技术、地理信息系统、传感器网络等，实时监测可能存在的灾害预兆，提前发出预警信号，为防范提供时间窗口。

3. 潜在风险评估与规划

在渐进演化的过程中，进行潜在风险评估也是制定有效防范策略的关键步骤。基于科学的评估结果，制定合理的规划，包括土地利用规划、水资源利用规划等，以减缓潜在风险的发展。

4. 社会参与与教育

社会参与是防范渐进演化型地质灾害的重要环节。通过社会参与和教育，提高公众对灾害的认知和防范意识，形成全社会共同参与的防范体系。

5. 风险治理与修复

一旦地质灾害发生，及时进行风险治理和灾后修复是防范的关键环节。通过修复受损区域、强化防护结构等方式，减轻灾害的后果，同时总结经验教训，为未来的防范提供经验支持。

6. 法规与政策支持

建立健全的法规与政策支持体系对于灾害防范至关重要。通过法规的制定和政策的实施，规范土地利用、开发建设等行为，提高对潜在风险的管控水平。

渐进演化与灾害防范的关键节点是科学防范渐进演化型地质灾害的保障。通过多因素综合研究、预警与监测系统建设、潜在风险评估与规划、社会参与与教育、风险治理与修复、法规与政策支持等手段，可以更好地理解渐进演化的规律，及早发现潜在风险，有效降低灾害的发生概率和危害程度。

在灾害防范中，科学的策略和综合性的措施是不可或缺的。只有通过全社会的共同努力，整合各方资源，采取科学的手段，才能更好地保障人类社会的安全，实现可持续发展的目标。未来，随着科技的不断进步和社会对灾害防范的重视，渐进演化型地质灾害的防范将迎来更多创新性的方法和策略，为地质环境的可持续发展提供更为强大的支持。

三、渐进演化过程中的监测与预警方法

随着对地质灾害认知的提高和监测技术的不断发展，对于渐进演化过程中的地质灾害，尤其是滑坡、地面沉降等的监测与预警变得愈加重要。及时准确地掌握地质灾害的发展情况，实施有效的预警和防范措施，对于保障人民生命财产安全、维护社会稳定至关重要。本节将探讨在渐进演化过程中常见的地质灾害的监测与预警方法，包括监测手段、数据分析技术以及预警系统的建设。

（一）渐进演化地质灾害的监测手段

1. 卫星遥感技术

卫星遥感技术是一种高效、广泛应用的监测手段，对于渐进演化地质灾害的监测具有独特的优势。通过卫星遥感，可以获取大范围、高分辨率的地表信息，包括地形、植被、土地利用等，从而识别潜在的灾害隐患区域。遥感技术还可以实现周期性的监测，追踪地质灾害的发展趋势。

2. 地面监测设备

地面监测设备包括各类传感器、GPS（全球定位系统）等，可用于对地质灾害相关参数进行实时监测。例如，通过位移传感器监测地表或岩体的位移变化，通过地下水位监测系统监测地下水位的变化，这些数据可以为地质灾害的发展提供实时参考数据。

3. 遥感图像处理技术

遥感图像处理技术是对卫星遥感图像进行信息提取、分析和处理的方法。通过遥感图像处理，可以识别潜在的地质灾害迹象，如滑坡体、沉降区等。图像处理技术还可以对多时相的遥感图像进行比对分析，从而了解地质灾害的演变过程。

4. 地质勘查技术

地质勘查技术是通过实地调查、取样和实验室分析等手段获取地质信息的方法。对于渐进演化地质灾害，地质勘查有助于深入了解地层结构、岩性、土质等情况，为地质灾害的成因分析提供基础数据。

（二）数据分析技术在监测中的应用

1.时序分析

时序分析是通过对不同时期的监测数据进行比对和分析，识别出地质灾害发展的趋势。例如，通过对多期卫星图像进行时序变化检测，可以观察地表形态的变化，提前发现可能发生地质灾害的区域。

2.空间分析

空间分析是通过对空间数据进行统计和分析，揭示地质灾害的空间分布特征。例如，通过GIS（地理信息系统）技术，可以将遥感图像、地面监测数据等进行叠加分析，精确定位潜在的灾害隐患点。

3.模型仿真

模型仿真是通过建立地质灾害的数学模型，模拟其发展过程。数学模型可以基于监测数据，预测地质灾害的演变趋势，并为灾害预警提供依据。以下是一些常用的模型仿真方法：

（1）数值模拟

数值模拟是一种基于物理方程的方法，通过数值计算来模拟地质灾害的发展过程。例如，滑坡模型可以基于土体力学、水文学等方程，模拟滑坡体的位移、速度等变化。数值模拟对于理解灾害的物理机制和预测演变趋势具有重要作用。

（2）统计模型

统计模型是通过对历史监测数据进行统计分析，建立数学模型来预测未来地质灾害的发生概率。例如，通过对历史滑坡事件的统计，建立概率模型来评估未来滑坡的风险。统计模型通常需要考虑多个因素的综合影响。

（3）人工智能模型

人工智能模型包括机器学习和深度学习等方法，通过对大量监测数据的学习，建立地质灾害的预测模型。例如，使用神经网络模型可以对多源数据进行综合分析，提高对地质灾害的预测准确性。

（三）地质灾害预警系统的建设

1.数据整合与共享平台

建设地质灾害预警系统首先需要建立一个数据整合与共享平台。这包括整合来自卫星遥感、地面监测设备、地质勘查等多源数据，形成统一的数据库，为预警系统提供多维度的数据支持。

2.实时监测与预警

实时监测是地质灾害预警系统的核心功能之一。通过实时监测设备获取的数据，系统能够实时分析地质灾害的发展趋势，及时发出预警信号。预警信号可以通过各种形式传达给相关部门和公众。

3. 模型与算法优化

地质灾害预警系统中的模型和算法需要不断优化。通过不断学习和验证，提高模型的准确性和预测能力。特别是在人工智能领域，通过引入更先进的算法，可以更好地处理复杂多变的地质环境数据。

4. 多渠道预警

为了确保预警信息的及时传达，地质灾害预警系统应该建立多渠道的预警机制。这包括通过短信、社交媒体、广播、电视等多种方式向公众发布预警信息，扩大信息的覆盖范围。

5. 灾后评估与修复

预警系统不仅需要在地质灾害发生前发出及时警报，还需要在灾后进行评估与修复。通过分析预警系统的预测准确性，总结经验教训，为未来的预警工作提供参考和依据。

（四）挑战与未来展望

1. 数据不确定性

地质灾害的监测与预警面临着数据不确定性的挑战。监测数据受多种因素影响，例如传感器精度、遥感图像分辨率等，因此预测模型需要考虑这些因素的不确定性。

2. 跨学科合作的需求

地质灾害的监测与预警需要涉及地质学、气象学、水文学、工程学等多个学科领域。加强跨学科合作，整合专业知识，能够更全面、准确地预测地质灾害。

3. 新技术的引入

随着科技的不断发展，新技术的引入对地质灾害监测与预警具有重要推动作用。例如，人工智能、物联网等新技术的应用能够提高数据处理效率和模型的智能化水平。

4. 社会参与度的提升

建设地质灾害预警系统还需要提升社会参与度。通过加强公众教育、提高社区居民对预警信息的重视程度，实现公众更广泛、主动参与地质灾害的防范与应对的目的。

未来，随着技术的不断进步和社会对地质灾害预警的认识提高，地质灾害监测与预警系统将更加完善和智能化，为人们提供更可靠的安全保障。加强国际合作，共同应对全球范围内的地质灾害挑战，是未来发展的重要方向。

第四节 岩土体力学与边坡稳定性分析

一、岩土体力学基础理论

岩土体力学是研究岩石和土壤在外力作用下的变形和破坏规律的一门学科。它涉及地质工程、岩土工程、地下水工程等领域，是土木工程中非常重要的一个分支。岩土体力学基础理论包括岩土材料的物理性质、力学性质、应力应变关系、渗流、固结与膨胀等多个方面。本节将对岩土体力学的基础理论进行综述，包括岩土材料的性质、应力应变关系、弹性和塑性变形、渗流理论等内容。

（一）岩土材料的物理性质

1. 岩石的物理性质

岩石是地壳中的基本构造单元，其物理性质对于岩土体力学的研究至关重要。岩石的物理性质包括密度、孔隙度、渗透性等。

密度：岩石的密度是指单位体积内的质量，通常以 g/cm³ 为单位。不同类型的岩石具有不同的密度，对于工程设计和施工具有重要影响。

孔隙度：孔隙度是指岩石中孔隙体积与总体积之比。孔隙度直接影响岩石的渗透性和强度。

渗透性：渗透性是指岩石对流体渗透的能力，与孔隙度和孔隙结构密切相关。渗透性的研究对于地下水工程和岩土工程中的水文问题具有重要意义。

2. 土壤的物理性质

土壤是地球表面的可蚀搬运层，其物理性质直接影响到土力学和岩土工程的研究。土壤的物理性质包括颗粒分布、含水率、比重等。

颗粒分布：土壤中颗粒的大小和分布对于土壤的工程性质有重要影响。颗粒分布可分为粉砂、粉土、黏土等不同类型。

含水率：含水率是指土壤中含有的水分质量占其干重的百分比。含水率的变化会影响土壤的强度和变形特性。

比重：土壤的比重是指土壤颗粒的密度与水的密度之比。比重是土壤物理性质中的一个重要参数，直接影响土壤的压缩性和承载力。

（二）岩土体的力学性质

1. 岩石的力学性质

岩石的力学性质是岩土体力学研究的核心内容之一。岩石的力学性质包括弹性模量、泊松比、抗拉强度、抗压强度等。

弹性模量：弹性模量是指岩石在弹性阶段内的应力和应变关系的比值。它是衡量岩石抗弯刚度的重要参数。

泊松比：泊松比是指岩石在弹性阶段内横向收缩应变与纵向拉伸应变之比。泊松比的值反映了岩石在加载时的变形特性。

抗拉强度：抗拉强度是指岩石抵抗拉伸破坏的能力。不同类型的岩石具有不同的抗拉强度。

抗压强度：抗压强度是指岩石抵抗压缩破坏的能力。它是评价岩石承受荷载能力的重要指标。

2. 土壤的力学性质

土壤的力学性质涉及土壤的强度、变形和压缩等方面。主要包括有效应力、孔隙水压、孔隙比、剪切强度等。

有效应力：有效应力是指在孔隙水压力作用下，实际承受的土体颗粒间的应力。有效应力是判断土体稳定性和承载力的基础。

孔隙水压：孔隙水压是指土体中水分所施加的压力，影响着土体的强度和变形特性。

孔隙比：孔隙比是指土壤中孔隙体积与固体体积之比。孔隙比的大小直接影响土壤的工程性质。

剪切强度：剪切强度是指土壤抵抗剪切破坏的能力。土壤的剪切强度与孔隙水压、有效应力等参数有关。

（三）应力应变关系

1. 弹性变形

弹性变形是岩土体在受力后能够完全恢复原状的一种变形状态。弹性变形的应力应变关系可以用胡克定律描述，即应力与应变成正比。

2. 塑性变形

塑性变形是指岩土体在受到一定应力后，产生的非完全恢复的变形。岩土体在超过一定应力水平时，就会进入塑性变形阶段。塑性变形的应力应变关系通常用流变模型描述，其中包括强度理论、孔隙压力理论，弹塑性变形等。

（1）强度理论

强度理论描述了岩土体的破坏条件和塑性变形的关系。常见的强度理论包括莫尔-

库伦强度理论、穆勒-库仑强度理论等。这些理论通过一定的应力判据来确定岩土体的破坏状态。

（2）孔隙压力理论

孔隙压力理论考虑了岩土体内的孔隙水压对其力学性质的影响。孔隙压力对岩土体的强度和变形特性会产生显著影响。这一理论通过引入孔隙水压来描述岩土体的塑性行为。

3. 弹塑性变形

弹塑性变形是弹性变形和塑性变形的结合。岩土体在受力后，既能够发生弹性变形，又能够发生一定程度的塑性变形。弹塑性变形的应力应变关系通常使用材料本构模型来描述，如弹塑性 Mohr-Coulomb 模型、Drucker-Prager 模型等。

（四）渗流理论

渗流是岩土体中水分运动的过程，对于地下水工程和岩土工程中的水文问题至关重要。渗流理论主要包括多孔介质渗流理论和裂隙渗流理论。

1. 多孔介质渗流理论

多孔介质渗流理论是研究岩土体中孔隙介质中水分运动规律的理论。多孔介质中水分的运动受到达西定律的影响，该定律表明水分的运动速度与水分梯度成正比。

2. 裂隙渗流理论

裂隙渗流理论研究的是岩石的裂隙中水分运动的规律。裂隙渗流的速度与裂隙的形状、大小以及渗透系数等因素有关。裂隙渗流理论通常采用 Navier-Stokes 方程等进行描述。

（五）总结与展望

岩土体力学基础理论是岩土工程研究的基石，涉及岩土材料的物理性质、力学性质、应力应变关系、渗流理论等多个方面。深入理解这些基础理论对于正确评估和处理岩土工程中的各类问题至关重要。

未来，随着科学技术的不断发展，对岩土体力学研究将更加深入，新的理论和方法将不断涌现。同时，岩土体力学的理论将更加与实际工程问题相结合，为工程实践提供更可靠的理论基础。

二、岩土体力学在边坡稳定性分析中的应用

边坡稳定性是岩土工程领域中的一个重要问题，涉及土壤和岩石在外部荷载作用下的变形和破坏行为。岩土体力学作为研究岩石和土壤力学性质的学科，在边坡稳定

性分析中发挥着重要的作用。本节将探讨岩土体力学在边坡稳定性分析中的应用，包括岩土体的力学性质、应力分析、渗流问题、变形特征等。

（一）岩土体力学性质的影响

1. 土壤和岩石的物理性质

岩土体力学性质的基础是土壤和岩石的物理性质。土壤的颗粒分布、含水率、比重等参数，岩石的弹性模量、泊松比、抗拉强度、抗压强度等性质，直接影响着边坡的稳定性。不同类型的土壤和岩石具有不同的力学特性，因此在边坡稳定性分析中，对这些物理性质的准确测定和分析是至关重要的。

2. 强度参数

岩土体的强度参数是岩土体力学性质的关键指标，对边坡稳定性的分析至关重要。常见的强度参数包括土壤的内摩擦角、剪切强度、岩石的抗拉强度和抗压强度等。这些参数直接反映了岩土体对外部荷载的抵抗能力，是边坡稳定性计算的基础。

（二）边坡稳定性的应力分析

1. 应力场分析

岩土体力学在边坡稳定性分析中应用最为显著的方面是应力场的分析。通过考虑岩土体在外部荷载作用下的应力分布，可以评估边坡的稳定性。这包括水平方向和垂直方向的应力分布，以及应力的大小和方向对边坡的影响。通过数值模拟或解析解，可以得到边坡体内的应力场分布，为稳定性分析提供基础。

2. 地下水位的影响

地下水位对边坡稳定性具有重要影响，而地下水位的分布又与岩土体的渗流特性有关。岩土体力学的渗流理论可以用来分析地下水位对边坡的影响。当地下水位上升时，将增加边坡的孔隙水压，对边坡稳定性产生一系列影响，包括减小有效应力、增加剪切弱面的可能性等。

（三）渗流问题的考虑

1. 渗流路径分析

岩土体力学的渗流理论在边坡稳定性分析中起到关键作用。通过渗流路径的分析，可以了解地下水在边坡体内的流动路径，判断是否存在渗流通道导致边坡破坏。渗流路径分析还可以帮助确定合适的排水措施，提高边坡的稳定性。

2. 渗流对强度的影响

地下水的存在不仅影响边坡的应力状态，还对边坡的强度产生直接的影响。在某些情况下，地下水的存在可能导致边坡体的饱和状态，使得边坡的抗剪强度降低。岩土体力学理论可以用来模拟不同渗流条件下的边坡体强度，为合理设计排水方案提供依据。

（四）变形特征的分析

1. 变形机制分析

岩土体在受力作用下会发生变形，而不同类型的岩土体具有不同的变形机制。岩土体力学通过分析岩土体的弹性和塑性变形特征，可以预测边坡在受力后的变形机制。这对于评估边坡的稳定性和提出合理的加固方案至关重要。

2. 变形监测与预警

岩土体力学的变形分析也为边坡稳定性的监测与预警提供了理论支持。通过实时监测边坡的变形情况，可以及时发现边坡发生变形的迹象，提前采取措施防范边坡遭受破坏。岩土体力学的变形模型和监测技术相结合，为有效的边坡管理提供了手段。

岩土体力学在边坡稳定性分析中的应用丰富多样，涵盖了岩土体的力学性质、应力分析、渗流问题、变形特征等多个方面。在边坡稳定性分析中，岩土体力学的应用不仅能帮助工程师更好地理解边坡体的力学行为，还为合理设计工程方案和采取有效的边坡管理措施提供了重要的理论依据。

三、边坡岩土体强度参数的测定方法

边坡岩土体强度参数的测定是岩土工程中非常重要的一项工作，这些参数直接影响边坡的稳定性分析和工程设计。本节将介绍常见的边坡岩土体强度参数的测定方法，包括土壤的内摩擦角、剪切强度、岩石的抗拉强度和抗压强度等。

（一）土壤强度参数的测定方法

1. 内摩擦角的测定

内摩擦角是描述土壤抗剪切能力的重要参数，其测定通常采用室内和室外两种方法。

1）室内试验方法

直剪试验法：通过在室内使用直剪仪进行试验，测定土壤在不同应力状态下的抗剪强度。通过绘制剪切强度与正应力的关系图，从中确定内摩擦角。

共轭斜坡法：在室内通过斜坡试验，利用土壤在坡面上的运动和形态来计算内摩擦角。

2）室外试验方法

场地试验法：在实际工程场地进行试验，通过在土体上设置剪切装置，测定土壤的抗剪切性能。

挖坑试验法：在地面挖开坑，通过观测坑壁的坍塌情况，间接推断土壤的内摩擦角。

2. 剪切强度的测定

剪切强度是描述土壤抗剪切能力的另一个重要参数，其测定方法主要有以下几种。

直剪试验法：通过直剪试验测定土壤在不同正应力下的剪切强度。根据试验结果，绘制剪切强度与正应力的关系图，得到剪切强度参数。

三轴试验法：通过三轴试验，模拟不同应力状态下土壤的力学行为，从而得到土壤的剪切强度。

动力触探法：利用动力触探设备，在地下通过对土体的打击和阻力测定来推断土壤的剪切强度。

（二）岩石强度参数的测定方法

1. 抗拉强度的测定

岩石的抗拉强度是描述岩石抵抗拉伸破坏的能力，其测定方法主要包括下面几种。

直接拉伸试验法：通过在实验室使用拉伸试验机进行直接拉伸试验，测定岩石的抗拉强度。

斜拉试验法：通过在实验室使用斜拉试验装置，测定岩石在不同角度下的抗拉强度。

2. 抗压强度的测定

岩石的抗压强度是描述岩石抵抗压缩破坏的能力，其测定方法主要有下面几种。

轴心抗压试验法：通过在实验室使用轴心抗压试验机，将岩石样品置于试验机中，测定岩石的抗压强度。

侧压抗压试验法：通过在实验室使用侧压抗压试验装置，测定岩石在侧向受力下的抗压强度。

非破坏性试验法：利用超声波等非破坏性检测方法，测定岩石的声波速度、弹性模量等参数，从而推断抗压强度。

（三）注意事项与质量控制

在进行强度参数的测定时，需要注意以下事项以确保测试的准确性和可靠性。

试样的制备：试样的制备应符合标准规范，确保试样的几何形状和尺寸符合要求。

试验条件的控制：在进行室内试验时，需要严格控制试验条件，包括温度、湿度等因素。

设备的校准：所使用的试验设备需要定期校准，确保测试结果的准确性。

多次试验取平均值：为提高测试的可靠性，通常进行多次试验取平均值，减小实验误差。

实地测试的难点：在进行实地测试时，需要考虑地质条件的复杂性，采用适当的方法克服测试的难点。

强度参数的测定是岩土工程中的一项关键工作，直接关系到工程设计和边坡稳定性分析的准确性。因此，在进行测定时，应严格按照标准规范操作，并结合实际工程条件，以确保获得可靠的强度参数数据。

（四）先进技术在强度参数测定中的应用

随着科技的不断发展，一些先进技术在岩土体强度参数测定中得到了广泛应用，提高了测定的准确性和效率。

1. 激光扫描技术

激光扫描技术可以用于获取岩土体表面的三维形状信息，进而实现对试样几何形状的精确测量。这对于获得土壤和岩石试样的直径、高度等尺寸的准确信息确定提供了新的手段。

2. 数值模拟与有限元分析

数值模拟和有限元分析是通过计算机模拟岩土体受力过程，进而推断强度参数的方法。这种方法可以考虑复杂的边界条件和多因素耦合效应，提供更全面的岩土体力学行为描述。

3. 无损检测技术

无损检测技术，如超声波检测、地震波探测等，能够在不破坏试样的情况下获取岩石内部的物理性质，从而推断其强度参数。这种方法可以应用于实际工程中，减少对原有结构的破坏。

4. 高级成像技术

高级成像技术，如扫描电子显微镜（SEM）和X射线计算机断层扫描（CT），能够深入观察岩土体的微观结构，为理解其强度形成机制提供更详细的信息。

强度参数的准确测定对于岩土工程的设计和施工具有重要意义。通过本节介绍的测定方法，可以全面了解土壤和岩石的抗剪切、抗拉伸、抗压等力学性质。然而，仍然存在一些挑战，如复杂地质条件下的测定难度、试验误差的影响等。

未来的发展趋势可能包括更多先进技术的引入，以提高测定的精确性和效率。同时，结合实际工程经验，进一步完善强度参数的测定标准和方法，以适应不同地质条件和工程要求。

随着智能化、数字化技术的不断推进，岩土体强度参数的测定将更加便捷和可靠。

同时，工程实践中对岩土体强度参数的准确性需求将不断推动相关研究的深入，促使岩土体力学领域在未来取得更大的突破。

第五节 诱发因素与机制的模型研究

一、数值模型在诱发因素研究中的应用

地质灾害是由于自然或人为因素导致的地球表层物质的大规模破坏和移动，包括滑坡、泥石流、地震诱发的滑坡等。研究地质灾害的诱发因素对于灾害风险评估和预防具有重要意义。数值模型作为一种有效的工具，在诱发因素研究中发挥着重要作用。本节将探讨数值模型在地质灾害诱发因素研究中的应用，包括模拟、分析和预测地质灾害的诱发机制。

（一）数值模型简介

数值模型是通过数学方法对自然现象进行数值模拟的工具。在地质灾害研究中，数值模型可以用来模拟地质过程、分析影响因素、预测灾害发生概率等。常见的数值模型包括有限元模型、有限差分模型、格子模型等，它们基于不同的数学原理和计算方法，适用于不同类型的地质灾害研究。

（二）数值模型在地质灾害诱发因素研究中的应用

1.滑坡诱发因素研究

（1）地质条件模拟

数值模型可以通过模拟地质条件，包括地层结构、岩土体性质、地下水位等，来分析滑坡的发生潜在性。有限元模型可以考虑复杂的地质条件，模拟地层的变形和应力分布，从而理解地下岩土体的稳定性。

（2）降雨模拟

降雨是滑坡发生的重要诱因之一。数值模型可以通过模拟降雨对土体的影响，考虑降雨引起的地下水位上升、土体饱和度增加等因素，分析降雨事件对滑坡的影响程度。

（3）地震作用分析

地震是引发滑坡的另一个重要因素。数值模型可以模拟地震的作用，考虑地震波对地层的振动效应，从而评估地震引发滑坡的可能性和危险性。

2. 泥石流诱发因素研究

（1）地形和地貌模拟

泥石流的发生与地形和地貌密切相关。数值模型可以通过地形数据，模拟不同地形条件下泥石流的流动路径、流速等参数，帮助理解地形对形成泥石流造成的影响。

（2）降雨特征分析

降雨是泥石流的主要诱发因素之一。数值模型可以模拟降雨事件，包括降雨的时程、强度、分布等特征，分析降雨对泥石流产生的潜在影响。

（3）植被覆盖模拟

植被覆盖对泥石流的发生有一定的抑制作用。数值模型可以考虑植被的作用，模拟不同植被覆盖条件下泥石流的形成和发展过程。

3. 地震诱发滑坡研究

（1）地震波传播模拟

数值模型可以模拟地震波在地层中的传播过程，包括波速、振幅等参数，进而分析地震对地层的影响。这有助于理解地震如何诱发滑坡。

（2）地下水位升降分析

地震可能引起地下水位的升降，从而影响滑坡的稳定性。数值模型可以模拟地震引发的地下水流动情况，分析地下水位升降对滑坡的影响。

（3）断层滑动模拟

地震常伴随着断层活动，数值模型可以模拟断层滑动的过程，考虑断层对地下岩土体的影响，为理解地震诱发滑坡提供有力支持。

（三）数值模型在地质灾害防治中的应用

1. 预测与预警

基于数值模型对地质灾害的诱发因素进行研究，可以建立预测与预警系统。通过模拟不同因素的影响，提前预测可能发生的地质灾害，为防治工作提供科学依据。

2. 工程设计

数值模型可以在工程设计中应用，通过模拟在不同条件下的地质灾害可能性，指导工程设计中采取相应的防护措施。例如，在滑坡易发区域进行工程建设时，可以通过数值模型模拟不同工程方案对滑坡稳定性的影响，选择最合适的工程方案，并制定相应的防治措施，以减少地质灾害的风险。

3. 灾后应对与恢复

当地质灾害发生后，数值模型也能发挥重要作用。通过对灾后地质条件的模拟，可以更好地理解灾害造成的影响，为灾后的应对和恢复工作提供科学支持。数值模型可以用于评估灾害导致的地形变化、泥石流扩展路径等，有助于指导救援和恢复工作的有序进行。

4.风险评估与管理

数值模型的研究不仅可以定量分析地质灾害的诱发因素，还可用于风险评估与管理。通过对潜在灾害的数值模拟，可以确定不同区域和场景下的风险水平，为决策者提供科学依据，制定合理的风险管理策略，降低潜在的地质灾害。

（四）数值模型的挑战与展望

尽管数值模型在地质灾害诱发因素研究和防治中取得了显著成就，但仍然面临一些挑战：

1.参数不确定性

数值模型的准确性受到参数不确定性的影响。地质条件、材料性质等参数的准确性难以完全获取，因此数值模型的预测结果可能存在一定的误差。未来的研究需要更好地解决参数不确定性的问题，提高数值模型的可靠性。

2.多尺度耦合

地质灾害是多尺度复杂过程的结果，涉及从微观到宏观的多个尺度。目前的数值模型往往局限于特定尺度的研究，如何实现多尺度的耦合仍然是一个挑战。未来的研究需要发展更加综合的多尺度模拟方法，更好地反映地质灾害的全过程。

3.多因素综合模拟

地质灾害的发生往往是多因素综合作用的结果，如何更准确地模拟多因素的综合影响，包括降雨、地形、植被等因素，是一个亟待解决的问题。未来的研究需要推动多因素综合模拟方法的发展，提高模拟结果的真实性。

4.数据获取与验证

数值模型的建立和验证需要大量的地质、气象、水文等数据。然而，实际数据的获取存在一定的困难，同时，如何准确验证数值模型的结果也是一个挑战。未来的研究需要更加关注数据获取的问题，同时开展更多实地验证研究，提高数值模型的可信度。

总体而言，数值模型在地质灾害诱发因素研究中发挥了不可替代的作用。随着科技的发展和研究的深入，数值模型将在地质灾害的预测、防治和管理方面继续取得更大的进展。通过不断克服挑战，数值模型将更好地为人们理解和应对地质灾害提供支持。

二、人工智能在模型研究中的创新应用

人工智能（Artificial Intelligence, AI）作为一项前沿技术，已经在各个领域展现出卓越的创新潜力。在地质模型研究中，人工智能的应用为我们提供了新的视角和方法，极大地促进了地质科学的发展。本节将探讨人工智能在地质模型研究中的创新应用，

包括在数据处理、模型预测、资源勘探等方面的应用案例。

（一）概述

地质模型是对地球内部结构、地表特征以及地质过程进行描述和模拟的数学工具。传统的地质模型建立通常依赖于大量的地质观测数据和经验知识。然而，这些数据的获取和整理过程可能耗时且受到限制，而传统模型在处理复杂的地质问题时也存在一定的局限性。人工智能技术的引入为地质模型研究带来了新的机遇，通过智能算法和机器学习技术，能够更好地处理复杂、多源、多尺度的地质数据，提高模型的准确性和效率。

（二）数据处理与分析

1. 地质大数据的处理

地质模型研究离不开对大量地质数据的处理和分析。人工智能在地质大数据处理中发挥着重要作用。通过深度学习算法，可以更准确地提取地质数据中的特征，识别地质体、矿产资源分布等关键信息。例如，在卫星遥感数据、地球物理勘探数据等大规模数据的处理中，卷积神经网络（CNN）等深度学习方法能够自动提取地质特征，为地质模型提供更为精细的输入。

2. 数据集成与多源信息融合

地质模型常常需要综合利用多个来源的地质信息，包括地震、地磁、地表形貌等。人工智能通过数据集成和多源信息融合，能够更全面地理解地质系统。例如，利用深度学习方法，可以将不同传感器获取的地质信息融合，提高对地质体结构和性质的识别精度。

（三）地质模型预测与优化

1. 地质过程模拟

人工智能技术在地质过程模拟方面展现了强大的能力。通过神经网络等方法，可以对地质过程进行实时模拟和预测。例如，在地震活动预测中，人工智能模型可以分析地震前兆数据，提前预测可能的地震发生地点和时间。

2. 矿产资源勘探

矿产资源的勘探一直是地质学领域的重要任务。人工智能在矿产资源勘探中的应用显著提高了勘探效率。利用机器学习算法，可以从大量的地质、地球化学、地球物理数据中挖掘潜在的矿产信息。人工智能技术还可以在探矿定位、资源量评估等方面进行优化和预测。

3. 智能化地质模型优化

传统的地质模型建立和参数优化通常依赖于专家经验，而人工智能技术可以通过学习历史数据，自动发现地质模型的参数配置，从而实现模型的智能优化。这种智能化的优化过程能够更好地适应复杂多变的地质环境。

（四）地质灾害预警与风险评估

1. 地质灾害预测

人工智能在地质灾害预测方面具有广泛的应用前景。通过深度学习和模式识别技术，可以对地质灾害的发生概率和影响程度进行准确的预测。例如，在滑坡、泥石流等地质灾害的预测中，人工智能模型可以识别出潜在的危险区域，提前预警并采取措施降低风险。

2. 风险评估与管理

人工智能技术有助于更全面地评估地质灾害风险。通过对历史数据和实时监测数据的深入分析，可以建立更为准确的风险评估模型。这有助于制定科学合理的风险管理策略，提高地质灾害防范和应对的效果。

（五）挑战与展望

1. 数据隐私与安全

在人工智能应用中，由于对大量地质数据的使用也带来了数据隐私和安全方面的问题。保护地质数据的隐私和确保数据的安全是人工智能在地质模型研究中面临的挑战之一。在推动人工智能应用的同时，需要建立健全的数据隐私保护机制和安全管理体系，确保地质数据的合法、安全、可靠使用。

2. 数据质量与标注

人工智能模型的训练和应用依赖于高质量的地质数据。然而，地质数据的质量参差不齐，且标注过程可能存在主观性和误差。因此确保数据的准确性和一致性，以及提高标注过程的可信度，是人工智能在地质模型研究中面临的挑战之一。

3. 解释性与透明度

人工智能模型通常以黑盒的形式呈现，其内部结构和决策过程难以理解。在地质模型研究中，解释模型的预测结果对于科研和决策具有重要意义。因此，提高人工智能模型的解释性和透明度，使其成为可理解和可信赖的工具，是未来发展的方向之一。

4. 多模态融合

地质模型研究涉及多源、多模态的地质数据，如卫星遥感数据、地球物理数据、地震数据等。如何将这些多模态数据有效地进行融合，提高模型的综合分析能力，是人工智能在地质模型研究中需要解决的问题。多模态融合的方法将为更全面地理解地质系统提供新的可能性。

5.模型通用性与泛化能力

由于地质环境的多样性，建立具有通用性和泛化能力的人工智能地质模型是一个具有挑战性的任务。模型的训练和优化需要考虑不同地质条件下的数据，以确保模型在不同区域和场景下都能取得良好的效果。

人工智能在地质模型研究中的创新应用为我们提供了更为强大和高效的工具，极大地推动了地质科学的发展。通过处理大规模的地质数据、优化地质模型、预测地质过程和灾害，人工智能为地质学家提供了更深入、全面地认识地球的途径。然而，随着人工智能在地质模型研究中的不断应用，需要更好地解决数据隐私、数据质量、解释性等方面的问题，以推动人工智能在地质学领域的可持续发展。未来，随着技术的不断进步和方法的不断创新，人工智能将继续为地质模型研究带来更多的新思路和新突破，促使我们在地质科学方面取得更为深入的认识。

第三章　公路边坡变形监测与评价技术

第一节　公路边坡监测的基本原理

一、监测参数的选择与定义

监测是通过观测、测量和记录来获取关于特定对象或系统状态、性质、变化的信息的过程。监测参数的选择与定义是确保监测工作准确性和有效性的关键步骤。本节将探讨监测参数的选择原则、方法以及在不同领域中的应用。

（一）概述

监测是科学研究和工程实践中常用的手段,通过对目标对象进行数据采集和分析,可以全面了解其状态和变化。为了实现有效的监测, 必须选择适当的监测参数,并明确定义这些参数的含义和测量方法。监测参数的选择与定义需要考虑监测对象的特性、监测目的、技术可行性等因素。

（二）监测参数的选择原则

1. 目标明确性

选择监测参数时, 首先需要明确监测的具体目标。不同的监测目标可能需要关注不同的参数, 因此确保监测参数与监测目标紧密相关是至关重要的。

2. 敏感性和变化趋势

监测参数应具有足够的敏感性, 能够捕捉到监测对象发生的微小变化。同时, 监测参数应能够反映出监测对象的变化趋势, 从而提供及时的预警和决策支持。

3. 可操作性和可靠性

选择的监测参数应当是可以通过实际测量和监测手段获取的, 并且这些手段在操作上是可行的。同时, 监测参数的测量方法和设备应当具有高可靠性, 能确保数据的准确性和可信度。

4. 经济性和可持续性

监测工作需要耗费一定的资源，包括经济和人力。因此，选择的监测参数应当在保证监测效果的前提下，尽可能减少监测成本，保障监测工作的可持续性。

5. 相关性和代表性

监测参数的选择应与监测对象的特性密切相关，并且具有代表性。选择具有相关性和代表性的监测参数可以更全面、真实地了解监测对象的状态，提高监测数据的可靠性。

（三）监测参数的定义方法

1. 地质工程领域

（1）地下水位

地下水位是地质工程监测的重要参数之一。其定义是指地下水面与地表之间的垂直距离。通过井孔水位计等设备监测地下水位的高低，可以了解地下水系统的变化趋势，为地下水资源管理提供依据。

（2）土体位移

土体位移是指土壤或岩石在空间中的位置变化，通常通过全站仪、GPS 等技术手段进行监测。土体位移的定义是指土体某一点在空间中的坐标变化。这个参数在边坡稳定性分析和工程施工中具有重要意义。

2. 环境监测领域

（1）大气温度

大气温度是环境监测中常用的参数之一。其定义是指空气的温度，通常以摄氏度为单位。通过气象站等设备监测大气温度的变化，可以了解气温的季节变化和气候特征。

（2）水质监测参数

水质监测中的参数包括溶解氧、pH、浊度等。这些参数的定义通常是指水体中特定物质的含量或性质。通过水质监测设备获取这些参数的变化，可以评估水体的健康状况。

3. 结构工程领域

（1）结构振动频率

结构振动频率是评估结构动力性能的重要参数。其定义是指结构在受到外力激励时的振动频率。通过振动传感器等设备监测结构的振动频率，可以了解结构的自振频率和动力响应。

（2）结构位移

结构位移是指结构构件在空间中的位置变化。通过位移传感器等设备监测结构的位移，可以评估结构的变形情况，为结构的安全评估提供数据支持。

（四）不同领域监测参数选择的挑战与展望

1. 跨学科融合

随着科技的发展，各个领域的监测参数选择将更多地涉及跨学科融合。解决跨学科合作中的语言障碍和数据集成问题将是未来的挑战之一。

2. 智能监测技术

未来监测领域将更加依赖智能监测技术，包括物联网、人工智能等。这将会带来数据处理和分析的新挑战。

（五）不同领域监测参数选择的挑战与展望（续）

1. 数据隐私与伦理问题

随着监测数据的不断增加，数据隐私和伦理问题将成为一个持续关注的议题。如何在保障监测效果的同时，充分考虑数据的隐私保护和伦理合规性，是未来需要解决的难题之一。

2. 多源数据融合

未来的监测工作将更加倾向于多源数据融合。整合来自不同设备、不同领域的数据，进行综合分析，将能够提供更全面、更准确的监测结果。然而，数据融合带来的复杂性和数据一致性的问题也需要解决。

3. 新兴技术的应用

新兴技术如区块链、边缘计算等在监测领域的应用将推动监测技术的进一步创新。这些技术可能改变监测数据的存储、传输和分析方式，从而提高监测系统的效率和安全性。

（六）监测参数选择的方法论

1. 系统工程方法

系统工程方法强调整体性和系统性，通过系统分析和综合评估，确保选择的监测参数能够全面、准确地反映监测对象的状态。这种方法适用于对大规模、复杂系统的监测。

2. 数据驱动方法

数据驱动方法利用大数据和机器学习技术，通过对历史数据的分析和学习，自动选择与监测目标相关的监测参数。这种方法对于数据量庞大、变化复杂的监测系统具有优势。

3. 风险评估方法

风险评估方法通过分析潜在风险和可能的监测目标，选择那些对于降低风险和实现监测目标具有关键作用的监测参数。这种方法适用于强调风险管理的监测工作。

4.预警策略方法

预警策略方法侧重于选择那些具有较好预测性能的监测参数，以便在监测对象出现异常情况时能够及时预警。这种方法对于需要实施预警系统的监测工作具有重要意义。

监测参数的选择与定义是确保监测工作有效性的基础步骤。在选择监测参数时，需要综合考虑监测目标、敏感性、可操作性、经济性等因素，并明确定义这些参数的含义和测量方法。随着技术的不断发展和监测需求的不断增加，跨学科融合、智能监测技术、数据隐私、新兴技术的应用等将是未来监测参数选择面临的挑战和发展方向。通过采用系统工程方法、数据驱动方法、风险评估方法和预警策略方法等不同的方法论，可以更科学、更合理地选择和定义监测参数，提高监测工作的效率和可靠性。

二、监测设备的布设与配置

监测设备的布设与配置是确保监测系统有效运行的重要环节。通过合理的布设和配置，可以全面、准确地获取监测目标的数据，为科学分析和决策提供可靠依据。本节将探讨监测设备布设与配置的原则、方法以及在不同领域中的应用。

（一）概述

监测设备是用于获取、传输和记录监测参数的工具，其布设与配置直接关系到监测系统的性能和数据质量。合理的布设与配置可以提高监测系统的灵敏度、可靠性和实时性，满足不同领域对监测的需求。在不同的应用场景中，监测设备的布设与配置需要根据具体情况进行精心设计。

（二）监测设备布设原则

1.系统性原则

监测设备的布设应当具有整体性，形成一个系统。这意味着监测设备之间需要相互关联、协同工作，以实现全面监测和数据的综合分析。系统性布设有助于获取更为全面的监测信息。

2.区域性原则

根据监测目标的特点，监测设备的布设应当具有区域性，覆盖监测区域内的关键位置。合理选择监测点位，确保监测设备能够在整个监测区域内有效地采集数据，对监测对象进行全方位、多角度的监测。

3. 多层次原则

监测设备的布设可以根据不同的层次进行划分，包括垂直和水平方向的层次。垂直方向的布设可以考虑不同深度或高度，以获取更为立体的监测数据；水平方向的布设则可以根据地理、地质等因素进行合理划分，以满足监测的多层次需求。

4. 多源性原则

监测设备的布设应当考虑多源性，即通过不同类型的监测设备获取多源数据。多源性的布设有助于提高监测系统的鲁棒性，降低单一设备故障对监测结果的影响，同时可以从多个角度更全面地理解监测对象的状态。

（三）监测设备配置方法

1. 传感器选择与配置

传感器是监测设备的核心组成部分，传感器的选择和配置直接关系到监测参数的获取质量。因此在选择传感器时，需要考虑其精度、灵敏度、可靠性等因素。配置传感器时，需合理安排在监测点位上的位置和布放方式，确保获取的数据具有代表性。

2. 通信系统配置

监测设备通常需要通过通信系统将采集到的数据传输到数据中心或监测站点。通信系统的配置应当考虑到监测点位的地理分布、通信距离、数据传输速度等因素。选择合适的通信方式，如有线通信、无线通信、卫星通信等，并合理配置通信设备。

3. 数据存储与处理配置

监测设备采集到的数据需要进行存储和处理，以便后续的分析和应用。数据存储与处理配置应考虑存储容量、数据格式、实时性等因素。选择合适的存储设备和处理算法，能确保监测数据的完整性和可用性。

4. 电源配置

监测设备通常需要电源供应，电源配置的合理性直接关系到监测系统的稳定性。选择适用的电源方式，如电池供电、太阳能供电等，并配置相应的电源管理系统，以确保监测设备能够长时间稳定运行。

5. 安装支架与结构配置

监测设备的安装支架和结构配置需要考虑设备的稳定性和防护性。应当合理设计支架结构，确保监测设备能够稳固地固定在监测点位上，并且具备防护措施，以降低天气、环境等因素对设备的影响。

6. 安全性配置

为了确保监测设备的安全性，配置相应的安全防护措施是必要的。这包括设备的防盗、防水、防雷等配置，以保障监测设备在各种复杂环境条件下的正常运行。

（四）不同领域的监测设备布设与配置

1.地质工程领域

（1）斜坡监测设备

在斜坡监测中，斜坡的稳定性对于防范地质灾害至关重要。布设倾角传感器、位移传感器等在斜坡的关键点位，以实时监测斜坡的变形情况。配置相应的通信系统，将数据传输至监测站点，并确保电源供应的可靠性。

（2）地下水监测设备

地下水监测设备主要包括井孔水位计、水质传感器等。合理选择井点，配置井孔水位计，用于监测地下水位的变化。同时，配置水质传感器，实时监测地下水的水质状况。通信系统选择有线或无线方式，确保数据的及时传输。

2.环境监测领域

（1）大气监测设备

大气监测设备包括气象站、空气质量传感器等。气象站的配置需要考虑高度、风向风速传感器的布设位置，以获取准确的气象数据。空气质量传感器的布设需要覆盖城市不同区域，以监测空气质量的时在不同空分布的情况。

（2）水质监测设备

水质监测设备通常布设在水体中，包括河流、湖泊等。配置浮标、水质传感器等设备，以实现对水体中溶解氧、pH、浊度等水质参数的监测。通过无线通信系统传输数据，确保监测全程的数据可追溯性。

3.结构工程领域

（1）桥梁监测设备

桥梁监测设备的布设需要考虑桥梁结构的特点。配置位移传感器、振动传感器等在桥梁结构的关键部位，监测结构位移和振动频率。通信系统选择有线或无线方式，保障监测数据的实时传输。

（2）建筑结构监测设备

在建筑结构监测中，配置裂缝计、倾斜仪等设备，用于监测建筑结构的变形情况。传感器的布设需要考虑建筑结构的敏感区域，以获取准确的监测数据。通信系统选择稳定的有线方式，以确保数据传输的可靠性。

（五）挑战与展望

1.新兴技术的应用

随着物联网、人工智能等新兴技术的不断发展，监测设备的布设与配置将更加智能化。新兴技术的应用将提高监测系统的自动化程度、数据处理能力，为更复杂的监测场景提供支持。

2. 跨领域融合

不同领域的监测设备布设与配置需要更多的跨领域融合。将地质、环境、结构等多个领域的监测设备整合，形成跨领域的监测系统，将更好地满足综合监测的需求。

3. 数据隐私与安全性

随着监测设备生成的数据不断增加，数据隐私和安全性成为一个重要的挑战。未来的工作需要更加关注监测数据的安全存储、传输和使用，建立相应的数据安全标准和机制。

4. 资源有效利用

在监测设备布设与配置中，需要考虑资源的有效利用，包括电源、通信带宽等。未来的监测系统需要更加注重能源的可持续利用和通信资源的合理分配。

监测设备的布设与配置是保障监测系统有效运行的关键环节，合理的布设和配置对于获取可靠的监测数据至关重要。不同领域的监测设备需要根据具体场景进行精心设计，考虑到监测对象的特点、监测需求以及环境条件等多个因素。

在地质工程领域，斜坡监测设备和地下水监测设备的布设需关注地形地貌的变化，选取关键点位进行监测。在环境监测领域，大气监测设备和水质监测设备的布设应考虑到城市的空间分布，确保监测覆盖面广泛。在结构工程领域，桥梁和建筑结构监测设备的配置需根据结构特点，选取敏感区域进行布设。

随着新兴技术的应用，监测设备将更趋智能化和自动化。物联网、人工智能等技术的发展将提供更多可能性，使监测设备能够更灵活地适应不同的监测场景。同时，跨领域融合将成为未来的发展趋势，不同领域的监测设备将更紧密地协同工作，形成更全面的监测系统。

然而，监测设备的应用也面临着一些挑战。数据隐私和安全的问题需要得到更好的解决，确保监测数据的合法使用和保密性。资源的有效利用也需要更加注重，尤其是在能源有限的情况下，需要寻找更加可持续的供能方式。

综合而言，监测设备的布设与配置是监测系统中至关重要的一环，直接关系到监测系统的性能和数据质量。在未来的发展中，需要更加注重在新兴技术的应用、跨领域融合和数据隐私与安全性等方面的解决方案，以推动监测设备的不断创新与升级。只有在不断提高监测设备的智能性、可靠性和安全性的基础上，监测系统才能更好地满足各个领域的监测需求，为社会的可持续发展提供更强有力支持。

三、监测数据的实时传输与存储

监测数据的实时传输与存储是现代监测系统中至关重要的环节，直接影响监测系统的实时性、可靠性和数据质量。本节将探讨监测数据实时传输与存储的原则、方法、挑战以及未来的发展方向。

（一）概述

监测系统通过传感器等设备采集大量的监测数据，这些数据对于科学研究、决策制定以及灾害预警等方面起着至关重要的作用。为了更好地利用这些数据，确保监测系统的效果，监测数据的实时传输与存储成为监测系统设计中不可忽视的一部分。

（二）实时传输原则与方法

1. 实时性原则

监测数据的实时传输需要保证数据的实时性，即监测系统采集到的数据能够及时、准确地传输到数据中心或监测站点。实时性是确保监测系统能够及时响应变化、及时预警的基础。

2. 可靠性原则

实时传输的可靠性是指监测数据传输过程中能够保证数据的完整性和可用性。在传输过程中发生的数据丢失、损坏等情况会影响监测数据的可靠性，因此需要采用可靠的传输方式和机制。

3. 高效性原则

实时传输需要考虑传输效率，即在保证实时性和可靠性的前提下，采用高效的传输方式，减少传输延迟。高效的传输方式有助于提高监测数据的实时性，更好地支持实时监测和应急响应。

4. 安全性原则

监测数据会涉及重要的科研、工程和环境信息，因此实时传输过程中需要考虑数据的安全性。采用加密传输、安全通信协议等手段，能确保监测数据在传输过程中不受恶意攻击和非法访问。

5. 多样性原则

实时传输方法应具备多样性，即能够适应不同监测场景和条件。不同领域、不同设备可能需要采用不同的传输方式，包括有线传输、无线传输、卫星传输等，以适应多样化的监测需求。

6. 实时传输方法

（1）有线传输

有线传输是一种常见的实时传输方式，通过有线网络（如光纤、网线）连接监测设备和数据中心。有线传输具有较高的稳定性和带宽，适用于需要高速传输、稳定性要求较高的监测场景。

（2）无线传输

无线传输采用无线通信技术，包括无线局域网（Wi-Fi）、蓝牙、蜂窝网络等。无线传输具有灵活性强、部署方便的优势，适用于需要移动性和临时性的监测场景。

（3）卫星传输

卫星传输通过卫星通信系统将监测数据传输到远距离的监测站点。这种方式适用于偏远地区或需要远距离传输的监测场景，但成本相对较高。

（4）边缘计算

边缘计算是一种将计算和数据存储推送到离监测设备更近的位置的方式，可以在本地进行数据处理和分析，以减少传输的数据量，提高实较性。

（三）存储原则与方法

1. 容量与扩展性原则

监测数据的存储需要考虑存储容量的大小和可扩展性。存储容量要足够大以满足长期监测需求，并具备可扩展性，以适应监测数据不断增长的情况。

2. 可访问性原则

监测数据的存储需要保证数据的可访问性，即在需要的时候能够方便、快速地获取监测数据。存储系统的设计应当考虑到数据的检索效率和响应速度。

3. 安全性原则

存储数据需要考虑数据的安全性，包括数据备份、数据加密等措施，以防止数据丢失、损坏或被非法访问。

4. 数据管理原则

监测数据的存储需要进行有效的数据管理，包括数据的分类、归档、清理等工作，确保数据的组织结构清晰、管理有序。

5. 存储方法

（1）本地存储

本地存储是将监测数据存储在监测设备本身或设备所在的本地存储设备上。这种方式适用于数据量较小、不需要长期保存的监测场景，但缺乏数据备份和远程访问的优势。

（2）云存储

云存储是将监测数据上传到云端服务器进行存储的方式。这种方式具有高度的可访问性和可扩展性，同时提供了数据备份和远程访问的便利。云存储适用于大量数据、需要远程管理和共享的监测场景。

（3）分布式存储

分布式存储是指通过将监测数据存储在多个节点上，实现数据分布和冗余存储，提高数据的可靠性和可用性。分布式存储适用于大规模监测系统，能够有效处理海量监测数据。

（4）边缘存储

边缘存储是将数据存储在监测设备附近的边缘节点上，避免大量数据传输到远程云端。这种方式可以减少传输延迟，提高实时性，适用于对实时性要求较高的监测场景。

（四）挑战与未来发展方向

1.挑战

（1）数据隐私与安全性

随着监测数据的增加，数据隐私和安全性成为一个重要挑战。保障监测数据在传输和存储过程中的安全性，防止数据泄露和网络恶意攻击是当前亟待解决的问题。

（2）数据管理与清理

大量监测数据的积累可能导致数据管理和清理的难题。有效的数据管理和清理策略需要制定，以确保存储系统的高效运作和数据的有序管理。

（3）跨平台兼容性

不同监测设备和系统可能采用不同的数据格式和协议，导致出现数据传输和存储的跨平台兼容性问题。建立统一的数据标准和协议，提高不同系统之间的兼容性是一个亟待解决的挑战。

2.未来发展方向

（1）强化边缘计算

随着边缘计算技术的不断发展，强化边缘计算在监测数据实时传输和存储中的应用将成为未来的发展方向。通过在边缘节点进行实时数据处理和分析，减少对中心服务器的依赖，从而提高实时性。

（2）利用人工智能优化存储管理

人工智能在监测系统中的应用将成为优化存储管理的重要手段。通过利用机器学习算法，对监测数据进行智能化管理、分类和清理，提高存储系统的效率和智能化程度。

（3）加强数据安全保障

未来需要加强对监测数据的安全保障措施，包括采用更加安全的传输协议、加密算法以及建立完善的权限管理系统，确保监测数据在传输和存储过程中的安全性。

（4）推动数据标准化

为解决跨平台兼容性问题，推动监测数据的标准化将成为未来的发展方向。制定统一的数据格式、协议和标准，有助于不同系统之间更好地实现数据的互通和共享。

监测数据的实时传输与存储是现代监测系统中至关重要的环节，直接关系到监测系统的实时性、可靠性和数据质量。在实时传输方面，需要考虑实时性、可靠性、高效性、安全性和多样性等原则，采用有线传输、无线传输、卫星传输等不同方式。在存储方面，需要保证存储容量的大小和可扩展性、数据的可访问性、安全性和数据管理的有效性，通常采用本地存储、云存储、分布式存储等方式。

然而，监测数据的实时传输与存储目前仍面临着数据隐私与安全性、数据管理与清理、跨平台兼容性等挑战。未来的发展方向包括强化边缘计算、利用人工智能优化存储管理、加强数据安全保障和推动数据标准化等方面。通过不断创新和完善，监测数据的实时传输与存储将更好地满足不同领域监测系统的需求，为科学研究和社会发展提供更为可靠的数据支持。

第二节　先进的遥感技术在公路边坡监测中的应用

一、遥感技术在边坡监测中的基本原理

（一）概述

边坡是地质灾害的重要组成部分，其稳定性对于防范山体滑坡、崩塌等灾害具有关键作用。遥感技术作为一种非接触式的监测手段，广泛应用于边坡监测中。本节将深入探讨遥感技术在边坡监测中的基本原理，包括遥感数据获取、处理方法以及在边坡稳定性分析中的应用。

（二）遥感数据获取原理

1.遥感传感器

遥感传感器是获取地球表面信息的关键工具，根据传感器的波段、分辨率和工作原理的不同，可以获取不同类型的遥感数据。常见的遥感传感器包括光学传感器、雷

达传感器和红外传感器。

光学传感器：主要包括可见光和红外波段，能够获取地表的颜色、纹理等信息。其中，高分辨率的光学卫星如 Landsat、Sentinel 等，对于边坡监测提供了丰富的地表信息。

雷达传感器：通过发送微波信号，接收地表反射回来的信号，能够穿透云层，具有全天候的监测能力。这对于边坡监测在恶劣天气条件下也具有重要意义。

红外传感器：主要用于热红外遥感，可以反映地表温度分布。在边坡监测中，热红外遥感能够检测地表的热量分布，提供有关边坡变形的信息。

2. 遥感数据类型

遥感数据主要分为光学影像、雷达影像和热红外影像。这些影像能够提供不同维度的地表信息，对于边坡监测具有互补性。

光学影像：提供高分辨率的地表颜色、纹理等信息，适用于边坡变形的识别和监测。

雷达影像：具有较强的穿透能力，能够获取地表的高程信息和变形特征，对于边坡监测布设在覆盖茂密植被的情况下更为有效。

热红外影像：反映地表的温度分布，能够识别边坡区域的异常热量，为边坡活动提供线索。

（三）遥感在边坡监测中的应用原理

1. 边坡变形特征提取

遥感技术通过对多期影像进行比对，识别地表的变形特征。这包括但不限于以下几方面。

位移监测：通过对比同一地区在不同时间的影像，识别地表的位移情况，揭示边坡的变形过程。

形状变化：利用遥感影像的变形信息，提取边坡区域的形状变化，如裂缝、滑坡等。

2. 地形信息提取

遥感技术可以获取高程信息，帮助建立边坡的数字地形模型（DEM）。通过比对不同时间的 DEM，可以识别地表高程的变化，揭示边坡的演变过程。

3. 遥感数据在边坡稳定性分析中的应用

遥感数据在边坡稳定性分析中具有重要作用。

灾害评估：通过获取边坡区域的变形、裂缝等信息，对边坡的灾害风险进行评估。

监测变形趋势：利用遥感时间序列数据，分析边坡的变形趋势，提前预警可能发生的灾害。

辅助工程决策：遥感数据能够为边坡治理和防灾工程提供辅助信息，指导决策和资源配置。

（四）遥感技术在不同地质环境下的应用原理

1. 不同地质构造

山地地质构造：利用遥感技术获取山地地表的变形信息，揭示山体滑坡、崩塌等灾害的迹象。

河岸地质构造：对于河岸边坡，遥感技术可以监测河流侵蚀导致的边坡稳定性变化，预警可能的崩塌。

2. 不同地层特征

岩层边坡：利用雷达遥感获取岩石的变形信息，识别潜在的岩体滑坡。

土层边坡：光学遥感技术能够反映土壤的含水量和植被覆盖情况，提供土壤侵蚀和滑坡等地质灾害的信息。

3. 不同水文条件

降雨监测：利用遥感技术监测降雨对边坡的影响，通过获取雨量信息，预测可能导致边坡灾害的强降雨事件。

水体侵蚀：对于水体附近的边坡，遥感数据能够揭示水体对边坡侵蚀的影响，预警可能的坡体塌陷。

4. 不同气候条件

高寒气候：利用红外遥感技术监测高寒地区的冻融过程，识别可能导致边坡位移的冻胀和融化情况。

干旱气候：通过监测土壤含水量和植被状况，遥感技术能够评估干旱对边坡稳定性的影响。

（五）遥感技术的局限性和挑战

尽管遥感技术在边坡监测中具有许多优势，但也面临一些挑战和局限性。

1. 云覆盖

光学遥感受云层影响较大，可能导致获取的影像出现云遮挡，影响监测效果。雷达遥感能够在一定程度上克服云层影响，但云覆盖仍然是一个需要解决的问题。

2. 数据分辨率

遥感数据的分辨率直接影响到边坡监测的精度，对于较小尺度的边坡变形可能难以准确捕捉。高分辨率的数据获取成本较高，是一个需要平衡的问题。

3. 数据处理与分析

遥感数据的处理和分析需要专业的技术和工具，对于一般用户而言存在一定的门槛。此外，大量的数据处理也对计算资源提出了一定的需求。

4. 时间频率

遥感数据的获取受到卫星轨道周期和任务安排等因素的制约，无法实现连续、高频率的监测。这可能导致一些在短时间内发生的边坡变形无法被及时捕捉。

5. 多源数据融合

不同传感器获取的数据有其独特的信息特点，如何将多源数据有效融合，提高监测精度，是一个需要研究的问题。

（六）未来发展方向

为了克服遥感技术在边坡监测中的局限性，未来的发展方向可以从以下几个方面着手：

1. 多传感器融合

整合多种遥感传感器的数据，包括光学、雷达、红外等，通过融合多源数据来获取更全面、准确的地表信息，提高边坡监测的精度。

2. 高时空分辨率

随着技术的不断发展，提高遥感数据的时空分辨率将是一个重要的方向。高分辨率数据能够更细致地捕捉边坡的变形特征，提供更详尽的信息。

3. 人工智能应用

利用人工智能技术，如深度学习、机器学习等，对遥感数据进行智能化处理和分析，更有效地提取边坡的特征，减轻人工处理的负担。

4. 实时监测系统

建立实时监测系统，通过卫星、飞艇、地面传感器等多种手段，实现对边坡变形的实时监测，提高对灾害的预警能力。

5. 数据共享和开放

促进遥感数据的共享和开放，建立开放的数据平台，为科研机构、政府和社会提供更多可用的遥感数据，推动遥感技术在边坡监测中的广泛应用。

遥感技术作为一种强大的地球观测手段，在边坡监测中发挥着重要的作用。通过获取多维度的地表信息，遥感技术能够提供全面的边坡监测数据，为防范地质灾害提供重要支持。然而，遥感技术仍然面临一系列的挑战，需要在多传感器融合、高时空分辨率、人工智能应用、实时监测系统以及数据共享和开放等方面进行进一步的研究和发展。未来，通过不断创新和技术提升，遥感技术在边坡监测领域有望取得更为显著的成就。

在克服遥感技术局限性的同时，应注重与其他领域的跨学科合作，通过整合地质、水文、气象等多领域的数据，提高边坡监测的综合能力。此外，还应培养专业人才，推动遥感技术的广泛应用和普及，将其作为地质灾害监测和防范的重要工具。

　　总的来说，遥感技术在边坡监测中的基本原理包括传感器的选择、遥感数据获取和处理方法，以及在边坡稳定性分析中的应用。随着科技的发展和需求的不断增长，遥感技术将继续发挥其关键作用，为边坡监测提供更加全面、准确的信息，为地质灾害的防范和管理提供支持。

二、高分辨率遥感影像在监测中的优势

（一）概述

　　遥感技术在地球观测领域中扮演着重要的角色，而高分辨率遥感影像作为遥感数据的一种重要形式，在监测领域展现了独特的优势。本节将深入探讨高分辨率遥感影像在监测中的优势，包括其定义、获取方式、优秀应用领域以及对监测精度的提升等方面。

（二）高分辨率遥感影像的定义

　　高分辨率遥感影像是指其空间分辨率较高的遥感数据，能够捕捉地表细微的特征。空间分辨率通常以米或亚米为单位，能够提供更为精细的地物信息，包括建筑物、植被、地表纹理等。高分辨率遥感影像的获取通常依赖于先进的遥感传感器和卫星技术。

（三）高分辨率遥感影像的获取方式

高分辨率遥感影像的获取方式主要包括卫星遥感和航空遥感。

1. 卫星遥感

卫星遥感是通过卫星搭载的传感器对地球表面进行观测和记录。一些卫星具备高分辨率的传感器，如 WorldView、Pleiades 等系列卫星，能够提供亚米级的空间分辨率。这些卫星通过不同频段的传感器获取可见光、红外等波段的高分辨率遥感影像。

2. 航空遥感

航空遥感是通过搭载在飞机或无人机上的传感器获取地表信息。相比于卫星遥感，航空遥感具有更大的灵活性和更高的空间分辨率。通过航拍方式获取的高分辨率影像可以满足特定区域和任务的监测需求。

（四）高分辨率遥感影像的优势

1. 空间分辨率优势

高分辨率遥感影像的最大优势在于其卓越的空间分辨率。相较于低分辨率影像，

高分辨率影像能够更为清晰地捕捉地表的微观细节,识别更小尺度的地物和地貌特征。这对于城市规划、土地利用监测以及环境变化分析等方面具有显著的价值。

2. 精准的特征提取

高分辨率遥感影像有助于更精准地提取地物特征。例如,在城市监测中,可以清晰识别建筑物的轮廓、道路的交叉口等细微特征,为城市规划和管理提供更为准确的基础数据。在农业领域,高分辨率影像可用于监测农田的植被状况、作物生长情况,支持精准农业管理。

3. 更全面的信息获取

高分辨率遥感影像能够提供更全面、详细的地表信息。这对于资源管理、环境监测以及灾害评估等领域具有重要意义。例如,在林业监测中,高分辨率影像能够区分不同类型的植被,监测森林健康状况;在水资源管理中,可以识别水域边界、监测水体变化。

4. 提升监测精度

高分辨率遥感影像的应用能够显著提升监测精度。在土地利用变化监测中,能够更准确地识别城市扩张、耕地变化等情况。在地质灾害监测中,能够捕捉到更小规模的地表变化,提前发现潜在的灾害风险。这对于科学研究、资源管理和环境保护等方面都有积极的支持。

5. 实时监测和应急响应

高分辨率遥感影像的获取速度相对较快,能够支持实时监测和快速的应急响应。在灾害发生后,通过获取实时的高分辨率影像,可以更迅速、准确地评估灾情,为实施救援和灾后重建提供及时有效的支持。

(五)高分辨率遥感影像的应用领域

1. 城市规划与管理

在城市规划与管理领域,高分辨率遥感影像可以提供城市细部结构信息,支持土地利用规划、建筑物监测、绿化覆盖率评估等工作。通过监测城市的动态变化,能够更好地指导城市的可持续发展。

2. 农业监测与管理

在农业监测与管理中,高分辨率遥感影像的应用十分广泛。它可以用于监测农田的植被状况,识别病虫害影响的农作物区域,帮助制订精准的农业生产计划。通过及时获取农田的影像信息,农业决策者可以更好地理解农田的状态,采取相应的农业管理措施,提高农业生产效益。

3. 自然资源管理

在自然资源管理中，高分辨率遥感影像对于矿产资源、森林资源、水资源等的监测具有重要意义。它可以帮助精细识别矿产区域、监测森林覆盖变化，预警水体污染等。这对于科学合理地利用自然资源、制定合理的保护政策具有重要的指导作用。

4. 环境保护与生态监测

在环境保护与生态监测方面，高分辨率遥感影像可以用于监测自然保护区、湿地、野生动植物等。通过获取高分辨率的影像信息，可以更精确地评估生态系统的健康状况，提供科学依据支持环境保护工作。

5. 地质灾害监测与预警

对于地质灾害的监测与预警，高分辨率遥感影像能够捕捉到潜在的地表变化，提前发现地质灾害的迹象。尤其在滑坡、崩塌等地质灾害的监测中，高分辨率的影像可以提供更为详细的地形和地貌信息，帮助准确评估和预警潜在风险。

6. 基础设施监测与管理

在基础设施监测与管理领域，高分辨率遥感影像可用于监测城市交通、道路、桥梁、管线等基础设施的状况。通过定期获取高分辨率的影像，能够及时发现设施的损坏、变化，为基础设施的维护和管理提供支持。

（六）高分辨率遥感影像在监测中的挑战

尽管高分辨率遥感影像在监测中具有许多优势，但也面临一些挑战：

1. 数据处理复杂性

高分辨率遥感影像的数据量大，对于存储和处理的要求较高。同时，由于图像中包含大量的细节信息，对于数据的处理和分析需要更为复杂的算法和技术。

2. 成本高昂

获取高分辨率遥感影像的成本相对较高，包括卫星建设、维护、数据获取等多方面的费用。这使得高分辨率遥感数据在一些资源有限的地区应用受到限制。

3. 遥感数据获取周期较长

一些高分辨率卫星的观测周期可能较长，无法实现连续的监测。这在一些需要实时信息的场景下存在一定的限制，如自然灾害的紧急响应等。

4. 云覆盖和天气条件

高分辨率遥感影像由于受到云层遮挡和不同天气条件的影响，则可能导致数据的不完整性，影响监测的全面性和准确性。

（七）未来发展方向

为充分发挥高分辨率遥感影像在监测中的优势，未来的发展方向可以从以下几个方面着手：

1. 技术创新

通过不断的技术创新，提高高分辨率遥感影像的获取、处理和分析的效率。包括传感器技术的提升、数据处理算法的优化等方面的创新。

2. 多源数据融合

整合多种遥感数据，包括高分辨率影像、雷达数据、光学影像等，通过融合多源数据来获取更全面、多维度的地表信息，提高监测的准确性。

3. 实时监测系统

建立实时监测系统，通过卫星、飞艇、地面传感器等多种手段，实现对监测区域的实时、连续监测。这有助于提高监测的时效性和全面性。

4. 数据开放和共享

推动高分辨率遥感数据的开放和共享，建立开放的数据平台，促进科研机构、政府和企业之间的数据共享，加速遥感技术在监测领域的应用。

5. 人工智能应用

利用人工智能技术，如深度学习、机器学习等，对高分辨率遥感影像进行智能化处理和分析，更有效地提取信息，实现自动化的监测和分析。人工智能可以在大数据的基础上，识别和分类地表特征，提高监测的精度和效率。

6. 高时空分辨率技术

投资和发展更先进的高时空分辨率遥感技术，提高空间分辨率和观测频率。这将有助于更准确地捕捉地表细微的变化，提供更为详细的监测信息。

7. 教育和培训

加强高分辨率遥感技术领域的教育和培训，培养更多的专业人才。推动相关领域的跨学科研究，使得更多的专业人才能够充分利用高分辨率遥感数据进行监测和研究。

8. 跨国合作

促进跨国合作，共同研发和利用高分辨率遥感技术。通过国际合作，能够更好地解决全球性的监测问题，共享技术和数据资源，推动高分辨率遥感技术在全球范围内的应用。

高分辨率遥感影像作为一种强大的监测工具，具有出色的空间分辨率和丰富的地表信息。在城市规划、农业监测、自然资源管理、环境保护等领域，高分辨率遥感影像展现了其独特的优势。尽管面临一些挑战，如成本高昂、数据处理复杂等问题，但通过技术创新、多源数据融合、实时监测系统的建立等手段，这些挑战是可以克服的。

未来，随着科技的不断发展和创新，高分辨率遥感技术将继续发挥重要的作用，为监测领域提供更为精准、全面的信息。通过国际合作、人才培养、技术推广等手段，高分辨率遥感技术有望在全球范围内得到更广泛的应用，为科学研究、资源管理和环境保护等方面带来更多的创新和进展。

三、遥感技术在大范围边坡监测中的挑战与应对策略

（一）概述

大范围边坡监测对于地质灾害的防范和管理至关重要。遥感技术作为一种非接触式、远距离的监测手段，在大范围边坡监测中发挥着重要的作用。然而，由于地形复杂、遥感数据处理难度大等原因，遥感技术在面对大范围边坡监测时也面临一系列挑战。本节将深入探讨这些挑战，并提出应对策略。

（二）挑战与问题

1. 地形复杂性

大范围的边坡涉及复杂多变的地形，包括山脉、河谷、峡谷等。这些地形的复杂性使得边坡的监测工作更加困难，遥感影像的获取和分析也受到地形起伏的限制。

2. 遥感数据分辨率

在大范围监测中，常常需要较高分辨率的遥感数据才能提供足够详细的信息。然而，高分辨率数据的获取通常伴随着较高的成本，这在一些资源有限的地区可能难以实现。

3. 长时间序列数据处理

大范围边坡的监测需要长时间序列的遥感数据，以便观察和分析地表变化的趋势。但是，处理和分析长时间序列数据需要强大的计算和存储能力，而且面临数据一致性和同步性的挑战。

4. 云覆盖和气象条件

遥感影像受到天气和云覆盖的影响，尤其在大范围监测中，云覆盖和不同气象条件可能导致数据的不完整性，影响监测的准确性。

5. 数据难以获取的地区

一些地区由于自然条件或政治因素，遥感数据难以获取。这使得在这些地区进行大范围边坡监测面临困难，监测的全面性受到限制。

（三）应对策略

1. 多源数据融合

针对遥感数据分辨率的挑战，可以采用多源数据融合的策略。结合高分辨率遥感影像和低分辨率全球遥感数据，通过数据融合技术获取更为全面和精准的地表信息。

这种方式可以平衡高分辨率数据的成本和低分辨率数据的全球覆盖性的问题。

2. 新一代卫星技术

借助新一代卫星技术的不断发展，包括更高的空间分辨率、更快的数据更新频率等，可以提高遥感数据获取的效率和精度。新一代卫星通常配备先进的传感器和成像设备，能够更好地适应大范围边坡监测的需求。

3. 时空一体化监测系统

建立时空一体化的边坡监测系统，整合不同时间、不同分辨率的遥感数据。通过时空一体化的监测系统，可以更好地分析边坡的演变趋势，及时发现潜在风险。

4. 云计算和大数据处理

利用云计算和大数据处理技术，处理和分析长时间序列的遥感数据。云计算平台提供了强大的计算和存储资源，能够更高效地处理大规模的遥感数据，支持边坡监测的长期观测和数据分析。

5. 先进的遥感数据处理算法

采用先进的遥感数据处理算法，包括图像识别、变化检测、特征提取等。这些算法可以有效地从遥感影像中提取地表信息，帮助识别边坡的特征，支持监测和分析工作。

6. 无人机技术

结合无人机技术进行局部细致监测。无人机能够灵活、低成本地获取高分辨率影像，对于一些难以通过卫星获取的区域或细小的地表特征，无人机成为一种有效的补充手段。

7. 国际合作和数据共享

推动国际合作和遥感数据的共享机制，通过合作获取全球范围内的遥感数据。这有助于克服一些地区数据难以获取的问题，提高监测的全面性。

第三节　GPS 与 InSAR 技术在公路边坡变形监测中的应用

一、GPS 技术在边坡位移监测中的原理与方法

（一）概述

随着城市化进程的不断推进和工程建设的加速发展，边坡稳定性成为一个备受关

注的问题。边坡位移监测是评估边坡稳定性的重要手段之一，而全球定位系统（GPS）技术作为一种高精度的定位技术，在边坡位移监测中得到了广泛应用。本书将深入探讨 GPS 技术在边坡位移监测中的原理与方法。

（二）GPS 技术基本原理

1.GPS 系统概述

GPS 是一种基于卫星导航的定位系统，通常由一组维持在轨道上的卫星、地面控制站和用户接收设备组成。目前，全球共有 30 颗左右的 GPS 卫星，它们分布在不同轨道上，提供全球范围内的定位服务。

2.GPS 定位原理

GPS 定位的基本原理是通过接收多颗卫星发送的信号，利用这些信号的传播时间和卫星位置信息来确定接收器的位置。具体来说，GPS 接收器通过测量从卫星发射的信号到接收器的传播时间，并使用卫星位置信息计算出接收器到卫星的距离。通过至少三颗卫星的信号，接收器可以确定自身在三维空间中的位置坐标，而四颗及以上的卫星信号还能提供定位的高程信息。

3.GPS 测速原理

除了位置信息，GPS 还可以提供速度信息。GPS 接收器通过测量接收到的卫星信号的多普勒频移，可以计算出接收器相对于卫星的速度。这种测速原理在某些边坡位移监测场景中也能提供有用的信息。

（三）GPS 在边坡位移监测中的方法

1. 静态定位法

静态定位法是 GPS 应用最为广泛的一种方法。在这种方法中，将 GPS 接收器放置在待监测边坡的固定位置，通过不断地接收卫星信号并记录位置信息，实现对边坡位移的长期、连续监测。

（1）连续监测

通过长时间的信号接收和记录，可以获得较为精确的位移信息。这对于长期监测边坡的变化趋势、稳定性分析等具有重要意义。

（2）数据处理与分析

静态定位法生成的数据需要经过精细的处理和分析，包括误差校正、数据滤波、位移计算等步骤。通过这些步骤，可以得到较为准确的边坡位移信息。

2. 动态定位法

动态定位法是针对边坡具有较大变形或处于活动状态的情况而设计的监测方法。

在这种方法中，GPS 接收器通常会移动到不同的位置，以获取更全面的位移信息。

（1）移动监测

通过将 GPS 接收器移动到边坡不同位置，可以实现对整个边坡区域的位移监测。这对于局部位移的检测以及对较大规模边坡的全面监测具有优势。

（2）即时反馈

动态定位法能够实现即时的位移反馈，对于需要实时监测的边坡，可以及时采取相应的措施，以防止潜在的灾害发生。

3. 动态监测与传感器融合

为提高位移监测的准确性和稳定性，GPS 技术常常与其他传感器（如激光测距仪、惯性导航系统等）融合使用。通过融合多种传感器的信息，可以弥补单一传感器的不足，提高位移监测的全面性和精确性。

（1）传感器融合算法

利用滤波算法、卡尔曼滤波等方法，将 GPS 数据与其他传感器数据进行融合，实现对位移的更精确估计。

（2）多模态数据采集

结合多种传感器的数据，可以获取多模态的信息，从而更全面地了解边坡的位移状态。这对于复杂地质条件下的位移监测尤为重要。

（四）GPS 位移监测的优势与局限性

1. 优势

（1）高精度

GPS 技术具有较高的定位精度，可以满足对边坡位移进行精细监测的需求。

（2）连续性监测

静态定位法实现了对边坡位移的连续、长期监测，为稳定性分析提供了可靠的数据支持。

（3）全球覆盖

由于 GPS 卫星分布在全球范围，可以实现对边坡位移的全球性监测，因此适用于不同地理环境和地质条件下的边坡监测需求。

（4）即时反馈

动态定位法能够提供即时的位移反馈，有助于及时采取应对措施，降低潜在灾害的风险。

2.局限性

（1）信号遮蔽

GPS 信号容易受到建筑物、山体等遮蔽物的影响，导致信号弱或不稳定，影响监测的准确性。

（2）精度受地形影响

在崎岖地形或植被覆盖较密集的区域，GPS 的定位精度可能受到地形和植被的影响而下降。

（3）费用高昂

建立 GPS 监测系统的成本相对较高，包括设备购置、安装维护等费用，可能对一些资源有限的地区构成制约。

（4）需要专业技术人员

GPS 监测系统的建设和维护需要专业技术人员进行操作和管理，因此对人力资源的要求较高。

（五）GPS 位移监测在边坡管理中的应用

1.灾害预警

通过实时监测边坡位移，特别是采用动态定位法，可以提前发现潜在的滑坡、塌方等地质灾害，为灾害预警和紧急应对提供有力支持。

2.工程安全监测

在大型工程施工中，如隧道、高架桥等，GPS 位移监测可以实时监测工程周边边坡的变化，确保工程施工的安全进行。

3.环境保护

对于一些生态敏感区域，GPS 位移监测可以帮助评估人类活动对边坡的影响，从而制定合理的保护措施，保护生态环境。

4.土地规划与管理

通过长期的静态定位监测，可以积累大量的位移数据，为土地规划与管理提供科学依据，防范潜在的土地灾害。

GPS 技术作为一种先进的定位技术，在边坡位移监测中展现出了强大的优势。静态定位法和动态定位法的应用使得边坡位移的监测不仅可以实现高精度和长期连续性，还能满足对即时反馈的需求。然而，GPS 位移监测仍然面临一些挑战，如信号遮蔽、精度受地形影响等问题。

在未来的发展中，随着技术的不断创新和发展，GPS 技术在边坡位移监测中将更加普及和成熟。同时，随着与其他传感器的融合应用以及对数据处理和分析方法的不断改进，将进一步提高 GPS 在边坡管理中的应用水平，为保障工程安全、环境保护和灾害预警提供更为可靠的支持。

二、InSAR 技术在地表形变监测中的优势

（一）概述

合成孔径雷达干涉测量技术（InSAR）是一种通过处理合成孔径雷达（SAR）数据来测量地表形变的技术。该技术以其高精度、大范围和无须实地测量的特点，在地表形变监测中得到了广泛应用。本节将深入探讨 InSAR 技术在地表形变监测中的优势。

（二）InSAR 技术基本原理

1.SAR 概述

合成孔径雷达是一种主动传感器，能够在不同时间、不同视角下获取地表反射的雷达信号。SAR 数据具有高分辨率和能够穿透云层的特点，适用于大范围地表形变的监测。

2.InSAR 原理

InSAR 技术是通过比较两个或多个不同时间获取的 SAR 影像，测量地表形变引起的相位变化。通过分析相位差异，可以获取地表的形变信息，包括沉降、隆起、水平位移等。

（三）InSAR 技术的优势

1. 高精度

InSAR 技术具有较高的精度，可以实现毫米级别的形变监测。这种高精度使得 InSAR 在地表形变的微观监测和变化检测方面都具有独特的优势。

2. 大范围监测

InSAR 技术可以在大范围内进行地表形变监测，覆盖数百到数千平方公里的区域。这种大范围监测的能力使得 InSAR 适用于自然灾害、城市扩展等需要广泛监测的场景。

3. 无须实地测量

相较于传统的实地测量方法，InSAR 技术无须在地面设置监测点，避免了复杂的测量过程和设备安装。这大大简化了监测任务，提高了监测的效率。

4. 长时间序列监测

InSAR 技术可以通过获取多个时期的 SAR 影像，形成长时间序列数据，实现对地表形变的长期监测。这种长时间序列监测有助于了解形变的演化趋势，对自然地质过

程和工程活动的影响进行综合分析。

5. 适用于不同地貌和气候条件

InSAR 技术对地貌和气候条件的适应性较强，不受地表覆盖物的影响，可以在各种地理环境中应用，包括山区、平原、湿地等。

6. 三维形变监测

InSAR 技术不仅可以获取地表形变的水平位移信息，还可以实现垂直方向的形变监测。这种三维形变监测的能力对于全面了解地表形变的性质和过程非常重要。

（四）InSAR 技术的应用领域

1. 地质灾害监测

InSAR 技术在地质灾害监测方面具有重要作用，如火山喷发、地震引起的地表形变、滑坡等。通过及时监测地表的微小形变，可以提前发现潜在的地质灾害风险。

2. 水资源管理

InSAR 技术可用于监测地下水位的变化、河流的水位变化以及湖泊水位的波动。这对于科学合理地进行水资源管理和防洪工作具有重要意义。

3. 地下油气开采

在地下油气开采过程中，InSAR 技术可以监测地表隆起和沉降的情况，通过评估油气储层的变化，为开采活动提供监测和预警支持。

4. 城市沉降监测

城市的基础设施和人口密集，容易受到地下水开采、地铁建设等活动的影响。InSAR 技术可以监测城市地表的沉降情况，提供城市规划和建设所需的重要信息。

（五）InSAR 技术的发展趋势

1. 高分辨率 InSAR

随着卫星和传感器技术的不断进步，高分辨率 InSAR 技术逐渐成为研究热点。高分辨率 InSAR 可以提供更为精细的地表形变信息，满足对微观尺度变化的监测需求。

2. 多源数据融合

将 InSAR 数据与其他遥感数据（如光学影像、激光雷达数据）融合，可以提高监测的全面性和准确性。多源数据融合是未来 InSAR 技术发展的方向之一。

3. 时间序列分析

对长时间序列 InSAR 数据的分析将成为未来的研究重点。通过对长时间序列的形变监测数据进行综合分析，可以揭示地表形变的周期性、趋势性等特征，为更深入地理解地质过程提供支持。

4.空间分辨率提升

在应对复杂地质环境和城市化发展等挑战时，提升 InSAR 技术的空间分辨率至关重要。通过提高卫星分辨率或采用更先进的传感器技术，可以更好地应对细微地表形变的监测需求。

5.实时监测与预警系统

未来 InSAR 技术可能发展成为更加实时的监测与预警系统，为地质灾害、工程活动等提供及时的形变信息。这对于采取紧急应对措施和降低潜在风险具有极大的意义。

6.自动化处理与机器学习应用

随着机器学习和人工智能技术的飞速发展，未来 InSAR 数据处理可能更加自动化和智能化。机器学习算法可以帮助识别形变模式、提高数据处理效率，为更大规模的监测提供支持。

InSAR 技术作为一种强大的地表形变监测工具，以其高精度、大范围、无须实地测量等优势在多个领域得到广泛应用。未来，随着技术的不断创新和发展，InSAR 技术将在高分辨率监测、多源数据融合、时间序列分析、实时监测与预警系统、自动化处理与机器学习应用等方面取得更大突破。

在地质灾害监测、水资源管理、地下油气开采、城市沉降监测等领域，InSAR 技术将继续发挥关键作用。通过与其他遥感技术和数据融合，InSAR 将为更全面、准确地了解地球表面形变提供更为强大的帮助，助力科学研究、资源管理和环境监测。

三、GPS 与 InSAR 技术的联合应用及其在边坡监测中的效果评估

（一）概述

边坡监测是地质灾害防范和工程安全管理的重要组成部分。为了提高监测的全面性、准确性和时效性，地学领域不断引入新的监测技术。其中，全球定位系统（GPS）和合成孔径雷达干涉测量技术（InSAR）作为两种先进的遥感技术，各自具有独特的优势。本节将探讨 GPS 与 InSAR 技术的联合应用，并评估其在边坡监测中的效果。

（二）GPS 与 InSAR 技术的基本原理

1.GPS 技术原理

GPS 技术基于卫星导航系统，通过接收卫星发射的信号，测量信号传播时间来计算接收器的位置。其高精度和连续性监测特性使其在地表形变监测中得到广泛应用。

2.InSAR 技术原理

InSAR 技术通过处理合成孔径雷达（SAR）数据，测量地表形变引起的相位变化。通过比较不同时期的 SAR 影像，可以获取地表的形变信息，包括沉降、隆起等。

（三）GPS 与 InSAR 技术的联合应用

1. 数据融合

GPS 和 InSAR 技术可以通过数据融合的方式，结合它们各自的优势，提高监测的全面性。数据融合可以包括多源卫星数据的联合分析，以及将 GPS 和 InSAR 数据进行叠加处理。

2. 时空分辨率提升

GPS 技术具有高时空分辨率，适用于监测较小范围内的形变，而 InSAR 技术在大范围监测中具有优势。两者联合应用可以通过提升时空分辨率，更全面地了解边坡的形变情况。

3. 互补性监测

GPS 和 InSAR 技术在面对不同地质条件和监测需求时具有互补性。例如，GPS 技术在瞬时形变的监测中更为敏感，而 InSAR 技术对于大范围、长时间序列的监测更为适用。两者联合应用可以综合利用它们的优势，提高监测的全面性和可靠性。

（四）GPS 与 InSAR 技术联合应用在边坡监测中的效果评估

1. 精度对比分析

对比分析 GPS 和 InSAR 技术在边坡监测中的监测精度，并通过实地验证和标定，评估两者在不同地质环境下的监测准确性。

2. 时空监测能力评估

通过对长时间序列和大范围监测数据的处理，评估 GPS 与 InSAR 联合应用在时空监测能力方面的表现。特别关注在复杂地形和变化迅猛的地质条件下的效果。

3. 灵敏度分析

在实地模拟或已知条件下，分析 GPS 和 InSAR 对于不同大小、不同类型形变的灵敏度。确定在何种情况下联合应用效果更为显著。

4. 实际工程案例验证

选择一定数量的实际工程案例，应用 GPS 和 InSAR 联合监测技术，并对监测结果进行验证。考察在实际工程应用中的可行性和有效性。

（五）GPS 与 InSAR 技术联合应用的挑战与解决方案

1. 数据处理一致性

GPS 和 InSAR 数据处理的一致性是联合应用的关键问题。需要制定统一的数据处理流程和标准，确保两者之间的数据协调性。

2. 空间分辨率匹配

GPS 和 InSAR 的空间分辨率存在一定差异，如何在联合应用中实现匹配是一个挑战。可以通过差值、插值等方法进行处理。

3. 系统集成与协同工作

GPS 和 InSAR 系统需要进行集成与协同工作，确保数据获取和处理的协同性。这可能涉及技术标准的统一、系统升级等方面。

4. 实时监测难题

实时监测要求数据的及时性和实时性，而 GPS 和 InSAR 技术在数据获取和处理上存在一定滞后性。因此需要采用先进的算法和技术来解决实时监测的难题。

GPS 与 InSAR 技术的联合应用在边坡监测中具有广阔的应用前景，可以提高监测的全面性、准确性和时效性。通过对 GPS 与 InSAR 技术的联合应用进行效果评估，可以充分发挥它们在时空监测、精度对比、互补性监测等方面的优势。然而，在实际应用中还存在一些挑战，需要通过技术创新和系统集成来解决。

对于 GPS 与 InSAR 技术联合应用的挑战，需要制定一系列解决方案。首先，建立统一的数据处理标准和流程，确保两者之间的数据处理一致性。其次，通过空间分辨率匹配的方法，克服 GPS 与 InSAR 的分辨率差异，实现数据的有效融合。再次，系统集成与协同工作是关键，需要确保 GPS 和 InSAR 系统之间的协同性，推动系统的升级和集成。最后，针对实时监测的难题，可以借助先进的算法和技术，提高数据获取和处理的速度，实现更及时的监测结果。

在解决这些挑战的同时，还需要结合实际工程案例进行验证，以验证联合应用的可行性和实际效果。通过不断的技术创新和系统优化，GPS 与 InSAR 技术联合应用将更好地满足边坡监测的需求，为地质灾害防范、工程安全管理等提供更可靠的支持。这一综合性的监测方案有望在未来成为边坡监测领域的主流应用，推动地学领域的发展和进步。

第四节 新型传感器技术在公路边坡监测中的应用

一、激光雷达在边坡表面形变监测中的应用

（一）概述

边坡表面形变监测是地质灾害防范和工程安全管理中的重要任务之一。激光雷达技术作为一种高精度、高分辨率的遥感技术，在边坡监测中展现出独特的优势。本节将深入探讨激光雷达在边坡表面形变监测中的应用，包括技术原理、监测方法、数据处理以及应用效果等方面。

（二）激光雷达技术原理

激光雷达（Light Detection and Ranging，简称 LiDAR）是一种主动遥感技术，通过发射激光脉冲并测量其返回时间来获取地表或物体的三维坐标信息。激光雷达技术具有高精度、高分辨率和快速获取大范围数据的特点，适用于边坡表面形变的监测。

（三）激光雷达在边坡监测中的应用

1. 表面形变监测

激光雷达可以通过多次测量获取同一区域的三维坐标数据，从而实现对边坡表面形变的监测。通过比较不同时期的激光雷达数据，可以监测到边坡的沉降、隆起、滑坡等表面形变情况。

2. 地形变化分析

激光雷达数据可以用于生成高精度的数字地形模型（Digital Elevation Model，DEM），通过比较不同时间的DEM，可以定量分析边坡地形的变化，包括地表高程变化、地形剖面的演变等。

3. 表面变形特征提取

激光雷达数据可以用于提取边坡表面的变形特征，包括裂缝、滑坡体、崩塌等。通过对激光雷达点云数据进行分析，可以实现对这些变形特征的自动提取和识别。

4. 监测点云密度分布

激光雷达可以获取较高密度的点云数据，通过分析点云的密度分布情况，可以识别出边坡表面的不均匀沉降、隆起等情况，为边坡的稳定性评估提供重要信息。

（四）激光雷达在边坡监测中的数据处理

1.数据配准与匹配

由于激光雷达获取的点云数据通常是离散的，需要进行数据配准和匹配，确保不同时间获取的数据能够对应在相同的地理坐标上，从而实现形变监测。

2.表面模型构建

通过激光雷达点云数据，可以构建边坡的高精度表面模型。这涉及点云的插值、三维模型的生成等处理步骤，为后续的形变分析提供基础。

3.形变分析算法

激光雷达数据的形变分析通常涉及点云的配准、变形场的提取等算法。常见的算法包括 ICP（Iterative Closest Point）算法、基于特征的配准算法等。

4.数据可视化与分析

对于较大规模的激光雷达数据，需要进行有效的可视化与分析。地理信息系统（GIS）等工具可以用于展示和分析激光雷达获取的边坡形变数据。

（五）激光雷达在边坡监测中的应用效果评估

1.精度对比分析

通过与其他高精度监测手段（如全站仪、GPS 等）进行对比，评估激光雷达在边坡监测中的精度。这可以通过实地测量验证和对比不同监测手段的监测结果来实现。

2.实际工程应用案例

选择多个实际工程案例，应用激光雷达技术进行边坡监测，并对监测结果进行实地验证。通过案例分析，评估激光雷达在不同地质条件和复杂地形下的应用效果。

3.监测效率与时效性

评估激光雷达在边坡监测中的效率和时效性。与传统监测手段相比，激光雷达是否能够更快速、更全面地获取形变信息。

4.可操作性与成本效益

考察激光雷达在边坡监测中的可操作性，包括设备携带便捷性、操作难度等因素。同时，进行成本效益分析，评估激光雷达技术在实际应用中的经济性。

（六）激光雷达技术发展趋势

1.激光雷达技术创新

未来激光雷达技术可能会有更多的创新。其中，激光雷达传感器的小型化和轻量化是发展的一个重要方向，目的是为了更灵活地进行现场监测。同时，传感器的灵敏度和分辨率可能会进一步提高，使得激光雷达可以捕捉更小尺度的形变和特征。

2.多源数据融合

未来的趋势之一是将激光雷达数据与其他多源数据进行融合，如卫星影像、GPS数据、地理信息系统等。多源数据融合可以提供更全面的监测信息，增强对边坡稳定性的全面认识。

3.自动化与人工智能应用

随着人工智能技术的发展，未来激光雷达在数据处理、特征提取、监测结果分析等方面可能会更多地应用自动化和人工智能。机器学习算法和深度学习技术有望加速监测结果的提取和分析过程。

4.实时监测与预警系统

激光雷达技术在实时监测与预警系统中的应用也是未来的发展趋势之一。通过提高数据获取和处理的速度，激光雷达有望实现更及时的形变监测，为灾害防范提供更有效的支持。

5.云服务和在线监测

随着云计算和在线服务的普及，未来激光雷达数据处理和监测结果分析可能会更多地借助云服务。这将使得监测结果更便于分享、存储和在线实时查看。

激光雷达技术在边坡表面形变监测中具有广泛的应用前景。通过其高精度、高分辨率的优势，激光雷达可以有效地获取边坡表面形变信息，为地质灾害防范和工程安全管理提供重要支持。随着技术的不断创新和发展，激光雷达在数据处理、监测效率、成本效益等方面也将不断提升。

然而，在实际应用中仍然面临一些挑战，如数据配准、多源数据融合、实时监测等问题仍需要进一步研究和解决。未来的发展趋势将以技术创新、自动化应用、多源数据融合为主导，推动激光雷达技术在边坡监测中的更广泛应用。这将为地质灾害防范和城市化进程中的工程安全提供更为可靠的监测手段。

二、声波传感器在边坡地下水位监测中的创新应用

（一）概述

地下水位的监测对于边坡稳定性评估和地质灾害防范至关重要。传统的地下水位监测手段主要包括井水位计、水位传感器等，然而，随着科技的不断发展，声波传感器的创新应用在地下水位监测中逐渐崭露头角。本节将深入探讨声波传感器在边坡地下水位监测中的创新应用，包括技术原理、监测方法、数据处理以及应用效果等方面。

（二）声波传感器技术原理

声波传感器是一种通过声波的传播和反射来获取信息的传感器。其工作原理是基于声波在不同介质中传播的特性，通过测量声波的传播时间或频率变化来获取地下水位信息。常见的声波传感器包括超声波传感器和声呐传感器。

（三）声波传感器在边坡地下水位监测中的创新应用

1. 非接触式监测

声波传感器具有非接触式监测的特点，无须直接接触水体，可以通过空气中的声波进行监测。这在边坡地下水位监测中具有优势，也可以避免地下水位监测井口易受地质条件和环境影响的问题。

2. 实时监测与连续性

声波传感器可以实现实时监测和连续性监测，通过不断发射和接收声波来获取地下水位信息。相比传统的定期测量方法，声波传感器可以提供更为精细和及时的地下水位变化情况。

3. 多点监测

通过布置多个声波传感器，可以实现对边坡不同位置的多点监测。这有助于全面了解边坡地下水位的空间分布情况，提高监测的全面性和准确性。

4. 抗干扰能力强

声波传感器在监测过程中对环境干扰的抗性较强，不受天气、季节变化、地质活动等因素的影响。这使得声波传感器在恶劣环境条件下的边坡监测中更为可靠。

（四）声波传感器在边坡地下水位监测中的数据处理

1. 声波信号处理

通过对接收到的声波信号进行处理，可以获取声波传播的时间、频率等信息。这些信息与地下水位的变化存在一定的关系，通过建立模型可以实现对地下水位的精准监测。

2. 数据传输与存储

声波传感器获取的数据可以通过无线传输或有线传输方式传送至监测中心。数据存储可以采用云服务或本地数据库，以便于后续的数据分析和管理。

3. 数据分析与报警

通过对声波传感器获取的数据进行分析，可以实现对地下水位的变化趋势分析、异常情况检测等。当监测到异常情况时，系统可以实时发出报警，提醒相关人员采取相应措施。

（五）声波传感器在边坡监测中的应用效果评估

1. 精度对比分析

通过与传统监测手段进行精度对比分析，评估声波传感器在地下水位监测中的准确性。对比不同监测手段的监测结果，验证声波传感器的可靠性。

2. 实际工程应用案例

选择多个实际工程案例，应用声波传感器进行边坡地下水位监测，并对监测结果进行实地验证。通过案例分析，评估声波传感器在不同地质条件和复杂环境下的应用效果。

3. 监测效率与实时性

评估声波传感器在地下水位监测中的监测效率和实时性。与传统监测手段相比，声波传感器是否能够更迅速、更及时地获取地下水位信息，为边坡稳定性的评估提供及时准确的依据。

4. 可操作性与成本效益

考察声波传感器在边坡监测中的可操作性，包括设备安装、维护等方面的便捷性。同时，进行成本效益分析，评估声波传感器技术在实际应用中的经济性。

（六）声波传感器技术发展趋势

1. 多模式监测

未来声波传感器可能会发展出多种监测模式，包括不同频率、不同波长的声波传感器，以适应不同地质条件和监测需求。

2. 智能化与自适应

声波传感器可能会借助智能化技术，实现自适应监测。通过学习和调整监测参数，使得声波传感器能够适应不同环境和工况，提高监测的灵活性和准确性。

3. 网络化与互联

声波传感器可能会更加网络化，以实现传感器之间的互联和信息共享。这有助于建立更为完整的监测网络，提高监测的全面性和实时性。

4. 节能与环保

未来声波传感器可能会更注重节能和环保。通过采用低功耗技术和可再生能源，减少对环境的影响，从而提高传感器的可持续性。

声波传感器作为一种创新的地下水位监测技术，在边坡稳定性评估和地质灾害防范中展现出广阔的应用前景。其非接触式监测、实时性、多点监测等优势使得声波传感器在边坡监测中具有独特的优势。通过对声波传感器在实际工程应用中的效果评估，可以更全面地了解其在不同环境下的适用性和可靠性。

然而，在推广应用过程中仍需解决一些问题，如精度提升、多模式监测技术的研发等。未来声波传感器有望在技术创新、智能化发展、网络化应用等方面取得更大突破，为边坡监测领域提供更为先进和可靠的解决方案。

三、无人机搭载传感器在边坡监测中的应用实践

（一）概述

边坡监测是地质工程中的重要任务之一，为了提高监测效率、降低成本以及增强监测全面性，无人机搭载传感器在边坡监测中得到了广泛应用。本节将深入探讨无人机搭载传感器在边坡监测中的应用实践，包括技术原理、监测方法、数据处理以及应用效果等方面。

（二）无人机搭载传感器技术原理

1. 无人机平台

无人机是一种通过遥控或预设的航线进行飞行的飞行器，可搭载各种传感器进行数据采集。在边坡监测中，无人机作为平台能够灵活飞越复杂地形，获取高分辨率的监测数据。

2. 搭载传感器

无人机可搭载各类传感器，包括但不限于摄像头、激光雷达、红外相机、热像仪、多光谱相机等。这些传感器能够获取不同波段、不同类型的数据，为边坡监测提供多层次、多角度的信息。

（三）无人机搭载传感器在边坡监测中的应用方法

1. 高分辨率影像获取

无人机搭载高分辨率摄像头，能够获取精细的地表影像。通过定期飞行，可以实现对边坡表面的变化进行动态监测，包括裂缝、滑坡体等变形特征。

2. 三维模型构建

搭载激光雷达或立体摄影仪，无人机可以获取地表的三维点云数据，通过这些数据构建边坡的三维模型。这有助于更全面地了解边坡的地形和形态。

3. 热红外监测

搭载热像仪的无人机能够获取地表温度信息，通过监测地表温度的变化，可以识别边坡潜在的温度异常，发现可能存在的隐患。

4. 遥感与光谱分析

搭载多光谱相机，无人机可以获取不同波段的光谱数据。通过光谱分析，可以识别植被分布、土壤类型等信息，为边坡稳定性评估提供更多参考依据。

5. 实时监测与快速响应

无人机具有快速部署、实时监测的特点，能够在边坡发生灾害或有紧急情况时，迅速响应，提供及时的监测数据，为灾害应对和紧急处理提供支持。

（四）无人机搭载传感器在边坡监测中的数据处理

1. 图像处理与特征提取

通过对获取的高分辨率影像进行处理，可以提取边坡表面的特征，包括裂缝、滑坡体等。这有助于分析边坡的变形情况。

2. 点云数据处理

搭载激光雷达的无人机获取的点云数据需要进行配准和处理，构建准确的三维模型。这可以通过点云配准算法和三维重建技术实现。

3. 温度数据分析与异常检测

对于搭载热像仪的无人机，获取的温度数据需要进行分析和异常检测。温度异常可能提示边坡的潜在问题，通过数据处理可以及时识别和报警。

4. 遥感数据分析

搭载多光谱相机的无人机获取的遥感数据需要进行光谱分析。通过光谱反演和遥感技术，可以识别边坡植被状况、土壤类型等信息，为边坡稳定性评估提供数据支持。

5. 实时监测数据处理

对于无人机实时监测获取的数据，需要进行快速处理和分析，以实现及时的监测和响应。这可能涉及实时图像处理、实时点云处理等技术。

（五）无人机搭载传感器在边坡监测中的应用效果评估

1. 精度对比分析

通过与传统监测手段进行精度对比分析，评估无人机搭载传感器在边坡监测中的准确性。与传统手段相比，评测无人机是否能够提供更为精细和全面的监测数据。

2. 实际工程应用案例

选择多个实际工程案例，应用无人机搭载传感器进行边坡监测，并对监测结果进行实地验证。通过案例分析，评估无人机在不同地质条件和复杂环境下的应用效果。

3. 监测效率与实时性

评估无人机搭载传感器在边坡监测中的监测效率和实时性。与传统监测手段相比，无人机是否能够更快速、更及时地获取监测数据，提高监测的灵活性。

4. 可操作性与成本效益

考察无人机搭载传感器在边坡监测中的可操作性，包括设备操作、飞行计划等方面的便捷性。同时，进行成本效益分析，评估无人机技术在实际应用中的经济性。

（六）无人机搭载传感器技术发展趋势

1. 智能化与自主飞行

未来无人机搭载传感器可能会更加智能化，年能够实现自主飞行和路径规划。通过引入人工智能技术，提高无人机在复杂环境中的适应性和智能性。

2. 多传感器融合

无人机可能会搭载更多类型的传感器，实现多传感器融合。通过将光学传感器、雷达、激光雷达等结合使用，提高监测数据的维度和全面性。

3. 高效能源和长航时

未来的无人机可能会采用更高效的能源和更长的航时技术，以实现更长时间的监测任务。这有助于提高监测的连续性和全天候性。

4. 数据安全与隐私保护

随着监测数据的增加，数据安全和隐私保护将成为关键问题。未来的无人机技术可能会更加注重数据安全性和隐私保护，采取更严格的数据加密和存储措施。

无人机搭载传感器在边坡监测中的应用实践已经取得显著成果，为边坡监测提供了新的手段和视角。通过高分辨率影像、三维模型、热红外监测、遥感光谱分析等多种数据获取方式，无人机搭载传感器能够更全面、更及时地获取边坡信息，为工程安全提供了重要支持。然而，在推广应用过程中仍需解决一些问题，如数据处理的实时性、传感器的精度等。未来，无人机搭载传感器技术有望在智能化、多传感器融合、高效能源等方面取得更大突破，为边坡监测领域提供更为先进和可靠的解决方案。

第五节　数据集成与公路边坡变形预测模型

一、多源数据集成的基本原理

（一）概述

在当今信息时代，大量的数据以多样的形式和来源涌入系统，这些数据通常分布在不同的平台、数据库和格式中。为了充分利用这些多源数据，实现更全面、准确的信息分析和决策支持，多源数据集成成为一项重要的技术任务。本节将探讨多源数据集成的基本原理，包括定义、挑战、基本原理方法和技术。

（二）多源数据集成的定义

多源数据集成是指将来自不同来源、不同格式、不同结构的数据整合到一个一致的数据模型中，以便更好地支持数据分析、挖掘、查询和决策。这些数据源可以包括关系型数据库、非关系型数据库、文件系统、网络数据等多种形式。

多源数据集成的目标是消除数据孤岛，使得用户可以从统一的视角获取和分析数据，而无须关心数据存储的细节和差异。

（三）多源数据集成的挑战

1. 数据异构性

不同数据源可能采用不同的数据模型、结构和编码方式，这种异构性是多源数据集成面临的首要挑战。例如，一个数据源可能使用关系型数据库，而另一个数据源使用 XML 格式。

2. 语义差异

即使数据在结构上相似，也可能存在语义上的差异，导致对数据进行有意义的整合和分析变得复杂。

3. 数据质量

不同数据源中的数据质量可能存在差异，包括准确性、完整性和一致性等。数据集成过程中需要考虑如何处理和纠正这些质量问题。

4. 隐私和安全

多源数据集成可能涉及来自不同组织或部门的数据，因此隐私和安全问题是一个必须考虑的因素。确保数据集成的过程中不泄露敏感信息是至关重要的。

5. 数据更新和同步

数据源中的数据可能会不断发生变化，包括新增、删除、修改等操作。在数据集成中需要考虑如何实现数据的及时更新和同步，以保持数据的实时性。

（四）多源数据集成的基本原理

1. 数据模型映射

数据模型映射是多源数据集成的关键步骤之一。它涉及将不同数据源中的数据模型映射到一个统一的数据模型中，以确保数据在整合后能够有一致的结构和语义。

模式匹配与转换：利用自动化工具或手动定义规则，实现不同数据模型之间的匹配和转换。例如，将关系型数据库中的表映射为 XML 格式。

语义映射：考虑数据的语义差异，建立不同数据源之间的语义映射关系，确保数据整合后的结果是有意义的。

2. 数据存储与管理

在数据模型映射之后，需要确定数据的存储和管理方式。这包括选择合适的数据库系统、数据仓库或其他存储结构，并考虑制定数据的索引、分区和备份等管理策略。

数据仓库：对于大规模的数据集成，通常会采用数据仓库作为统一的数据存储，支持复杂的查询和分析操作。

元数据管理：维护关于数据源、数据模型、映射规则等元数据信息，有助于管理和维护整个数据集成系统。

3. 一致性和事务管理

确保多源数据集成过程中的一致性是至关重要的。这包括在进行数据更新、插入和删除等操作时，能够保持数据的一致性状态。

事务管理：引入事务管理机制，确保对多个数据源的操作要么全部执行成功，要么全部失败，保持系统的一致性。

并发控制：考虑多用户并发访问的情况，实现合适的并发控制机制，防止数据冲突和不一致。

4. 查询优化与性能调优

多源数据集成涉及复杂的查询操作，因此需要考虑查询的优化和性能调优。这包括选择合适的查询计划、建立索引、使用缓存等手段。

查询优化：利用数据库管理系统的查询优化器，根据数据分布和查询需求生成最合适的执行计划。

性能调优：根据实际应用场景，对数据存储、查询操作等进行性能调优，提高系统的响应速度和吞吐量。

5. 安全和隐私保护

在多源数据集成中，安全和隐私保护是不可忽视的方面。需要采取一系列措施来确保数据的安全性和用户的隐私不受侵犯。

访问控制：确保只有经过授权的用户能够访问特定的数据，通过访问控制列表（ACL）或角色基础访问控制（RBAC）等机制进行管理。

加密技术：使用加密算法对数据进行加密，保障数据在传输和存储过程中的安全性。这可以包括对通信通道的加密和数据库中敏感信息的加密。

隐私保护：采用数据脱敏、匿名化等手段，以保护用户隐私。对于涉及敏感信息的数据，限制访问权限和采用隐私保护技术是有必要的。

6. 数据质量管理

在多源数据集成中，保证数据质量是至关重要的。需要通过一系列的数据质量管理措施来监控、评估和维护数据的质量。

数据清洗：针对不同数据源的数据进行清洗，解决数据中的错误、重复和缺失等问题。

数据验证：引入数据验证机制，确保数据符合事先定义的规则和约束，防止不一致和错误的数据被集成。

异常处理：针对异常情况，建立相应的异常处理机制，及时发现和处理数据异常，维护数据质量。

（五）多源数据集成的方法和技术

1.ETL（提取、转换、加载）

ETL 是一种常见的多源数据集成方法，它包括以下三个步骤。

提取（Extract）：从各个数据源中提取需要的数据，可能涉及数据清洗和抽取。

转换（Transform）：对提取的数据进行格式转换、映射和整合，确保数据具有一致的结构和语义。

加载（Load）：将转换后的数据加载到目标存储中，通常是数据仓库或其他统一的存储结构。

2. 虚拟化数据集成

虚拟化数据集成是一种无须将数据物理复制到集成存储中的方法。通过建立一个虚拟的数据层，将不同数据源的数据抽象为一个统一的视图，实现对多源数据的统一访问。

3. 数据仓库

数据仓库是一种将多源数据集成到统一存储中的方法。通过将数据抽取到数据仓库中，并进行清洗、转换和加载，实现对多源数据的统一管理和查询。

4. 数据服务和 API

通过定义数据服务和 API，实现对多源数据的统一访问。这种方法可以通过 Web 服务、RESTful API 等方式实现，实现对数据的实时访问和集成。

5. 元数据管理

元数据管理是多源数据集成中的关键环节。通过维护关于数据源、数据模型、映射规则等方面的元数据信息，确保整个数据集成系统的可管理性和可维护性。

多源数据集成是面对不同数据源、异构性和分散性的数据环境，实现数据统一视图的一项关键任务。在克服数据异构性、语义差异、安全隐私等挑战的同时，多源数据集成需要采用一系列的方法和技术，包括数据模型映射、存储与管理、一致性与事务管理、查询优化与性能调优、安全与隐私保护、数据质量管理等方面。不同的集成方法和技术可以根据实际需求进行选择和组合，以实现对多源数据的高效集成和管理。未来随着大数据、云计算等技术的发展，多源数据集成将更加复杂和关键，且需要不断探索和创新。

二、数据融合在边坡变形预测中的方法与挑战

（一）概述

边坡变形预测是地质灾害防治和土地利用规划中的重要任务之一。为了提高预测的准确性和可靠性，采用多源数据进行数据融合成为一种有效的手段。本节将探讨数据融合在边坡变形预测中的方法与挑战，这涉及传感器数据、遥感数据、地形地貌数据等多方面的信息。

（二）数据融合的定义

数据融合是指将来自不同源头或不同类型的数据进行整合和协同处理，以获取更全面、更准确、更可信的信息。在边坡变形预测中，数据融合旨在利用多种数据源的优势，提高预测的精度和可靠性。

（三）数据融合的方法

1. 传感器数据融合

（1）加速度传感器

利用加速度传感器获取边坡的振动和加速度数据，通过数据融合算法分析边坡的动态变化，提高对边坡变形的实时监测能力。

（2）GPS 定位数据

结合全球定位系统（GPS）获取的位置数据，实现对边坡位移的监测。通过融合多个 GPS 点的数据，可以更准确地推断边坡的整体位移状态。

（3）InSAR 技术

采用合成孔径雷达干涉（InSAR）技术获取边坡表面的形变信息。通过融合多时相的 InSAR 数据，可以实现对边坡的长期位移监测。

2. 遥感数据融合

（1）高分辨率遥感影像

利用高分辨率遥感影像获取边坡地表的纹理和形貌信息，并通过图像处理和分析

融合多时相影像，实现对边坡表面特征的提取和变化监测。

（2）热红外遥感数据

通过热红外遥感获取边坡表面的温度分布信息，结合气象数据进行温度变化的分析。数据融合可以提高对边坡温度异常的敏感性。

3. 地形地貌数据融合

（1）数字高程模型（DEM）

利用 DEM 获取边坡的地形数据，包括高程、坡度等信息。通过融合不同时期的 DEM 数据，可以分析边坡的地形变化，辅助预测边坡变形趋势。

（2）高精度地理信息系统（GIS）

结合 GIS 数据获取边坡周边的地理环境信息，包括土地利用、土地覆盖等。通过融合 GIS 数据，可以考虑地理因素对边坡稳定性的影响。

（四）数据融合的挑战

1. 数据异构性

不同类型的数据具有不同的表示形式、单位和精度，数据异构性是数据融合面临的首要挑战。在边坡变形预测中，传感器数据、遥感数据、地形地貌数据的异构性使得它们难以直接融合。

2. 数据不一致性

由于数据来自不同的传感器或遥感平台，可能存在因测量误差、定位误差等导致的数据不一致性。如何处理不同数据源之间的不一致性是一个关键问题。

3. 数据缺失和噪声

在实际监测中，数据可能存在缺失或受到噪声的影响。这种情况下，如何处理缺失数据和降低噪声对融合结果的干扰，是数据融合中需要解决的难题。

4. 大数据处理

随着数据源的增多和数据量的增大，数据融合的计算量也呈指数级增长。如何高效处理大规模的多源数据，提高数据融合的实时性和效率，是一个亟待解决的问题。

5. 模型选择和优化

数据融合通常涉及模型的选择和参数的优化。在边坡变形预测中，如何选择适用于不同数据类型的融合模型，并对模型进行有效优化，是一个需要深入研究的问题。

数据融合在边坡变形预测中具有重要的应用价值，通过综合利用传感器数据、遥感数据、地形地貌数据等多源信息，可以提高对边坡变形状态的监测和预测精度。然而，数据融合还面临着数据异构性、不一致性、大数据处理等多方面的挑战，需要进一步研究和创新。未来的发展方向包括深度学习的应用、不确定性建模、在线学习与自适应融合等，以及跨领域数据融合，这将推动数据融合技术在边坡变形预测中的更广泛应用。

三、公路边坡变形预测模型的建立与验证

（一）概述

公路边坡的变形预测对于交通安全和道路可靠性至关重要。建立准确的变形预测模型可以帮助及时采取预防措施，减少可能发生的地质灾害风险。本节将探讨公路边坡变形预测模型的建立与验证，包括模型选择、数据准备、验证方法等方面。

（二）模型建立步骤

1. 问题定义与目标设定

在建立边坡变形预测模型之前，需要明确问题定义的范围和目标。包括选择预测的变形类型（如滑坡、塌方等）、预测的时间范围、预测的空间范围等。

2. 数据收集与整理

收集与变形相关的数据是建立预测模型的基础。这些数据可能包括传感器监测数据、遥感影像、地形地貌数据、气象数据等。这些数据需要进行整理和清洗，确保数据的质量和完整性。

3. 特征选择与提取

从收集到的数据中选择与变形相关的特征是建立模型的关键步骤。这可能涉及领域知识的应用和特征工程的方法，以提取对变形预测具有重要影响的特征。

4. 模型选择

选择适当的预测模型是建立成功的关键。常见的模型包括机器学习模型（如支持向量机、决策树、神经网络等）和统计模型。选择的模型应当考虑到数据的特点和预测的要求。

5. 模型训练

利用已整理好的数据集对选定的模型进行训练。训练过程中需要分割数据集为训练集和验证集，以评估模型在未见过数据上的性能。

6. 模型优化

根据训练和验证的结果，对模型进行优化。这可能包括调整模型的超参数、引入正则化、处理过拟合等手段。

7. 模型测试

使用独立的测试集对优化后的模型进行测试，评估其在真实场景中的性能。测试

集应当包括未来时间段内的数据，以验证模型的泛化能力。

（三）模型验证方法

1. 交叉验证

交叉验证是一种常用的验证方法，通过将数据集分割为多个子集，依次使用其中一个子集作为验证集，其余作为训练集，多次进行训练和验证，以综合评估模型性能。

2. 时间序列验证

对于时间序列数据，采用时间序列验证是必要的。将数据按照时间顺序划分为训练集和测试集，确保模型在未来时刻的预测能力。

3. 自助法

自助法是一种通过有放回地随机抽样产生多个训练集和测试集的方法。由于每个样本在某次抽样中可能被多次选择，因此适用于数据较少的情况。

4. 预测误差评估指标

常用的预测误差评估指标包括均方根误差（RMSE）、平均绝对误差（MAE）、决定系数（R-squared）等。这些指标可以客观地评估模型的预测准确性。

（四）挑战与解决方案

1. 数据质量和多源异构数据融合

不同数据源之间可能存在质量差异和异构性，导致模型的不准确性。解决方案包括数据清洗、特征选择、融合多源数据等方法。

2. 不确定性建模

地质灾害的发生受多种因素影响，存在不确定性。引入不确定性建模方法，如蒙特卡罗模拟等，可以更全面地考虑模型预测的不确定性。

3. 模型泛化能力

模型在未来时刻的泛化能力是一个重要的挑战。采用合适的验证方法，避免过拟合，提高模型的泛化性能。

4. 持续更新和迭代

地质环境和气候等因素的变化可能对模型的预测结果产生影响。模型的持续更新和迭代是确保预测准确性的关键。

公路边坡变形预测模型的建立与验证是一个复杂而关键的任务。通过明确定义问题、合理选择模型、精心准备数据、选择适当的验证方法和评估指标，可以建立具有较高预测准确性的模型。然而，面对多源数据异构性、不确定性等问题的挑战，需要采用创新的方法和技术来提高模型的稳健性和可靠性。未来的研究方向包括更加精细的数据融合方法、更复杂的模型结构、更全面的不确定性建模，以及更灵活的持续更新和迭代策略。

在实际应用中，建立公路边坡变形预测模型不仅有助于提前预警可能的地质灾害，还能为工程规划和决策提供重要参考。然而，建模过程中需要谨慎处理数据质量、模型选择和验证方法等方面的问题，以确保模型的可信度和实用性。

综合而言，公路边坡变形预测模型的建立与验证是一个综合性的工程，需要多学科的知识和跨领域的合作。随着数据科学、机器学习和地质工程等领域的不断发展，相信未来将会涌现出更为先进和可靠的模型，为公路边坡的安全管理和维护提供更有力的支持。同时，对于模型的应用也需要与实际场景相结合，及时调整和更新，以适应地质环境的动态变化。通过持续的研究和实践，公路边坡变形预测模型将更好地为社会和交通安全服务。

第六节　多源数据在公路边坡评价中的综合应用

一、遥感、GPS、InSAR 等数据在评价中的综合利用

遥感（Remote Sensing）、全球定位系统（GPS）、干涉合成孔径雷达（InSAR）等数据在地球科学、环境监测、城市规划等领域的综合利用，已经成为现代科学研究和应用中不可或缺的重要工具。这些技术提供了丰富的空间信息，为科学家、决策者和社会大众提供了更全面、准确的数据，有助于更好地理解和解决一系列地球系统的问题。本节将从不同的角度探讨这些数据的综合利用，以及它们在不同领域中的应用。

（一）概述

1. 背景

遥感技术通过从卫星、飞机或其他平台来获取地球表面的信息，如光谱、热红外、雷达等数据。GPS 系统提供全球性的定位和导航服务，而 InSAR 技术则利用雷达波测量地表形变。这些技术在获取地球表面信息方面各具优势，综合利用它们可以提供更全面的地学信息。

2. 目的

本节旨在探讨遥感、GPS 和 InSAR 等数据在评价中的综合利用，以及它们在地球科学、环境监测和城市规划等领域的应用。

（二）遥感、GPS 和 InSAR 数据的综合利用

1. 数据融合

不同传感器获取的数据具有互补性，通过将遥感、GPS 和 InSAR 等数据进行融合，可以提高数据的时空分辨率，同时减少由于单一数据源的局限性而引起的误差。数据融合可以通过多传感器卫星、无人机等多平台联合观测来实现。

2. 多源数据互补

遥感数据通常提供地表的光学、热红外等信息，GPS 数据提供定位和导航信息，而 InSAR 则用于测量地表形变。通过将这些数据综合利用，可以更全面地了解地球表面的动态变化，包括自然灾害、地质变化等。

3. 空间分析与建模

综合利用这些数据进行空间分析和建模，可以更好地理解地球表面的复杂性。例如，通过结合遥感和 InSAR 数据，可以在城市规划中进行地表沉降监测，为城市可持续发展提供支持。

（三）应用领域

1. 地球科学

在地球科学领域，综合利用遥感、GPS 和 InSAR 数据可以用于监测自然灾害、研究地壳运动、观测气候变化等。这些数据为科学家提供了独特的观测手段，将有助于更好地理解地球系统的复杂性。

2. 环境监测

在环境监测中，综合利用这些数据可以实现对大气、水体、土地等环境要素的全面监测。例如，通过遥感获取的光学数据结合 GPS 定位信息，可以监测森林覆盖变化，从而制定有效的生态保护策略。

3. 城市规划

在城市规划中，综合利用遥感、GPS 和 InSAR 等数据有助于进行城市扩展监测、土地利用规划等。这些数据为城市规划者提供了空间信息，从而帮助他们制定更科学、合理的城市发展策略。

（四）挑战与展望

1. 数据融合的挑战

尽管综合利用遥感、GPS 和 InSAR 等数据具有巨大潜力，但在数据融合过程中仍然面临一些挑战，包括数据格式不一致、时空分辨率不匹配等问题。

2. 技术创新与发展

随着技术的不断创新与发展，数据综合利用的方法将更加成熟，数据质量将得到提升。新的传感器技术和数据处理算法的应用将推动这一领域取得更大的进展。

遥感、GPS 和 InSAR 等数据在地球科学、环境监测和城市规划等领域的综合利用，为科学研究和社会决策提供了丰富的信息资源。在面临挑战的同时，技术的不断创新和发展为这一领域带来了更多的机遇。通过充分发挥各类数据的优势，我们可以更好地理解和管理地球系统，并实现可持续发展的目标。

二、数据融合在边坡评价中的实际应用案例

（一）概述

边坡是地质工程中一个重要的研究领域，涉及地质灾害的预测、评价和治理。为了更准确地评估边坡的稳定性，科学家和工程师通常采用多种数据源进行综合分析。本节将探讨数据融合在边坡评价中的实际应用案例，旨在展示这一方法在地质工程中的价值和效果。

（二）数据融合的基本原理

数据融合是将来自不同传感器或数据源的信息整合在一起，以提高综合信息的质量和可靠性。在边坡评价中，常用的数据源包括遥感、GPS、InSAR 等。通过综合利用这些数据，可以更全面地了解边坡的地形、变形、植被状况等信息，从而更准确地评估其稳定性。

（三）实际应用案例

1. 遥感数据的应用

遥感数据在边坡评价中的应用广泛，通过卫星或飞机获取的遥感影像可以提供边坡的地形、植被覆盖等信息。在数据融合中，将遥感数据与其他数据源结合，可以了解边坡的整体状况。

案例：在某山区边坡评价中，利用卫星遥感数据获取高分辨率的地形影像，并通过对影像进行数字高程模型（DEM）的提取，得到了边坡的地形信息。同时，结合遥感获取的植被信息，可以分得到析植被覆度盖对边坡稳定性的影响。

2. GPS 数据的应用

GPS 数据可以提供边坡上各点的准确位置信息，监测边坡变形的时空演化过程。

通过在不同时间段获取 GPS 数据，可以了解边坡的变形趋势，为稳定性评价提供重要依据。

案例：在某公路边坡评价中，通过在边坡上设置 GPS 测点，定期获取 GPS 数据。通过对比不同时间点的 GPS 数据，科学家可以分析边坡的位移速率，判断其是否存在持续变形趋势，为边坡治理提供科学依据。

3.InSAR 数据的应用

InSAR 技术通过测量雷达波在地表的反射变化，可以获取地表的形变信息，对于边坡的沉降、抬升等变形情况具有独特的监测优势。

案例：在某城市边坡评价中，利用 InSAR 技术监测边坡的形变情况。通过分析 InSAR 数据，科学家可以获取边坡上不同区域的形变速率，识别可能存在的沉降或抬升区域，为边坡的稳定性评估提供重要数据支持。

（四）数据融合的优势与挑战

1. 优势

全面性：数据融合能够提供更全面的边坡信息，从而更全面地评估边坡的稳定性。

时空分辨率提高：不同数据源的结合可以提高时空分辨率，从而更准确地捕捉边坡的细节变化。

多角度观测：不同数据源提供了多角度的观测手段，有助于从多个维度理解边坡的状况。

2. 挑战

数据一致性：不同数据源的数据格式和精度可能存在不一致，需要进行数据配准和转换。

数据处理复杂性：数据融合涉及多种数据类型和处理方法，需要高级的数据处理技术。

成本与资源：获取多源数据可能涉及较高的成本和资源投入。

数据融合在边坡评价中具有重要的应用前景。通过充分利用遥感、GPS、InSAR 等多源数据，可以提高边坡评价的准确性和可靠性，为地质工程提供更科学的决策依据。未来，随着技术的不断发展和数据获取手段的改进，数据融合在边坡评价中将发挥越来越重要的作用，为降低地质灾害风险、保障人民生命财产安全提供更有效的手段和支持。

三、多源数据综合分析对边坡稳定性的提升效果

（一）概述

边坡是地质工程中常见的复杂地形，其稳定性的评估对于防范地质灾害、保障人类安全至关重要。传统的边坡稳定性评估方法往往仅依赖于有限的监测手段，存在信息不足和局限性的问题。随着科技的发展，多源数据综合分析作为一种新的评估手段，逐渐成为提高边坡稳定性评估效果的有效途径。本节将探讨多源数据综合分析对边坡稳定性提升效果的原理、优势以及在地质工程中的应用。

（二）多源数据综合分析原理

多源数据综合分析的基本原理是通过整合来自不同传感器和数据源的信息，以弥补各自的局限性，从而提高数据的全面性和可靠性。在边坡稳定性评估中，常用的数据源包括但不限于遥感数据、全球定位系统（GPS）数据、干涉合成孔径雷达（InSAR）数据等。

1. 遥感数据

遥感数据通过卫星、飞机等平台获取地表信息，包括地形、植被覆盖度、土地利用等。在边坡稳定性评估中，遥感数据为全面理解边坡地貌和植被状况提供了重要数据支持。

2.GPS 数据

GPS 系统通过卫星定位技术提供地表点的精确位置信息，可用于监测边坡的位移、变形等动态变化。GPS 数据的时空信息为边坡稳定性分析提供了实时观测的手段。

3.InSAR 数据

InSAR 技术通过测量雷达波在地表的相位差变化，实现对地表形变的监测。在边坡评估中，InSAR 数据可用于识别边坡的沉降、抬升等形变情况，为边坡稳定性分析提供了额外的维度。

（三）多源数据综合分析的优势

1. 全面性与多角度观测

多源数据综合分析能够提供全面的地表信息，从不同角度观测边坡，包括地形、植被、变形等多方面。这有助于更全面地了解边坡的状况，避免因信息单一而导致评估的片面性。

2. 时空分辨率提高

不同数据源具有不同的时空分辨率，综合利用可以弥补各自的不足，提高数据的

时空分辨率。这意味着更准确地捕捉到边坡变化的细节，为提高评估精度提供了基础。

3.多样性的信息维度

遥感、GPS 和 InSAR 等数据提供了多样性的信息维度，包括静态地表特征、动态变形信息等。综合利用这些信息，可以更全面地分析边坡的稳定性，有助于更好地理解潜在的风险因素。

4.提高评估准确性

综合分析多源数据，能够有效弥补各自数据的不足和误差，提高对边坡稳定性的评估准确性。这对于及早发现潜在的危险因素，采取有效的预防和治理措施具有重要意义。

（四）多源数据综合分析在地质工程中的应用

1.边坡稳定性评估

通过整合遥感、GPS 和 InSAR 等数据，可以更全面地评估边坡的稳定性。不仅能够识别地表特征，还能实时监测边坡的变形情况，为边坡稳定性评估提供更为全面和准确的信息。

2.灾害预测与预警

多源数据综合分析有助于提前发现边坡潜在的危险信号，通过监测变形、植被状况等指标，可以进行灾害预测与预警，为相关部门和居民提供充分的时间采取应对措施，减少灾害造成的风险。

3.工程设计与规划

在地质工程中，多源数据综合分析为工程设计和规划提供了重要依据。通过对边坡地形、变形等信息的深入了解，可以合理规划工程，减少因地质灾害带来的潜在风险。

（五）挑战与展望

1.挑战

数据一致性与质量：不同数据源的一致性和质量问题，需要进行有效的数据配准和质量控制。

2.数据处理复杂性

多源数据综合分析涉及多种数据类型和处理方法，数据的融合、配准、转换等步骤需要高级的数据处理技术。数据处理复杂性可能导致分析过程的困难和耗时增加，需要专业技术人员的支持。

3.成本与资源投入

获取多源数据涉及成本和资源的投入，包括卫星数据获取费用、传感器维护费用、数据处理软硬件成本等。对于一些资源有限的地区或项目，成本和资源投入可能成为制约因素。

4.技术与方法的不断更新

随着科技的不断发展，相关的遥感、GPS、InSAR等技术也在不断更新和演进。因此，要保持对新技术和方法的了解，并及时应用于多源数据综合分析中，这对于提高评估效果具有挑战性。

5.隐私和安全问题

在使用GPS等定位数据时，隐私和安全问题可能成为其中一个考虑因素。保护个人信息和数据安全是使用这些数据时必须重视的方面，因此需要制定合适的隐私政策和安全措施。

多源数据综合分析在边坡稳定性评估中展现了明显的提升效果，为地质工程提供了更全面、准确的信息基础。通过整合遥感、GPS、InSAR等多源数据，不仅能够深入了解边坡的地貌和植被状况，还可以实时监测边坡的变形情况，为及早发现地质灾害风险提供了强有力的支持。

然而，多源数据综合分析在应用过程中仍面临一些问题的挑战，包括数据一致性、处理复杂性、成本与资源投入等方面。解决这些挑战需要全球范围内的合作，不断创新和改进技术手段，提高数据处理的效率和精度。

未来，随着科技的不断发展，我们可以期待更先进的传感器技术、更高效的数据处理算法的出现，以及更完善的数据共享和隐私保护机制的建立。这将进一步推动多源数据综合分析在地质工程领域的广泛应用，为提高边坡稳定性评估的水平，降低灾害风险，保障人民生命财产安全提供更强大的支持。

第四章　公路边坡工程设计与建设

第一节　公路边坡设计的原则与标准

一、国内外公路边坡设计标准的比较与分析

（一）概述

公路边坡是公路工程中重要的组成部分，对道路安全和稳定性起着关键作用。在不同国家，针对公路边坡的设计和施工制定了一系列的标准和规范。本节将对国内外公路边坡设计标准进行比较与分析，旨在了解各国在公路边坡设计方面的共同点和差异，为我国公路工程提供借鉴和参考。

（二）国内公路边坡设计标准

1.《公路工程地质勘查规范》（GB 50020-2017）

我国《公路工程地质勘查规范》是我国公路工程中的基本规范之一，其中对于公路边坡的设计提出了一系列要求。主要包括对边坡的稳定性分析、边坡坡度、边坡防护等方面的规定。此标准基于我国地质环境和工程实践，强调对地质特征的综合考虑。

2.《公路工程施工及验收规范》（JTG D30-2015）

我国《公路工程施工及验收规范》是公路工程领域的重要规范，对边坡的施工和验收提出了具体的要求。标准中明确了关于边坡的坡度、边坡保护、边坡支护等方面的技术规范，并结合不同地质条件和工程要求，提供了相应的设计和施工方法。

（三）国外公路边坡设计标准

1.美国

（1）Federal Highway Administration (FHWA)

美国的公路边坡设计标准由联邦公路管理局（FHWA）制定。FHWA 对于边坡的

设计要求主要包括对边坡稳定性的考虑、边坡坡度的规定、土方开挖和填方等方面的技术规范。美国的标准注重根据地质和气候条件的不同，为不同地区提供定制化的设计方法。

（2）Geotechnical Engineering Circular (GEC)

美国的 Geotechnical Engineering Circular（GEC）是由 FHWA 发布的一系列技术指南，其中包括一些关于边坡工程的详细指导。这些指南提供了对地质勘查、边坡设计和施工等方面的深入分析，为工程师提供了更具体的操作指南。

2. 欧洲

（1）Eurocode 7

欧洲的公路边坡设计标准主要受到 Eurocode 7 的影响。Eurocode 7 是欧洲规范体系中的地质设计部分，涵盖了土木工程中的地质设计和勘察。在边坡设计方面，Eurocode 7 强调了地质条件和土壤参数的准确获取，并提供了相应的设计方法。

（2）英国的公路边坡设计标准

英国的公路边坡设计标准由英国高速公路署（Highways England）发布。该标准对边坡的几何设计、材料选择、施工和监测等方面进行了详细规定。英国标准注重在整个工程周期内对边坡的管理和监测，以确保其稳定性。

（四）比较与分析

1. 共同点

（1）边坡稳定性分析

国内外的设计标准都强调对边坡稳定性的充分考虑。无论是通过土力学方法还是数值模拟手段，各国都要求在设计中对边坡的稳定性进行详细的分析。

（2）地质勘查

所有标准都明确要求进行充分的地质勘查，以获取地质信息、土壤参数和地形特征。这体现了设计中对地质条件准确理解的重要性。

（3）边坡防护与支护

各国标准均提出了边坡防护和支护的具体要求，以确保边坡在不同地质条件下的稳定性。这包括在边坡保护结构、护坡植被等方面的规定。

2. 差异点

（1）地质条件的考虑

由于不同国家的地质条件存在差异，因此在标准中对于地质条件的考虑也有所不同。例如，在美国的设计标准中更注重根据地质特点定制设计方法，而欧洲的标准则在 Eurocode 7 中较为一致。

（2）设计参数和规范数值

各国标准对于设计参数和规范数值的具体要求可能存在一些差异。这包括对于土壤参数的取值范围、边坡坡度的规定等。这些差异反映了各国在地质环境、气候条件和工程实践等方面的差异，因此需要根据具体情况进行调整。

（3）管理和监测要求

一些国家的标准强调在整个工程周期内对边坡进行管理和监测，以确保其稳定性。这在英国的标准中得到了体现，而在其他国家一些标准中可能没有明确规定。

（4）技术指南的设置

美国通过 Geotechnical Engineering Circular（GEC）等技术指南，为工程师提供更为具体的操作指南。这种方式在其他国家的标准中并不普遍，差异体现在标准的详细度和实用性上。

国内外公路边坡设计标准在边坡稳定性分析、地质勘查、边坡防护与支护等方面有着一定的共同点，都以确保公路边坡的安全和稳定为目标。然而，由于地质、气候、工程实践等方面的差异，各国标准在具体规定、设计方法和技术要求上存在一些差异。

在今后的公路工程设计和建设中，我国可以借鉴国内外先进的设计理念和技术经验，不断提高公路边坡的设计水平。同时，也需要根据我国的具体情况，适度调整和优化标准，以更好地适应我国的地质环境和工程需求。通过与国际接轨，提高公路边坡设计的水平，将有助于提高公路工程的安全性、可靠性和可持续性。

二、公路边坡设计中的安全性与可持续性原则

（一）概述

公路边坡作为交通基础设施的重要组成部分，其设计直接关系到公路的安全性和可持续性。安全性是公路工程的首要考虑因素，而可持续性则体现了对资源的有效利用和对环境的保护。本节将深入探讨在公路边坡设计中的安全性与可持续性原则，分析如何通过科学的设计理念和技术手段实现公路工程的双赢目标。

（二）公路边坡设计中的安全性原则

1.边坡稳定性

边坡的稳定性是公路边坡设计中的核心问题。确保边坡的稳定性意味着预防坡体滑坡、崩塌等灾害，保障行车和人员的安全。以下是提高边坡稳定性的原则：

（1）地质勘查与分析

在设计之初进行全面、深入的地质勘查，分析地质条件、岩土性质，了解地下水

位等因素，为后续的设计提供准确的基础数据。

（2）合理的边坡坡度

根据地质条件和工程要求确定合理的边坡坡度，确保在不同地质条件下都能维持边坡的稳定性。过陡的坡度可能导致滑坡，过缓的坡度则会增加工程成本。

（3）土石方平衡

在设计中要求土石方平衡，即挖方和填方的平衡，以防止在施工过程中出现过多的土方运输，从而降低边坡的稳定性。

（4）防护结构的设置

采用合适的防护结构，如挡墙、护坡、草护坡等，提高边坡的稳定性。这些结构能够分散坡体的受力，降低地表的坡度，从而减少滑坡和坍塌的风险。

2. 交通安全

除了边坡的稳定性，公路边坡设计中还需关注交通安全问题。以下是提高交通安全性的原则：

（1）合理的水平几何设计

设计合理的水平几何，包括弯道的半径、坡度的过渡等，以确保车辆在边坡区域行驶时具有良好的稳定性和视线。

（2）路缘带的设置

在边坡设计中设置适当的路缘带，提供安全的车道宽度，防止车辆因为边坡问题导致的交通事故。

（3）防护设施的配置

在需要的位置设置护栏、标线等交通安全设施，提高车辆在边坡区域的安全性，防止意外事故的发生。

3. 灾害预防与应急处理

在边坡设计中考虑灾害的预防和应急处理是安全性原则的重要组成部分。以下是相关原则：

（1）预警系统的建设

结合现代技术，建设边坡监测预警系统，实时监测边坡变形、地下水位等情况，提前预警可能发生的灾害。

（2）应急通道和撤离计划

设置合适的应急通道,确保在发生灾害时能够及时疏散人员.制订详细的撤离计划,提高灾害发生时的应急处理能力。

（三）公路边坡设计中的可持续性原则

1.资源的有效利用

公路边坡设计中的可持续性原则是要求对资源的有效利用，包括土石方的平衡、边坡材料的选用等。以下是相关原则：

（1）土石方平衡与回填

在边坡设计中追求土石方的平衡，尽量减少挖方和填方的差异，避免大量的土石方运输。同时，回填所挖方的土石，尽量减少对原有地貌的破坏。

（2）绿化与生态修复

采用绿化措施，选择当地适宜的植被进行植栽，促进植被的生长，实现对土壤的保护和生态环境的修复。

2.环境保护

公路边坡设计中的可持续性原则还要求对环境进行保护，减少对自然环境的影响。以下是相关原则：

（1）生态通道的设置

在边坡设计中设置生态通道，保障野生动植物的迁徙和栖息，减少对生态系统的破坏。生态通道可以通过特定设计和植被覆盖，帮助维持当地生态平衡。

（2）防治水土流失

采用适当的水土保持措施，减少水土流失对附近水体和土壤的污染。这包括设置防护植被、护坡、减缓表面径流等手段，有效保护生态环境。

3.长期维护和管理

可持续性原则要求在边坡设计中考虑长期的维护和管理，以确保工程的持续和顺利运行。以下是相关原则：

（1）技术更新与改进

采用先进的技术手段和材料，随着科技的进步，及时更新和改进边坡设计，提高工程的效益和可持续性。

（2）定期检测与维护

建立定期检测和维护机制，对边坡进行定期巡检，发现问题及时修复，确保边坡长期稳定。

（四）安全性与可持续性的融合

1.综合设计理念

安全性与可持续性的原则在公路边坡设计中并非相互独立，而是相辅相成、相互融合的。综合考虑这两个原则，需要制定全面的设计理念，包括但不限于：

（1）综合地质信息

在地质勘查中充分考虑地质信息，不仅用于稳定性分析，还要为生态修复和资源利用提供依据。

（2）工程结构与自然环境融合

采用与自然环境相融合的工程结构，例如自然坡体设计、绿化修复等，使工程更好地融入自然景观。

2. 先进技术的应用

利用先进的技术手段，如遥感技术、地理信息系统（GIS）、监测与预警系统等，为安全性和可持续性的原则提供强有力的支持。

（1）遥感技术

通过遥感技术获取地表信息，包括地形、植被、变化等，为设计提供详细的地貌信息，有助于制定科学的设计方案。

（2）GIS技术

地理信息系统可以对地理信息进行集成、分析和展示，为决策提供科学依据。在边坡设计中，GIS技术可以用于空间分析、资源管理等方面，有助于提高可持续性。

（3）监测与预警系统

建立实时监测与预警系统，通过传感器等设备对边坡稳定性、水土流失等进行监测，提前预警潜在的安全问题。

3. 全过程管理

安全性与可持续性的实现需要全过程的管理，包括设计、施工、维护等各个环节。要建立科学的管理体系，确保安全性和可持续性得到全面的考虑和保证。

（1）工程设计阶段

在设计阶段，要充分考虑地质条件、水文环境、交通安全等方面，采用综合的设计理念，制定全面的最佳设计方案。

（2）施工与监测阶段

在施工阶段，按照设计方案进行施工，并建立监测体系，实时掌握工程的状况，及时发现问题并采取相应的措施。

（3）长期维护阶段

在工程建成后，要建立长期的维护机制，定期进行巡检和维护，确保边坡的稳定性和可持续性。

（五）挑战与展望

在追求公路边坡设计中安全性与可持续性的同时，也面临一些挑战。其中主要包括：

1. 复杂多变的地质环境

不同地区的地质条件差异巨大，复杂多变的地质环境给设计带来了很大的不确定性。如何在不同地质条件下实现安全性和可持续性的平衡是一个具有挑战性的问题。

2. 成本与资源投入

在追求可持续性的同时，成本和资源投入也是需要考虑的重要因素。如何在有限的经济条件下，实现可持续性的设计和建设，是一个需要充分考虑的问题。

3. 先进技术的普及应用

虽然先进技术可以提供强有力的支持，但其普及应用仍面临一定的难题。包括技术成本、技术人才培养等方面的问题，需要逐步解决。

在面临挑战的同时，未来公路边坡设计可以通过在一些方面的进一步努力来促进安全性与可持续性原则的更好实现。

4. 制定更为科学的标准与规范

国际上需要建立更为科学、细致的公路边坡设计标准与规范，针对不同地质条件、气候环境、交通需求等因素，制定相应的设计参数和技术要求，以推动边坡设计的规范化和精细化。

5. 国际合作与经验分享

通过国际合作与经验分享，各国在公路边坡设计中的成功经验可以相互借鉴。可以通过国际性的会议、研讨会、合作项目等方式，促进各国在公路边坡设计方面的经验交流，共同推动技术的进步。

6. 推动技术创新与人才培养

致力于推动公路边坡设计领域的技术创新，鼓励科研机构、高校等加强相关研究，开展新材料、新技术的研发，为公路边坡设计提供更为先进、可持续的解决方案。同时，加强人才培养，培养更多掌握先进技术的工程师和专业技术人才。

7. 强化监测与预警系统

通过强化监测与预警系统，实现对边坡变形、地质灾害等情况的及时监测和有效预警。结合大数据、人工智能等技术，提高监测系统的准确性和及时性，以防范和减缓潜在的风险。

8. 路缘带生态修复

在公路边坡设计中加强路缘带的生态修复工作，通过植被的恢复和绿化，提高生态通道的质量，促进野生动植物的迁徙，减缓生态系统的破坏作用。

9. 着力解决复杂地质环境的问题

针对复杂多变的地质环境，需要加强地质勘查与分析，应用先进的地质勘测技术，准确获取地下信息，为设计提供更为精准的依据。同时，结合大数据和人工智能等技术，深入研究在复杂地质条件下的稳定性分析方法，提高对复杂地质环境的适应性。

在公路边坡设计中，安全性与可持续性是相辅相成、相互依存的原则。通过充分考虑地质条件、交通安全、资源利用、环境保护等多方面因素，可以实现公路边坡设计的双赢目标。为此，需要在设计理念、技术手段、管理体系等方面进行综合考虑，借鉴国际先进经验，推动技术创新，加强国际合作，解决面临的挑战，进一步推动公路边坡设计向更为安全和可持续的方向发展。

未来，随着科技的不断发展和国际合作的深入，我们有信心克服当前面临的各种困难，推动公路边坡设计实现更高水平的安全性和可持续性，为人类社会的发展和生态环境的保护做出更大的贡献。

三、不同地质条件下的边坡设计策略

（一）概述

边坡是公路工程中一个重要的组成部分，而不同地质条件下的边坡设计需要根据地质特征的不同进行差异化的考虑。地质条件直接影响边坡的稳定性、坡度选择、支护结构等，因此在设计阶段需要制定相应的策略以确保边坡在各种地质环境下都能够满足安全和可持续性的要求。本节将探讨在不同地质条件下的边坡设计策略，涉及不同地质类型的特征、挑战以及应对措施。

（二）不同地质条件下的边坡设计

1. 岩石地质

（1）地质特征

岩石地质通常指较为坚硬的地质结构，包括花岗岩、片岩、页岩等。这类地质条件下的边坡设计通常会受到岩石的抗压强度、断裂和节理等因素的影响。

（2）设计策略

岩石勘察与分类：在设计前进行详细的岩石勘察，了解岩石的类型、裂隙、节理等情况，为后续设计提供准确的基础数据。

合理的坡度选择：由于岩石边坡具有较高的抗压强度，因此可以选择相对较陡的坡度，以最大限度地利用地形。

节理和断裂的处理：在设计中要考虑岩石的节理和断裂，通过合理的边坡结构设置，减小节理对边坡稳定性的影响。

爆破技术的应用：在施工过程中，可以采用爆破技术来破碎坚硬的岩石，降低挖方的难度。

2. 土壤地质

（1）地质特征

土壤地质包括各种类型的土壤，如黏土、砂土、粉砂等。这类地质条件下的边坡设计会受到土壤的稳定性、水分含量等因素的影响。

（2）设计策略

土壤力学分析：进行详细的土壤力学分析，了解土壤的承载能力、压缩性等特性，为合理的边坡设计提供依据。

水分管理：考虑土壤的水分含量对边坡稳定性的影响，通过排水、防渗等措施来控制土壤水分。

适当的坡度选择：对于不同类型的土壤，选择适当的坡度，避免坡度过大导致坡体滑动。

防止土壤侵蚀：在边坡设计中考虑植被的种植，以减慢水流速度，降低土壤侵蚀的风险。

3. 弱软地质

（1）地质特征

弱软地质主要包括泥质土、湿地等，这类地质条件下的边坡设计受到土壤的不稳定性、水分变化等因素的影响。

（2）设计策略

地基处理：对于弱软地质，可能需要采用地基处理技术，如灌浆加固、搅拌桩等，提高基础的承载能力。

排水与防渗：重视排水工程，防止水分对土壤的影响，采用合适的防渗措施来保持边坡的稳定。

植被覆盖：考虑在边坡上设置植被，通过植被的根系固化土壤，增强边坡的抗冲刷能力。

4. 河岸地质

（1）地质特征

河岸地质通常受到水体的冲刷和侵蚀，因此边坡设计需要考虑水体对边坡的影响。

（2）设计策略

护岸结构：考虑设置护岸结构，以防止水流对边坡的侵蚀和冲刷。

河床管理：在边坡设计中综合考虑河床的变化，合理设置边坡的坡度和结构。

水文条件分析：充分了解水文条件，包括水流速度、水位变化等，为设计提供准确的水文数据支持。

（三）综合设计原则

1.充分勘察

在不同地质条件下的边坡设计中，充分的地质勘察是至关重要的。通过详细的地质勘查，可以获取地质、水文、水质等方面的信息，为后续设计提供准确的基础数据。根据地质特征的不同，选择合适的勘察方法和工具，确保获得全面、可靠的地质信息。

2.差异化设计

针对不同地质条件，采用差异化的设计策略。在岩石地质中，注重岩石的力学性质和节理裂隙；在土壤地质中，关注土壤的力学特性和水分含量；在弱软地质中，着重考虑地基处理和水分控制；在河岸地质中，关心水体的冲刷和侵蚀。要根据地质差异，灵活调整边坡的坡度、支护结构和防护措施，以适应不同的地质条件。

3.灵活应对风险

不同地质条件下存在不同的风险，设计中需要灵活应对。采用可行性分析和风险评估，识别潜在的地质风险，制定相应的预防和应对措施。对于可能发生的地质灾害，建立预警系统，及时发现并采取紧急处理措施，保障边坡的安全性。

4.环境保护

在设计中要充分考虑环境保护的原则。对于岩石地质，避免过度爆破和挖掘，减小对周围生态环境的影响；对于土壤地质，采用植被覆盖和水土保持措施，防止土壤侵蚀和水质污染；对于弱软地质，注重土壤水分的管理，避免因水分过多或过少导致的地质问题；对于河岸地质，设计护岸结构和水文设施，保护水体生态系统。

（四）挑战与对策

1.地质信息不足

挑战：地质信息不足可能导致设计中的不确定性和风险的发生。

对策：采用先进的勘察技术，如遥感、地面雷达等，获取更为详细的地质信息。并可通过监测系统在工程建设和运营阶段实时监测地质情况，及时调整设计方案。

2.地质风险的不确定性

挑战：地质风险的不确定性使得设计中可能无法事先全面考虑所有可能的地质灾害。

对策：在设计中采用灵活的设计理念，结合风险评估，制定灾害应对方案。在工程运营阶段建立健全的监测与预警系统，实时监测地质情况，提高对潜在风险的感知能力。

3.环境友好设计的平衡

挑战：在追求边坡设计的稳定性的同时，要兼顾环境友好设计，可能存在设计目标的平衡难题。

对策：在设计中采用生态工程和环保技术，如植被覆盖、生态护坡等，尽量减小工程对自然环境的影响。并通过与环保部门合作，制定可持续发展的设计方案。

不同地质条件下的边坡设计需要根据地质特征的差异采取差异化的设计策略。在岩石地质中，注重岩石的力学性质和节理裂隙；在土壤地质中，关注土壤的力学特性和水分含量；在弱软地质中，着重考虑地基处理和水分控制；在河岸地质中，关心水体的冲刷和侵蚀。综合设计原则包括充分勘察、差异化设计、灵活应对风险和环境保护。在面对挑战时，可通过采用先进的勘察技术、风险评估、监测系统以及生态工程和环保技术等手段，提高设计的精准性和可持续性。未来的边坡设计需要更加注重不同地质条件下的综合性考虑，促进工程的安全、可持续发展。

第二节　地质灾害易发区规划与公路工程布局

一、易发区划定的方法与标准

（一）概述

易发区划定是在防灾减灾领域中的一项重要工作，通过对潜在灾害风险、地质地貌、气象气候等因素的科学评估，确定易发区域，为相关防灾减灾工作提供科学依据。易发区划定的准确性和科学性对于有效预防和减轻灾害损失具有重要意义。本节将探讨易发区划定的方法与标准，包括常见的地质灾害、气象灾害和其他自然灾害的易发区划定方法事。

（二）地质灾害易发区划定

1. 地质灾害的类型

地质灾害包括山体滑坡、泥石流、地震、地面沉降等多种类型，每种类型的地质灾害都有其特定的形成条件和影响因素。

2. 地质灾害易发区划定方法

（1）地质调查与监测

进行全面的地质调查，了解地质背景、地形地貌、地层构造、水文地质等信息。通过监测地下水位、地表位移、地震活动等指标，及时发现潜在的地质灾害和隐患。

（2）地质风险评估

利用地质信息建立地质风险评估模型，考虑地质灾害发生的可能性和对周围环境的影响。常用的评估方法包括概率分析、数值模拟等。

（3）空间信息技术应用

采用遥感技术、地理信息系统（GIS）等空间信息技术，对地质灾害易发区进行空间分析，准确划定受灾风险区域。通过卫星影像、遥感数据，获取与灾害相关的地表特征，为易发区划定提供直观的空间信息数据。

（4）数学模型与统计方法

建立数学模型，运用统计方法分析地质灾害的时空分布规律，借助数学手段进行定量分析，识别易发区。常见的统计方法包括聚类分析、回归分析等。

（三）气象灾害易发区划定

1. 气象灾害的类型

气象灾害主要包括风灾、洪涝、暴雨、干旱等，每种类型的气象灾害都与气候特征、地形地貌等因素密切相关。

2. 气象灾害易发区划定方法

（1）气象数据分析

收集历史气象数据，包括降雨量、风速、温度等信息，通过对数据的分析，揭示不同气象灾害的发生规律。可以采用时间序列分析、频率分析等方法。

（2）数值天气预报模型

利用数值天气预报模型，模拟不同气象条件下可能发生的灾害情景。通过模型的输出结果，判断不同区域内的气象灾害易发性，进行区域划定。

（3）气象风险评估

建立气象风险评估体系，并综合考虑降雨量、风速、温度等因素对灾害的影响。通过风险评估，确定气象灾害的易发区域。

（4）遥感技术在气象灾害中的应用

利用遥感技术获取大范围内的气象信息，包括云量、温度分布、降雨情况等。通过遥感数据的分析，可以识别潜在的气象灾害风险区域。

（四）其他自然灾害易发区划定

1. 水文灾害的易发区划定

水文灾害包括洪涝、山洪、滑坡等，易发区划定需要综合考虑降雨情况、地形地貌、土地利用等因素。

（1）降雨特征分析

分析降雨的时空分布特征，了解不同降雨条件下水文灾害的发生概率，划定易发区。

（2）地形地貌与水文模型

考虑地形对水流的影响，建立水文模型并模拟不同地形条件下的水文过程。通过模型结果，判定可能发生水文灾害的区域。

2. 生物灾害的易发区划定

生物灾害包括病虫害、森林火灾等，易发区划定需要考虑生态环境、植被分布、气象条件等因素。

（1）生态环境与植被分析

通过生态环境和植被分析，了解不同区域的生物多样性、植被类型、植被密度等信息。某些植被类型可能对生物灾害的发生有一定影响。

（2）气象条件与生物模型

考虑气象条件对生物的影响，建立生物模型，模拟不同气象条件下生物灾害的发生情况。通过模型的结果，判定可能受到生物灾害威胁的区域范围。

（五）易发区划定的标准与评价体系

1. 易发性指标体系

建立科学合理的易发性指标体系，包括各种灾害类型的易发性评价指标。这些指标可以是定量的，如气象条件、地质构造，也可以是定性的，如土地利用、植被覆盖。

2. 综合评价模型

构建综合评价模型，将各种易发性指标进行加权组合，得出综合的易发性评价结果。这需要利用数学模型、统计方法等手段，确保评价结果科学、客观。

3. 区域差异性考虑

考虑区域差异性，由于不同地区的地质、气象、水文等条件存在差异，需要根据地方实际情况制定相应的易发性评价标准。充分考虑区域特点，确保易发区划定的灵活性和适用性。

4. 持续监测与更新

易发区划定是一个动态过程，需要进行持续监测和更新。新的气象数据、地质监测结果、生态环境变化等信息都可能影响易发性评价，因此应定期更新易发区划定结果，保持评价的准确性。

（六）易发区划定的挑战与展望

1. 数据不足与不确定性

挑战：易发区划定需要大量的地质、气象、水文等数据，而一些地区可能存在数据不足的情况，导致易发性评价的不确定性。

对策：通过引入遥感、数值模拟、统计方法等先进技术，弥补数据不足的问题。并在评价结果中充分考虑其不确定性，进行敏感性分析，提高评价的可靠性。

2. 多灾种复合作用

挑战：一些地区可能同时面临多种灾害，如地质灾害和气象灾害的综合作用，使得易发区划定更加复杂。

对策：建立多灾种的综合评价体系，考虑不同灾害类型之间的相互影响。制定相应的综合评价方法，确保易发性评价的全面性和科学性。

3. 气候变化的影响

挑战：气候变化对灾害发生和易发性评价带来了新的挑战，传统的评价方法可能需要进行调整。

对策：引入气候变化因素，更新评价模型，考虑未来气象条件的变化对易发性的影响。加强对气候变化的监测与研究，不断优化易发区划定方法。

4. 社会经济因素的综合考虑

挑战：易发区划定往往更加关注自然因素，而对社会经济因素的综合考虑相对不足。

对策：建立包含社会经济因素的评价指标体系，考虑人口密度、土地利用、基础设施等因素对易发性的影响。实现自然因素与社会经济因素的有机结合，提高易发区划定的综合性。

易发区划定是灾害防控工作的基础，对于准确评估潜在灾害风险、制定科学的防灾减灾措施至关重要。在地质灾害、气象灾害和其他自然灾害的易发区划定中，应采用多种手段，包括地质调查、气象数据分析、数值模拟、遥感技术等，建立科学合理的易发性评价体系。同时，需要考虑区域差异性、持续监测与更新，以及社会经济因素。面对挑战，可以通过引入先进技术、加强数据监测、建立综合评价模型等手段不断提高易发区划定的精准性和科学性。未来的发展方向包括更好地应对气候变化、多灾种复合作用、社会经济因素的影响，以及推动易发区划定方法的不断创新与完善。

二、易发区规划对公路工程布局的影响

（一）概述

易发区规划是为了科学应对自然灾害风险而进行的地区规划工作。在公路工程布局中，充分考虑易发区规划对工程建设的影响，对于确保公路工程的安全、可持续发展至关重要。本节将探讨易发区规划对公路工程布局的影响，涉及灾害风险评估、工程设计、抗灾能力提升等方面。

（二）灾害风险评估与公路工程布局

1. 易发区规划的重要性

易发区规划是在综合考虑地质、气象、水文等多方面因素的基础上，确定潜在灾害风险较高的区域，为相关工程布局提供科学依据。在公路工程中，通过灾害风险评估，可以识别潜在的灾害风险，指导公路工程的布局与设计，提高工程的安全性。

2. 灾害风险评估方法

（1）地质灾害风险评估

通过对地质灾害发生的可能性、影响范围、危害程度等进行综合评估，确定地质灾害易发区。在公路工程布局中，应避开地质灾害易发区，或者采取相应的防灾减灾措施。

（2）气象灾害风险评估

考虑降雨、风速、气温等气象条件，评估气象灾害的概率和可能带来的影响。在公路工程设计中，避免选择气象灾害易发区，或者采取相应的防灾减灾措施。

（3）水文灾害风险评估

通过分析水文条件，包括河流水位、降雨情况等，评估水文灾害的潜在风险。在公路工程布局中，应避开水文灾害易发区，或者采取相应的水利工程设计来减轻水文灾害带来的影响。

3. 易发区规划对公路工程布局的指导作用

（1）安全布局原则

易发区规划的存在使得公路工程布局更加注重安全性。在易发区规划的指导下，可以避免在潜在灾害风险较高的区域进行工程布局，以确保公路的安全性。

（2）合理利用地形

通过对易发区规划的考虑，可以更加合理地利用地形地貌。避免在易发区域内进行大规模的土地开发，减少对自然环境的干扰，且有利于保持地形地貌的稳定性。

（3）灾害防范与减灾设计

易发区规划的评估结果为公路工程提供了灾害防范与减灾设计的依据。在易发区域内，可以采取相应的工程措施，如抗震设计、防滑设计、排水设计等，提高公路工程的抗灾能力。

（三）工程设计与易发区规划的整合

1. 灾害风险管理

将易发区规划与工程设计紧密整合，实现对灾害风险的全面管理。在工程设计的初期阶段就要考虑易发区规划的相关内容，制订灾害风险管理计划，从而在后续的工程实施中降低灾害风险。

2. 工程方案的优化

易发区规划的结果为工程方案的优化提供了指导。通过合理调整工程的位置、坡度、结构等因素，以适应易发区域的特殊地质、气象、水文条件，提高工程的适应性和稳定性。

3. 灾害防治工程的设置

在易发区规划的基础上，有针对性地设置灾害防治工程。这包括但不限于设置防灾避险通道、加强边坡支护、建设防洪设施等，以提高公路工程对灾害的抵御能力。

（四）抗灾能力提升与易发区规划的协同推进

1. 抗灾能力评估

在易发区规划的基础上，对公路工程的抗灾能力进行评估。通过综合考虑易发区域的各类灾害特征，评估工程在面临灾害时的应对能力，为提升抗灾能力提供科学依据。

2. 应急预案制定

结合易发区规划的评估结果，制定相应的灾害应急预案。根据易发区域的特点，明确灾害发生可能性大的情景，建立应急响应机制和工程应急预案，确保在灾害事件发生时能够迅速采取有效措施，减少损失。

3. 技术创新与研究

在易发区规划的实施过程中，推动相关技术创新与研究，寻找更为先进、可行的工程设计与抗灾技术。通过引入新的工程材料、监测技术、防灾设施等手段，提高公路工程在易发区域的安全性和可靠性。

4. 培训与演练

在易发区规划的基础上，组织相关人员进行抗灾培训与演练。培养工程施工、维护人员的应急处理能力，提高其在灾害发生时的处置水平。定期组织演练，检验应急预案的可行性，保障应对灾害的效果。

（五）社会参与与易发区规划的共建共享

1. 信息公开与社会参与

易发区规划过程中，加强信息公开，吸纳社会参与。通过向公众公开易发区域的风险评估结果、工程设计方案等信息，提高公众对工程布局的了解，增强社会对工程安全性的监督，减少潜在的安全隐患。

2. 知识普及与宣传教育

开展易发区规划相关的知识普及与宣传教育。通过各种形式，向社会大众普及自然灾害、易发区规划的重要性以及公路工程的抗灾能力等方面的知识，增强公众的防灾意识，形成共建共享的社会氛围。

3.灾后恢复与社会共建

在易发区规划的基础上，建立灾后恢复机制，实现社会共建。当灾害发生后，通过及时、有序的灾后恢复工作，恢复易发区域的基础设施和社会秩序。社会各界应共同参与，推动灾后恢复工作的顺利进行。

（六）挑战与未来展望

1.多灾害复合作用

挑战：易发区规划需要综合考虑多种自然灾害的复合作用，而不同灾害类型之间可能存在相互影响、叠加效应。

对策：加强多灾害复合作用的研究，建立综合评估体系，对不同灾害类型的复合作用进行科学评估。通过不同灾害防治措施的协同推进，提高工程的整体安全性。

2.气候变化的影响

挑战：气候变化对自然灾害的频发和强度会产生影响，使得易发区规划需要更加注重未来气象条件的变化。

对策：引入气候变化因素，更新易发区规划的评估模型，考虑未来气象条件的变化对易发性的影响。通过建立适应性强的工程设计，应对气候变化带来的挑战。

3.社会经济因素的综合考虑

挑战：易发区规划往往更加关注自然因素，而对社会经济因素的综合考虑相对不足。

对策：建立包含社会经济因素的评价指标体系，考虑人口密度、土地利用、基础设施等因素对易发性的影响。实现自然因素与社会经济因素的有机结合，提高易发区规划的综合性。

4.持续监测与更新

挑战：易发区规划是一个动态过程，需要进行持续监测和更新。新的气象数据、地质监测结果、生态环境变化等信息都可能影响对易发区的评价。

对策：建立健全的监测体系，利用先进的遥感、地理信息系统等技术手段，实时监测易发区域的地质、气象、水文等信息。通过定期的更新工作，确保易发区规划的时效性和准确性。

5.共建共享的社会治理

挑战：在易发区规划中，社会各界参与程度的不同可能导致规划的实施效果不佳。

对策：建立共建共享的社会治理机制，鼓励政府、企业、居民等各方参与易发区规划的决策与实施。通过多方共同努力，形成协同推进的良好局面，实现公路工程在易发区域的安全、可持续发展。

易发区规划对公路工程布局的影响是一个涉及多方面因素的复杂问题，需要在自然灾害防控、工程设计、社会参与等方面综合考虑。通过灾害风险评估，易发区规划为公路工程提供了科学的风险管理基础。在工程设计中，整合易发区规划，优化工程方案，提高抗灾能力，成为确保公路工程在灾害发生时安全运行的重要手段。

抗灾能力提升与易发区规划的协同推进，且通过技术创新、培训演练等手段，能不断提高公路工程的整体应对能力。社会参与和共建共享的理念促使易发区规划更加民主、科学，使得公路工程不仅仅是政府的责任，更是整个社会共同参与的结果。

然而，随着气候变化、社会经济发展等因素的不断影响，易发区规划在面临多灾害复合作用、气候变化等挑战时，仍需不断创新、完善。持续监测、更新易发区规划，加强社会治理，是未来工作的关键方向。通过多方面的努力，使得易发区规划能够更好地服务于公路工程布局，保障人们的生命财产安全，推动公路工程的可持续发展。

三、公路工程布局中的灾害防范与应对策略

（一）概述

公路工程的布局涉及复杂的地质、气象、水文等因素，而自然灾害如地质灾害、气象灾害、水文灾害等对公路工程的安全性构成威胁。为有效应对这些灾害风险，需要在工程布局的初期就采取科学的防范与应对策略。本节将探讨公路工程布局中的灾害防范与应对策略，涵盖地质、气象、水文等多个方面。

（二）地质灾害防范与应对

1.地质灾害的类型

在地质方面，常见的灾害包括滑坡、崩塌、泥石流等。这些灾害往往与地质条件、坡度、地层结构等因素密切相关。

2.地质灾害防范策略

（1）地质勘查与评估

在公路工程布局前，进行详尽的地质勘查与评估，了解区域的地质特征。通过对潜在地质灾害的分析，确定易受影响的区域，并制定防范策略。

（2）合理的路线选择

在避开潜在地质灾害风险区域的前提下，选择合理的路线。通过充分利用地形地貌，选择相对较为平缓、稳定的地段，降低地质灾害的概率。

（3）地质工程措施

在设计阶段，采取相应的地质工程措施，包括但不限于以下方面。

边坡支护：采用护坡、挡土墙等支护结构，防止边坡发生滑坡、崩塌等灾害。

排水系统：设计合理的排水系统，减少地下水位对地质稳定性的影响，防范水土流失。

地下隧道设计：在地质灾害频发区域，考虑采用地下隧道等结构，避免地表灾害对公路交通的影响。

3. 地质灾害应对策略

（1）监测与预警系统

建立地质灾害的监测与预警系统，实时监测地质灾害的迹象。通过对地下水位、边坡位移等指标的监测，提前发现潜在的地质灾害风险，采取及时的应对措施。

（2）紧急抢险预案

制定紧急抢险预案，明确在地质灾害发生时的紧急处置措施。包括组织抢险队伍、调配应急物资、指导交通疏导等方面的措施，确保公路通畅和人员安全。

（3）智能化技术应用

运用智能化技术，如遥感、地理信息系统（GIS）、人工智能等，对地质灾害进行更精准的监测和预测。通过大数据分析，提高地质灾害的预测准确性，为灾害应对提供更科学的支持。

（三）气象灾害防范与应对

1. 气象灾害的类型

气象灾害包括暴雨、台风、大风等，这些灾害往往会对公路工程的正常运行造成严重影响。

2. 气象灾害防范策略

（1）合理排水设计

在公路工程设计中，充分考虑排水系统的合理性。设置排水沟、雨水花园等设施，防范因暴雨引发的水患和泥石流等问题的发生。

（2）抗风设计

在气象灾害频发区域，进行抗风设计，采用抗风材料、减缓风速的绿化带等手段，提高公路工程对风灾的抵抗能力。

（3）定期维护检查

对于易受气象灾害影响的区域，进行定期的维护检查。检查公路路基、桥梁、隧道等设施的结构健康状况，确保设施的安全运行。

3. 气象灾害应对策略

（1）预警系统建设

建立气象灾害的预警系统，通过气象监测、预测，及时发布灾害预警信息。向公众和相关部门提供及时、准确的气象灾害信息，帮助其采取必要的防范措施。

（2）设立应急救援队伍

在气象灾害频发区域，组建专业的气象灾害应急救援队伍。这些队伍应具备快速响应、灵活机动的能力，能够在灾害发生时快速投入救援行动，进行紧急疏散和救援工作。

（3）提高路面抗滑性能

在公路工程设计中，采用抗滑路面材料，提高路面的抗滑性能。这可以有效防范因为雨雪等气象灾害导致的路面滑坡、车辆打滑等问题，确保道路的通行安全。

（4）信息公开与教育宣传

及时向公众发布气象灾害的信息，同时进行相关的教育宣传工作。提高公众对气象灾害的认知水平，培养应对灾害的自救能力，减少灾害发生时的人员伤亡和财产损失。

（四）水文灾害防范与应对

1. 水文灾害的类型

水文灾害包括洪水、泥石流、山洪等，常常与地形、降雨量、河流水位等因素有关。

2. 水文灾害防范策略

（1）河流治理与防洪设施建设

在公路工程布局中，结合河流治理，加强对河流的整治，建设防洪设施。包括拓宽河道、修建堤坝、设置河道导流等工程，以降低洪水对公路工程的威胁。

（2）泥石流治理

对于容易发生泥石流的地区，要采取相应的泥石流治理措施。可以通过植被覆盖、梯田建设等方式，减缓坡面径流速度，减少泥石流的发生概率。

（3）抗洪桥梁设计

在设计桥梁时，考虑洪水对桥梁的冲刷影响。采用抗洪设计，确保桥梁在洪水冲击下的稳定性，避免因洪水冲毁桥梁而影响交通通畅。

3. 水文灾害应对策略

（1）水位监测与预警

建立水位监测系统，通过实时监测河流水位，提前预警可能的洪水风险。及时向公众发布水文灾害的预警信息，帮助人们采取防范措施。

（2）持续维护防洪设施

对已建设的防洪设施进行持续维护，确保其在需要时能够正常发挥作用。定期检查堤坝、水闸等设施的健康状况，修复破损部分，提高其抗洪能力。

（3）合理规划河流交叉口

在公路规划中，避免将公路设置在容易发生洪水的河流交叉口。合理规划交叉口位置，避免因洪水造成公路被淹没，从而影响交通运行。

（五）多灾害综合应对策略

1. 综合评估与规划

在公路工程布局初期，进行多灾害综合评估与规划。通过整合地质、气象、水文等多方面的灾害信息，综合考虑各类灾害对工程的影响，预先制定全面的防范与应对策略。

2. 灾后应急响应

建立健全的灾后应急响应机制。一旦发生多灾害，能够迅速启动应急响应计划，组织救援队伍、调配物资，确保及时有效的灾后救援。

3. 多部门协同合作

促进多部门的协同合作，建立跨行业的应对体系。地质、气象、水利等相关部门应密切协作，共同应对多灾害的威胁，形成合力。

4. 全员培训与演练

定期进行多灾害的培训与演练。包括灾害防范知识的培训、紧急疏散演练等，提高工程人员、居民等的灾害应对能力，保障在灾害发生时能安全撤离，减少人员伤亡及财产损失。

公路工程布局中的灾害防范与应对策略是一项综合性的工作，需要考虑多个因素的影响。地质、气象、水文等不同灾害类型的防范与应对需要相互配合，形成全面性的防灾体系。

在地质灾害方面，通过地质勘查与评估、合理的路线选择和地质工程措施，可以有效减少公路工程遭受地质灾害的概率。应对方面则需要建立监测与预警系统、制定紧急抢险预案，以及运用智能化技术提高监测准确性。

在气象灾害方面，通过合理排水设计、抗风设计和定期维护检查，可以提高公路工程的抗气象灾害能力。在应对方面，建立预警系统、设立应急救援队伍，以及采用智能化技术进行信息公开与教育宣传，都是有效的手段。

水文灾害方面，河流治理与防洪设施建设、泥石流治理和抗洪桥梁设计是重要的防范策略。水文灾害应对方面需要建立水位监测与预警系统、持续维护防洪设施，以及合理规划河流交叉口位置。

多灾害综合应对策略包括综合评估与规划、灾后应急响应、多部门协同合作和全员培训与演练。通过全面考虑各类灾害对工程的影响，建立跨行业的协同合作机制，提高工程人员和居民的综合防灾能力。

在实际工程布局中，灾害防范与应对策略应与可持续性原则相结合，确保在防范灾害的同时，不影响公路工程的可持续发展。通过科学规划、技术创新和社会参与，使得公路工程在各类灾害面前更加安全可靠，为社会的发展提供坚实的基础。

第三节 边坡防护结构的设计与选择

一、坡面防护结构的分类与选择原则

（一）概述

在土木工程领域中，坡面防护结构是为了防止坡面的土壤侵蚀、滑坡、崩塌等地质灾害而设计的工程措施。坡面防护结构的选择涉及多个因素，包括地质条件、坡度、降雨情况等。本节将对坡面防护结构进行分类，并探讨选择这些结构的原则。

（二）坡面防护结构的分类

坡面防护结构根据其结构形式、材料特性和功能等方面的不同，可以分为多种类型。以下是常见的坡面防护结构分类。

1. 护坡结构

护坡是指在坡体表面设置一层或多层的保护层，目的是减缓雨水的冲刷和坡体的侵蚀。护坡结构主要包括：

（1）绿化护坡

通过植被覆盖，如草本植物、灌木、乔木等，形成天然的护坡层。绿化护坡具有生态环保、美化环境的效果，并能够稳定坡体。

（2）土工布护坡

使用土工布等合成材料进行护坡，这种结构具有良好的抗水能力，能够有效减缓水流的冲击，防止坡体侵蚀。

2. 挡土墙结构

挡土墙是一种垂直于坡面设置的墙体结构，主要用于支撑坡体，防止坡体滑动。挡土墙结构可以分为以下两种

（1）重力挡土墙

由重力作用稳定的挡土墙，通常采用混凝土或石块等材料构建。其稳定性来自结构的重量，适用于较低的坡度和较小的挡土高度。

（2）地锚挡土墙

通过地锚将挡土墙与坡体深层土体连接，提高整体的稳定性。这种结构适用于较高坡度和大挡土高度的情况。

3.护岸结构

护岸是一种设置在河岸或水域边坡上的结构，用于防止水流侵蚀，也可用于防止岸边的坡体滑坡。护岸结构主要包括以下两种

（1）重力式护岸

类似于重力挡土墙的原理，通过结构的重量来稳定坡体。适用于水流较小的情况。

（2）护岸植物

通过植物的根系来稳定岸坡，形成天然的护岸层。护岸植物既有生态环保效果，也可起到坡体稳定的作用。

4.梯田结构

梯田结构是指通过在坡面上修建梯形的平台，使得坡面呈阶梯状，减缓水流速度，降低水土流失。梯田结构适用于坡度较大的区域。

（三）坡面防护结构选择原则

坡面防护结构的选择应根据具体的工程环境和要求，综合考虑多个因素。以下是选择坡面防护结构的原则：

1.地质条件

地质条件是选择坡面防护结构的关键因素之一。不同的地质条件对结构的要求不同，如在地质不稳定区域，可能需要采用更加牢固的挡土墙结构。

2.坡度和高度

坡度和坡体高度也是选择结构的考虑因素。对于较大坡度和高度的坡体，可能需要选择更加坚固和稳定的结构，如地锚挡土墙。

3.降雨情况

降雨情况直接影响水流对坡体的侵蚀程度。在降雨量较大的地区，需要选择能够有效减缓水流速度、抵御冲刷的结构，如土工布护坡和梯田结构。

4.生态环境

在注重生态环保的要求下，可以选择绿化护坡、护岸植物等结构，以促进植被的生长，保护生态环境。

5. 施工成本

施工成本是一个重要的考虑因素。不同结构的施工成本差异较大，需要在满足工程要求的前提下，选择经济合理的施工施工结构。

6. 维护和管理便利性

不同结构的维护和管理便利性也需要考虑。一些结构可能需要更加频繁的检修和维护，而另一些结构可能相对简单，更容易管理。因此，在选择坡面防护结构时，需要综合考虑结构的维护成本和管理难度。

7. 水文条件

水文条件包括河流流速、水位变化等因素。对于河岸坡体，可能需要选择更为牢固的护岸结构，以抵御水流的冲刷。而在山区坡体，可能更需要考虑梯田等结构，以降低水土流失。

8. 社会影响

选择坡面防护结构时，还需要考虑结构可能对周围社区、交通等的影响。一些结构可能会影响周边土地利用，而另一些可能对风景和生态产生较小的干扰。

（四）坡面防护结构的综合应用

在实际工程中，往往需要综合应用多种坡面防护结构，以更好地满足复杂的地质和工程需求。以下是一些常见的综合应用方式：

1. 结构组合

根据具体情况，可以将护坡结构与挡土墙、护岸结构相结合。例如，在坡体上部采用护坡结构，而在坡体下部采用挡土墙进行支撑，形成结构的有机组合。

2. 绿化梯田

将梯田结构与绿化护坡相结合，通过植被和梯田的形式来稳定坡体。这样的结构既能有效减缓水流速度，又能保护生态环境。

3. 地锚挡土墙与植被结合

在地锚挡土墙的结构上培植适当的植被,通过植被的根系增强土体的抗冲刷能力。这种结合方式既具有土工布护坡的效果，又有地锚挡土墙的稳定性。

4. 智能监测与管理系统

结合现代科技手段，如智能监测与管理系统，对坡面防护结构进行实时监测。通过传感器、遥感技术等手段，及时掌握结构的变化情况，提高管理的科学性和及时性。

坡面防护结构的分类与选择涉及多个方面的因素,需要根据具体工程的地质条件、坡度、降雨情况等因素进行综合考虑。选择合适的坡面防护结构是确保工程安全稳定运行的重要环节。

在实际工程中，要综合应用多种结构，并充分考虑生态环保、社会影响等多方面因素，有助于达到更好的防护效果。通过科学合理的选择和应用，使坡面防护结构不仅能够有效减轻地质灾害的风险，还能够促进可持续发展，保护环境生态。

二、地下挡墙在边坡防护中的应用

（一）概述

边坡是地质灾害的高发区域，尤其在高山、丘陵等地形复杂的区域，边坡稳定性成为土木工程领域亟待解决的问题。地下挡墙作为一种重要的边坡防护结构，在提高边坡稳定性、减轻土体压力、降低地下水位等方面发挥着重要的作用。本节将深入探讨地下挡墙在边坡防护中的应用，包括其原理、类型、设计考虑因素事。

（二）地下挡墙的原理

地下挡墙是一种垂直于边坡方向设置的墙体结构，主要通过抵抗土体的滑动、崩塌，减缓坡面的侵蚀，提高边坡的整体稳定性。其主要原理包括：

1. 抵抗土体滑动

地下挡墙的主要作用之一是抵抗土体的滑动。通过深入地下，挡墙形成一个抵抗力，有效减缓坡体的滑动速度，提高边坡的稳定性。

2. 分担土体压力

地下挡墙通过承受土体的压力，将土体的自重和外部荷载分担到挡墙上，降低坡面土体的压力，从而减轻坡体的荷载。

3. 控制地下水位

地下挡墙的设置可以有效地控制地下水位，防止水分渗透，减缓土体的饱和和软化，提高坡体的稳定性。

4. 防止土体侵蚀

挡墙能够形成一个坚实的垂直壁面，防止因雨水、河流等因素对土体造成的冲刷和侵蚀，保护边坡的表面完整性。

（三）地下挡墙的类型

地下挡墙根据不同的材料和结构形式，可以分为多种类型，常见的包括：

1. 钢筋混凝土挡墙

钢筋混凝土挡墙是一种常见的地下挡墙类型，具有较高的抗压、抗弯强度。它通过混凝土的硬度和钢筋的韧性，有效抵抗土体的滑动和压力。

2.预应力混凝土挡墙

预应力混凝土挡墙通过在混凝土施工前施加预应力，使挡墙在承受荷载时具有更好的韧性和稳定性。这种类型的挡墙适用于需要更高抗震和抗变形能力的场合。

3.桩墙

桩墙是指通过嵌入土体的桩体形成的挡墙结构。桩墙分为钢管桩墙、混凝土桩墙等多种类型，适用于边坡高度较大、土体较松散的情况。

4.土工格栅墙

土工格栅墙是指由土工布、地工合成材料等构成的柔性结构，通过形成网格状的墙体，抵抗土体滑动。这种类型的挡墙适用于需要更好的柔性和适应性的场合。

5.锚杆挡墙

锚杆挡墙是指通过在土体内设置锚杆，将锚杆连接到挡墙上，形成一个整体结构。锚杆挡墙适用于需要更好的抗拉和锚固性能的场合。

（四）地下挡墙的设计考虑因素

在设计地下挡墙时，需要综合考虑多个因素，以确保其在实际工程中发挥最佳效果。以下是一些设计考虑因素：

1.地质条件

地下挡墙设计需要充分考虑工程所处地区的地质条件，包括土层性质、坡度、地下水位等。地质条件直接影响挡墙的稳定性和适用性，因此必须在设计中进行详尽的地质勘查和分析。

2.土体性质

不同类型的土体具有不同的力学性质，包括土的黏聚力、内摩擦角等。这些土体性质影响了挡墙的稳定性和对土体的支撑能力，因此在设计中需要充分考虑土体的特性。

3.边坡高度和坡度

边坡的高度和坡度是确定挡墙类型和尺寸的重要因素。较高的边坡可能需要更强大的挡墙来支撑，而较陡的坡度可能会增加土体滑动的风险，需要更加稳定的挡墙结构。

4.水文条件

地下水位的变化、降雨情况等水文条件会影响挡墙的稳定性。对于地下水位较高的区域，需要采取措施降低水位；而在高降雨区域，需要考虑挡墙的排水设计。

5.荷载类型和大小

边坡上的荷载类型和大小是挡墙设计的重要考虑因素。不同类型的荷载，如坡面土体自重、外部荷载、水压等，会对挡墙产生不同的力学影响，因此需要精确计算和考虑。

6. 周边环境和社会影响

挡墙的设计还需要考虑周边环境，包括对周边土地利用的影响、对生态环境的保护等。社会影响方面，需考虑挡墙对周边居民、交通等造成的影响，确保设计方案符合社会可持续发展的要求。

地下挡墙作为一种重要的边坡防护结构，在土木工程中发挥着关键的作用。通过抵抗土体滑动、分担土体压力、控制地下水位、防止土体侵蚀等原理，地下挡墙能够有效提高边坡的稳定性。在设计中需要考虑地质条件、土体性质、边坡高度和坡度、水文条件、荷载类型和大小等多个因素，以制定合理的挡墙设计方案。

三、绿色植被在边坡防护中的生态效益

（一）概述

边坡防护是土木工程领域中重要的课题之一，涉及地质稳定、环境保护以及生态平衡等多个方面。绿色植被作为一种生态友好的边坡防护手段，不仅能够有效减轻土体侵蚀、降低水土流失，还具有显著的生态效益。本节将深入探讨绿色植被在边坡防护中的生态效益，包括其原理、作用机制、生态功能等方面。

（二）绿色植被在边坡防护中的原理

绿色植被在边坡防护中的原理主要体现在以下几个方面：

1. 抵抗水土流失

植被的根系能够牢固地固定土壤颗粒，形成一种天然的"网状"结构，有效减缓水流速度，减少水土冲刷。植被通过细根、根茎等部分将土壤颗粒固定，减少坡面土壤的流失。

2. 降低水分渗透速度

植被的根系不仅可以牢固土壤，还能够起到一定的防水作用。根系形成的土壤层能够减缓水分的渗透速度，降低土壤的饱和度，有助于减轻坡体的重量，提高边坡的稳定性。

3. 减缓雨水冲刷

绿色植被在边坡上形成的植被覆盖层具有良好的吸水性，能够迅速吸收雨水，减缓雨水的冲击力。这种吸水性有助于降低水流对坡面的冲刷效应，保护土壤表层的完整性。

4. 促进土壤生态结构形成

植被在坡面上的生长过程中，通过根系分泌有机物、根际微生物的活动等，促进土壤微生态环境的形成。这种生态环境有助于土壤颗粒的团聚，形成更为稳定的土壤结构，提高坡体的整体稳定性。

（三）绿色植被在边坡防护中的作用机制

绿色植被在边坡防护中的作用机制主要包括以下几个方面：

1. 根系固土

植被的根系通过在土壤中扎根、交织，形成一种类似网状的结构，可以有效抵抗土壤的滑动和崩塌。这种根系固土的作用机制是通过根系的机械性作用，提高坡体的整体稳定性。

2. 吸水防冲刷

植被的茎叶和根系表面具有一定的吸水性，能够迅速吸收雨水。通过吸水作用，减缓雨水的冲刷速度，降低水流对坡面的侵蚀，达到防止水土流失的目的。

3. 抵抗风蚀

在一些干旱或风沙较大的地区，植被的根系和茎叶也能够有效抵抗风蚀。植被能够减缓风力对土壤颗粒的吹动，防止风沙侵蚀，保护坡面的土壤结构。

4. 有机物质改良土壤

植被的生长过程中，通过分泌有机物质和根际微生物的活动，能够改良土壤的物理性质和化学性质。这种有机物质的改良作用有助于土壤颗粒的结合，形成有机质更为丰富的土壤结构。

（四）绿色植被在边坡防护中的生态功能

1. 生态景观效应

绿色植被在边坡上的生长形成了自然的绿化景观，美化了环境。植被的多样性和生长状态为生态系统增添了层次和变化，提高了周边地区的生态景观质量。

2. 保护生物多样性

绿色植被提供了丰富的生态环境，为各类动植物提供了栖息地。植物本身吸引了各种昆虫，从而形成了食物链。这种生态系统的建立有助于保护和维持地区的生物多样性。

3. 空气净化作用

植被通过光合作用过程吸收二氧化碳、释放氧气，具有空气净化的作用。边坡上的绿色植被有助于净化空气，提高周边地区的空气质量，对人类和其他生物的健康都有积极的影响。

4.土壤保育和改良

植被的根系能够有效地保持土壤的结构，减缓水分流失，有机质的分泌和降解也有助于土壤的改良。这样的生态功能不仅有利于边坡的稳定性，同时有助于提高土壤的肥力和水分保持能力。

5.水资源调节

绿色植被对水分的吸收和释放有一定的调节作用。在降雨较多的时候，植被吸收并储存水分，降低了地表径流的速度，有助于防止洪水等灾害的发生。而在干旱时期，植被释放储存的水分，提供一定的水源，有助于维持水文平衡。

6.碳汇效应

绿色植被通过光合作用吸收大量的二氧化碳，并将碳储存在植物体内。这有助于减缓大气中二氧化碳的增加量，发挥着缓解气候变化的作用。绿色植被在边坡上的生态系统中可以视为一种碳汇，对减缓温室气体效应具有一定的贡献。

（五）绿色植被选择与管理

1.适应性植被选择

在选择边坡防护植被时，应考虑植被的适应性。适应性强的植被更容易在较为恶劣的环境条件下生长，对于不同地质、气候和土壤条件都有一定的适应性。

2.多层次植被配置

为了提高生态效益，可以通过配置不同层次的植被，包括地被植物、灌木和乔木等。多层次的植被配置有助于形成更为复杂的生态系统，提供的生态环境和生态服务。

3.定期修剪和管理

对边坡上的植被进行定期修剪和管理是保持植被健康生长的重要手段。适时的修剪能够促进新植物的生长，防止植被过于茂密，影响坡体的通风和光照。

4.引入抗风沙植被

在一些风沙较大的地区，可以选择引入具有抗风沙能力的植被。这些植被具有较为发达的根系和茎叶结构，能够有效地减缓风力对土壤的侵蚀，保护坡面的土壤结构。

（六）生态效益的评估

为了全面评估绿色植被在边坡防护中的生态效益，可以从以下几个方面进行评估：

1.植被覆盖率

植被覆盖率是评估绿色植被生态效益的一个重要指标。通过测量植被覆盖率，可以了解植被在边坡上的分布情况，进而评估其对土壤保持、水分调节等方面的贡献。

2. 生物多样性指数

通过调查和监测植被区域内的生物多样性，包括动植物的种类和数量，可以评估绿色植被对生态系统的支持程度。生物多样性指数反映了植被对周边生态环境的影响。

3. 土壤质量评估

通过采集土壤样品，进行土壤质量分析，了解植被对土壤结构、有机质含量等方面的改良效果。土壤质量的提高直接影响了边坡的稳定性和生态环境。

4. 空气质量监测

通过监测边坡上植被区域的空气质量，包括氧气含量、颗粒物浓度等指标，可以评估绿色植被对空气的净化效果。这直接关系到周边居民和生态系统的健康状况。

绿色植被在边坡防护中不仅具有显著的土壤保持和防护作用，还带来了丰富的生态效益。通过抵抗水土流失、降低水分渗透速度、减缓雨水冲刷等多种机制，绿色植被对边坡防护和生态平衡的双重作用是显著的。

生态效益主要体现在植被的生态景观效应、保护生物多样性、空气净化、土壤保育和改良、水资源调节以及碳汇效应等方面。这些生态功能使绿色植被成为一种可持续且环保的边坡防护选择。

在植被的选择与管理中，适应性植被的选择、多层次植被配置以及定期修剪和管理都是关键因素。引入具有抗风沙能力的植被也是在特定环境下提高生态效益的有效手段。

为了全面评估生态效益，可通过植被覆盖率、生物多样性指数、土壤质量评估和空气质量监测等多个指标进行评估。这种综合性的评估有助于更好地了解绿色植被在边坡防护中的实际效果。

总体而言，绿色植被在边坡防护中的生态效益不仅有助于提高边坡的稳定性和耐久性，还能够改善周边生态环境，为可持续发展提供有力支持。在今后的工程实践中，应更加注重绿色植被的应用，倡导生态友好型的土木工程设计，以实现人类与自然和谐共生的目标。

第四节 高填土边坡工程施工技术

一、高填土边坡工程的施工步骤与流程

（一）概述

高填土边坡工程是土木工程领域中一项重要的工程类型，广泛应用于道路、铁路、水利工程等领域。其施工过程通常需要精密的计划和科学的方法，以确保边坡的稳定性和工程的安全性。本节将深入探讨高填土边坡工程的施工步骤与流程，包括前期准备、勘测设计、施工准备、填筑与压实、防护结构建设等方面。

（二）前期准备阶段

1. 项目可行性研究

在开始高填土边坡工程之前，进行项目可行性研究是必不可少的步骤。这包括对地质、水文、气象等自然条件的调查，以及对项目的经济、社会影响等方面的综合评估。可行性研究的结果将为后续施工提供科学依据。

2. 工程勘测与设计

进行详细的工程勘测，获取边坡工程所需的地质、地貌、土质等数据。基于勘测结果，再进行工程设计，包括边坡的形状、坡度、填筑土的选取等。设计阶段还需考虑防护结构的设置，以提高边坡的稳定性。

3. 立项与审批

完成项目可行性研究和工程设计后，需要进行工程项目的立项与审批。这包括提交相关的申请文件，获得政府相关部门的批准和审批，确保项目的合法性和可行性。

（三）施工准备阶段

1. 人员组织与培训

组织施工团队，明确项目各个阶段的工作任务。进行必要的培训，确保施工人员了解工程要求、施工流程和安全规范。

2. 采购与物资准备

根据工程设计和施工计划，进行必要的物资采购，包括填土材料、边坡防护结构材料、施工设备等。确保物资的及时供应和质量符合工程要求。

3. 施工方案编制

制定详细的施工方案，包括施工进度计划、质量控制方案、安全防护措施等。施工方案需要充分考虑地质条件、气象因素等外部环境因素。

4. 施工现场准备

对施工现场进行布置和准备工作，包括清理现场、搭建施工临时设施、设置安全警示标识等。确保施工现场布置符合施工要求和安全规范。

（四）填筑与压实阶段

1. 土方填筑

根据设计要求，进行填土工程。在填土的过程中，需要注意土方的均匀分布、层次分明，确保填土的质量和均匀性。填土过程中需要注意防止坍塌和滑坡等意外事件的发生。

2. 压实工程

填土完成后，进行土体的压实工程。通过使用压路机、振动锤等设备，对填土进行逐层的压实，提高土体的密实度。压实过程需要根据土质的不同进行调整，确保土体的稳定性。

（五）防护结构建设阶段

1. 防护结构安装

根据设计要求，在填土与压实完成后，开始进行边坡防护结构的安装工作。这包括设置护坡网、挡土墙、植被覆盖等。不同类型的边坡防护结构需要根据具体设计方案和地质条件进行选择和布置，确保其能够有效提高边坡的稳定性。

2. 植被的种植

如果在设计中考虑了植被的覆盖，此阶段还需要进行植被的种植工作。选择适应当地气候和土壤条件的植物，进行植被的合理配置和布局。植被的种植有助于防止水土流失、保持土壤的结构和提高边坡的生态效益。

3. 护坡结构的施工

根据设计要求，进行护坡结构的施工工作。这可能涉及石方、混凝土结构、护坡板等，具体的施工工艺和材料需要根据设计方案进行选择。施工过程中需要保证结构的牢固性和稳定性。

4. 排水设施建设

为了防止水分对边坡的侵蚀和稳定性的影响，需要在此阶段建设排水设施。这可能包括排水沟、渠道、排水管等，要确保水分能够及时排除，以减少对填土和边坡结构的不良影响。

（六）施工质量控制与监测

1. 施工质量控制

在施工过程中，需要进行严格的质量控制。这包括对填土材料的质量检测、压实工程的质量监控、防护结构的安装质量等方面。通过质量控制，确保施工过程中各项工程符合设计标准和要求。

2. 施工监测

在施工期间，需要进行实时监测工作，包括边坡的变形情况、填土的沉降、防护结构的稳定性等。通过监测，及时发现并解决施工中可能出现的问题，确保工程的安全性和稳定性。

（七）安全防护与环境保护

1. 安全防护

在整个施工过程中，安全防护是至关重要的。这包括施工人员的安全教育和培训、施工现场的安全设施设置、施工过程中的安全监测等。确保施工人员和周边环境的安全。

2. 环境保护

施工过程中需要采取措施保护周边环境。这包括减少施工对土地的破坏、合理利用施工废弃物、减少施工对水体和空气的污染等。通过环境保护，最大限度地减少施工对自然环境的影响。

（八）收尾工作与验收

1. 收尾工作

施工完成后，进行相关的收尾工作。包括清理施工现场、拆除临时设施、处理废弃物等。确保施工结束后现场的整洁有序。

2. 工程验收

进行高填土边坡工程的验收工作。验收需要按照相关的验收标准和设计要求进行，包括工程的稳定性、防护结构的完好性、植被的覆盖情况等。通过验收，确保工程的质量符合预期标准。

高填土边坡工程的施工过程涉及多个环节，需要科学规划和精心组织。从前期准备到施工阶段再到后期的监测和验收，每个阶段都需要严格控制施工质量、确保安全防护、保护环境不被破坏。只有在各个环节都得到妥善处理，高填土边坡工程才能取得良好的施工效果，达到设计要求，确保工程的长期稳定和安全。

二、施工中的地质灾害防范与处置

（一）概述

在土木工程施工过程中，地质灾害是一项常见而严峻的挑战。地质灾害包括滑坡、泥石流、地面沉降、地裂缝等，这些灾害可能对施工安全、工程质量和进度造成严重影响。因此，采取有效的地质灾害防范与处置措施是施工中至关重要的任务。本节将深入探讨在施工中的地质灾害防范与处置策略，包括前期调查、监测预警、工程设计、施工控制等多个方面。

（二）前期调查与评估

1. 地质勘查

在进行土木工程施工前，进行全面而详细的地质勘查是防范地质灾害的第一步。地质勘查需要获取关于地质结构、地层情况、地下水位、断裂带等方面的信息。这样的调查为工程设计提供了重要数据，也为后续的地质灾害防范奠定基础。

2. 地质灾害潜在性评估

基于地质勘查的结果，进行地质灾害潜在性评估。这包括对可能发生的滑坡、泥石流、地裂缝等地质灾害进行分析和评估。通过确定潜在的地质灾害风险，制订相应的防范与处置计划。

3. 风险评估与管理

对于识别出的潜在性地质灾害，进行风险评估是至关重要的。评估包括定量和定性的分析，考虑地质、气象、人为因素等多个方面。通过对风险的评估，制定相应的管理措施，包括工程设计和施工过程中的应对策略。

（三）监测与预警系统建设

1. 实时监测系统

在施工现场和周边区域建设实时监测系统，包括地下水位监测、地表位移监测、地震监测等。这些监测系统能够实时反映地质变化，提供及时的数据支持。

2. 预警机制

建立地质灾害的预警机制，通过监测数据进行实时分析，当监测到潜在的地质灾害危险性时，能够及时发出预警。预警机制需要与施工人员、相关管理部门和周边社区进行有效沟通，确保信息的及时传递。

（四）工程设计阶段的地质灾害防范

1. 合理选址

在工程设计阶段，选择合理的工程选址是避免地质灾害的重要措施之一。避开潜在的滑坡带、地裂缝区域等，选择相对安全的地段进行工程建设。

2. 土体稳定性分析

进行土体稳定性分析，特别是对填方较多的区域。通过数值模拟或实地试验，评估填方的稳定性，制定合理的填方方案，防范滑坡和坡体失稳。

3. 防护结构设计

在工程设计中充分考虑地质灾害的可能性，设计合适的防护结构。这包括护坡、挡土墙、防滑桩等结构的设置，以提高工程的稳定性。

4. 排水系统设计

合理设计排水系统，防范由于地下水位升高导致的滑坡和坍塌。通过设置排水沟、排水管等设施，确保地下水得到及时排出。

（五）施工阶段的地质灾害防范

1. 施工工艺控制

在施工过程中，采用合理的施工工艺，避免对土体结构造成过大的影响。例如，在挖掘土方时，采用适当的坡度和分层挖掘的方式，避免引起坡体失稳。对于填土工程，采取适度的压实和均匀分层填筑，防范填土坍塌和沉降。

2. 实时监测与响应

建立实时监测系统后，需要在施工过程中不断收集和分析监测数据。一旦监测系统发现异常情况，如地表位移、地下水位升高等，需要立即采取响应措施。这可能包括停工、调整工程方案、加强防护结构等。

3. 防护结构建设

在施工现场及时建设防护结构，按照设计要求设置护坡、挡土墙、护岸等。这些防护结构能够有效地防范地质灾害，提高工程的稳定性。

4. 排水系统维护

保持排水系统的通畅和有效运作是防范地质灾害的重要步骤。及时清理排水管道，修复损坏的排水设施，确保地下水能够迅速排出，减少滑坡和坍塌的风险。

（六）紧急处置与应急预案

1. 应急预案制定

在施工前制定详细的应急预案，明确地质灾害发生时的应对措施、责任分工、紧急联系方式等。应急预案需要与当地应急管理部门、施工方以及周边社区进行充分沟通，确保灾害发生时能够迅速有效地响应。

2. 紧急处置措施

当地质灾害发生时，应立即按照应急预案采取相应的紧急处置措施。这可能包括疏散工地人员、停工、增加监测频次、加强防护措施等。及时的紧急处置能够最大限度地减小灾害带来了损失。

3. 事故调查与总结

一旦发生地质灾害，及时展开事故调查工作，分析事故原因和发展过程。通过事故调查，总结经验教训，为未来类似工程提供经验借鉴。

（七）人员培训与意识提升

1. 人员培训

对施工现场人员进行地质灾害防范与处置方面的培训，提高其对地质灾害的认识和应对能力。培训内容可以包括灾害认知、监测设备的使用、紧急处置程序等。

2. 意识提升

通过宣传教育和经验分享，提升所有工程相关人员对地质灾害的警觉性和应对能力。建立共识，认识到地质灾害防范是每个从业人员的责任，形成全员参与的工作氛围。

地质灾害防范与处置是土木工程施工中一项重要而复杂的任务。通过前期调查、监测预警系统建设、工程设计阶段的防范措施、施工过程中的控制和应急预案的制定，可以有效地降低地质灾害的风险。人员培训与意识提升则是保障整个防范体系的重要保障。只有通过多层次、多角度的综合措施，才能更好地应对地质灾害，确保土木工程的顺利进行，工程质量和安全得到有效保障。

三、新型工程材料在高填土边坡工程中的应用

（一）概述

高填土边坡工程是土木工程中常见的一种工程类型，对土壤的填筑和边坡的稳定性提出了高要求。随着科技的不断发展，新型工程材料的涌现为高填土边坡工程提供了更多选择。本节将探讨一些新型工程材料在高填土边坡工程中的应用，包括但不限于聚合物改性土壤、地工合成材料、生物工程材料等。

（二）聚合物改性土壤

1. 概述

聚合物改性土壤是指通过在土壤中引入聚合物材料，改变土壤的物理和力学性质，

提高土壤的稳定性和抗冲刷性。在高填土边坡工程中，聚合物改性土壤广泛应用于填土体的改良和防护结构的加固等方面。

2. 应用场景

（1）土体改良

通过在填土过程中添加聚合物改性剂，可以提高土体的黏聚力和抗剪强度，增加土体的稳定性。这在高填土边坡工程中尤为重要，特别是对于填方较大的区域，聚合物改性土壤可以有效提高填土的强度，减少沉降和变形。

（2）防护结构加固

聚合物改性土壤还可用于防护结构的加固。例如，在护坡、挡土墙等防护结构的构建过程中，通过添加聚合物改性剂，可以增强结构的抗冲刷性和耐久性。这种方式可以提高边坡结构的稳定性，减轻地质灾害的影响。

3. 优势与挑战

（1）优势

提高土体强度：聚合物改性土壤能够显著提高土体的抗剪强度，增加土体的承载能力，降低土体的变形和沉降。

改善土壤稳定性：在填土体中引入聚合物，能够改善土体的黏聚力，提高土体的整体稳定性，减少土壤的侧向位移。

环保与可持续发展：聚合物改性土壤中使用的聚合物通常是可降解或环保的，有助于减少对环境的影响，符合可持续发展的理念。

（2）挑战

成本因素：聚合物改性土壤的成本相对较高，可能会对工程造价产生一定影响。需要综合考虑经济效益和工程要求。

技术应用难度：对于一些复杂的工程场景，聚合物改性土壤的应用可能有一定的技术难度，需要专业的技术团队进行施工和监测。

（三）地工合成材料

1. 概述

地工合成材料是一类由人工合成的材料，具有较高的抗拉强度和抗渗透性。在高填土边坡工程中，地工合成材料主要用于土体的加固和防护结构的构建。

2. 应用场景

（1）土体加固

地工合成材料常用于土体加固工程。通过在土体中埋设或铺设地工合成材料，可以有效地增加土体的抗拉强度，提高土体的整体稳定性。这在需要加固边坡结构的区域特别有用。

（2）防护结构构建

地工合成材料还广泛应用于防护结构的构建。例如，在护坡和挡土墙的建设中，可以使用地工合成材料作为增强层，提高防护结构的抗冲刷性和耐久性。这样的防护结构更能抵抗地质灾害的侵袭。

3. 优势与挑战

（1）优势

抗拉强度高：地工合成材料具有较高的抗拉强度，能够有效增强土体的抗拉性能，提高土体的整体稳定性。

耐腐蚀与耐久性好：地工合成材料通常具有较好的耐腐蚀性能，能够适应不同的环境条件，具有较长的使用寿命。

施工相对简便：地工合成材料的施工相对简便，不需要大量的水资源和土方运输，有助于提高施工效率。

（2）挑战

价格较高：地工合成材料通常价格相对较高，这可能对工程造价产生一定的影响。需要在经济效益和工程要求之间进行权衡。

适用场景限制：地工合成材料的应用受到一些特定场景的限制，例如在高温环境下的使用可能会有一些挑战，需要充分考虑工程环境条件。

技术要求高：对于一些复杂的工程场景，地工合成材料的施工和应用可能需要较高水平的技术要求，需要专业的施工队伍进行操作。

（四）生物工程材料

1. 概述

生物工程材料是指利用植物和生物工程技术来进行边坡稳定和防护的材料。生物工程材料在高填土边坡工程中的应用主要通过引入植被和植物根系来增强土体的抗冲刷性和稳定性。

2. 应用场景

（1）生态护坡

生物工程材料常用于生态护坡工程。通过在边坡表面布设植被覆盖，引入适应性强的植物，可以减缓水流速度，增加土体的抗冲刷性。这样的生态护坡既能够提高边坡的稳定性，还具有生态环保的特点。

（2）植被覆盖

通过在填土表面引入植被覆盖层，可以有效减缓雨水冲刷速度，减轻土体的侵蚀。同时，植被的根系还能够锚固土体，提高边坡的整体稳定性。

3.优势与挑战

（1）优势

环保生态：生物工程材料的应用符合生态环保理念，有助于维护生态平衡，减缓水土流失，改善生态环境。

降低工程成本：生物工程材料相对于一些传统的工程材料来说，成本较低，特别是在大面积施工时，能够有效降低工程成本。

土壤改良：引入植被能够改良土壤结构，提高土壤的保水性和抗风蚀性，对于边坡的稳定性有积极作用。

（2）挑战

生长周期较长：生物工程材料的生长周期较长，需要一定的时间才能达到理想的防护效果。在工程期限较短的情况下，可能需要考虑其他材料的辅助应用。

对环境条件要求较高：生物工程材料的应用对环境条件有一定要求，包括土壤质地、水分状况等，需要充分考虑工程场地的实际情况。

新型工程材料在高填土边坡工程中的应用为边坡稳定性和防护结构的设计提供了更多的选择。聚合物改性土壤、地工合成材料、生物工程材料等不同类型的材料各具特色，在特定的工程场景中发挥重要作用。在实际工程应用中，需要根据工程的具体需求、环境条件和经济考虑进行科学合理的选择和搭配，以达到最佳的工程效果。随着科技的不断发展，新型工程材料在高填土边坡工程中的应用将继续受到关注，为工程的可持续发展提供更多的支持和可能性。

第五节　公路边坡绿化与生态恢复

一、绿化设计的原则与方法

（一）概述

绿化设计是在城市规划和建设中，通过科学合理的手段和方法，利用植被、景观等绿化元素，创造宜人的、生态友好的城市环境。本节将探讨绿化设计的原则与方法，包括但不限于可持续性、生态性、景观性等方面，旨在为城市绿化工作提供科学指导。

（二）绿化设计的原则

1. 可持续性原则

（1）节约资源

可持续绿化设计应当注重节约资源的利用。在植被选择、水资源利用等方面，要尽量减少对水、土地等资源的过度消耗，选择适合当地气候和土壤条件的植物，实现对水资源的节约利用。

（2）生态平衡

可持续性原则要求绿化设计应当追求生态平衡，避免对生态系统造成负面影响。通过植被的合理搭配和景观设计，促进城市生态系统的健康发展，维护物种多样性和生态平衡。

（3）长期维护

绿化设计不仅要关注初期效果，更要考虑长期的维护需求。选择易于管理和维护的植被，建立科学的养护管理体系，确保绿化工程在未来能够持续保持良好状态。

2. 生态性原则

（1）自然模拟

生态性原则要求绿化设计应当尽量模拟自然生态系统，还原自然景观。通过选择当地适应性强的植被、模仿自然地貌等手段，使城市绿地更具自然的生态特征。

（2）生物多样性

生态性原则强调维护和促进生物多样性。在植被的选择中，要考虑引入多种植物，搭建适宜鸟类、昆虫等生物栖息繁衍的环境，提高城市生态系统的复杂度和生物多样性。

（3）水资源管理

生态性原则要求合理管理水资源，防止水资源的浪费和污染。采用雨水收集、植物净化水等生态手段，实现水资源的可持续运用。

3. 景观性原则

（1）艺术性与美观性

景观性原则强调绿化设计应当注重艺术性和美观性。通过巧妙的植被搭配、景观构建，创造出宜人、富有艺术感的城市景观，提高居民的生活品质。

（2）人性化设计

景观性原则要求绿化设计应当以人为本，满足人们对美好环境的需求。考虑不同人群的文化、审美差异，创造适宜休闲娱乐、交流社交的绿地空间，提高城市居民的幸福感。

（3）空间层次感

景观性原则强调通过合理的绿化布局，创造出空间层次感。通过引入树木、灌木、花坛等措施，形成丰富的垂直和水平层次，增强城市空间的层次感和深度感。

（三）绿化设计的方法

1.生态分析法

生态分析法是绿化设计中常用的方法之一，通过对绿化区域的自然环境进行详细的生态学调查和分析，获取生态信息，为后续设计提供科学依据。生态分析法主要包括以下步骤：

（1）生态环境调查

对绿化区域的地形、土壤、气候、水系、动植物等生态环境进行详细调查，充分了解自然条件。

（2）生态系统评估

对绿化区域的生态系统进行评估，包括对物种组成、群落结构、生态功能等方面的分析，为绿化设计提供生态基础。

（3）生态环境规划

基于生态分析的结果，制定生态环境规划，确定植被的种植方案、水资源管理措施等。

2.植被配置法

植被配置法是通过合理配置植被，实现绿化区域的美化、降温、净化空气等功能的方法。植被配置法包括：

（1）层次结构布局

通过设置不同高度、形态和颜色的植物，形成丰富的植被层次，提高绿化区域的景观效果。

（2）合理植被搭配

根据植物的生态特性和生长需求，进行合理的植被搭配。考虑植物的根系结构、光照需求、水分耐受性等因素，实现植物之间的协同生长。

（3）防护结构设置

在绿化设计中，可以通过设置合理的防护结构，如花坛、草坪边缘、绿篱等，来保护植被免受风、雨等外界环境的干扰，提高植物的生存率。

3.水资源管理法

水资源管理法主要侧重于合理利用水资源，防止水资源浪费和污染。绿化设计中的水资源管理方法包括：

（1）雨水收集利用

通过设置雨水收集系统，将雨水储存起来用于植被的灌溉，减轻城市雨水排放压力，实现水资源的可持续利用。

（2）植物净化水体

引入适宜的湿地植物，构建人工湿地系统，利用植物的吸收和根系过滤作用，对污水进行净化，提高水体质量。

（3）水体设计与规划

在绿化设计中，对水体的位置、形状、深度等进行科学合理的规划，使水体既能够满足美学需求，又能够实现其生态功能，如降温、湿度调节等。

4.社区参与法

社区参与法是一种强调社区居民参与绿化设计决策和实施的方法。通过广泛征集居民的意见和建议，充分考虑不同居民群体的需求，实现绿化设计的人本化。社区参与法主要包括：

（1）居民座谈与调查

通过组织座谈会、进行居民意见调查等方式，了解居民对于绿化设计的期望、意见和建议，形成广泛共识。

（2）居民合作与共建

鼓励居民积极参与绿化设计的实施过程，如居民园艺合作社、社区绿化志愿者等组织形式，使绿化工作更贴近居民需求。

（3）绿色教育与宣传

通过举办绿色教育活动、开展宣传工作，提高居民对于绿化设计的认知水平，增强其对绿化工作的参与意愿。

绿化设计作为城市规划和建设的重要组成部分，不仅关系到城市的生态环境和居民的生活质量，也对城市的可持续发展起到重要作用。

二、植被对边坡稳定性的生态效应

（一）概述

边坡稳定性是土地工程中一个重要而复杂的问题，涉及土体的力学性质、地质条件以及外部因素的影响。植被在边坡稳定性中的生态效应是近年来备受关注的研究方向之一。本节将探讨植被对边坡稳定性的生态效应，包括根系的固土作用、植物的护坡作用、生态系统对水土流失的调控等方面。

（二）根系的固土作用

1.根系结构与生长特性

植被的根系在土壤中扎根，形成根系网络。根系的形态和结构因植物种类而异，但一般包括主根、侧根和根毛等组成部分。根系的密度、深度和分布情况对边坡的稳定性都有着重要的影响。

2.抵抗土体侵蚀

植物的根系通过扎根土壤，形成一种"植物土壤网"，有效减缓了水流对土体的冲刷作用。这种土壤网可以防止水流对土壤颗粒的剥蚀，减少土体的侵蚀速率，从而维护边坡的稳定性。

3.减缓水分入渗

植物的根系可以增加土壤的孔隙度，提高土壤的透水性，减缓了雨水的入渗速率。这对于边坡的稳定性有积极作用，特别是在降雨量较大的情况下，减少了土体饱和导致的边坡滑坡的风险。

4.抵抗土体的剪切破坏

根系通过扎根土壤，可以形成一种固结土体的效应，提高土体的抗剪强度。根系的固土作用对于抵抗边坡的滑动和剪切破坏具有重要的生态效应。

（三）植物的护坡作用

1.根系的稳定性

植物的根系在土体中扎根，形成一种天然的支撑结构。这种支撑结构可以有效地增加土体的内聚力，提高边坡的整体稳定性。植物的护坡作用主要体现在以下几个方面：

（1）抵抗风化侵蚀

植物的根系通过扎根土壤，形成了一种保护性的屏障，减缓了水流和风对土体的侵蚀以及风化作用。尤其在高风化地区，植被能够有效减缓土体的风化速度，保护边坡的稳定性。

（2）减缓土体下崩

植物的根系通过扎根土体，能够有效锚固土体，防止土体的下崩。尤其在陡峭的边坡上，植物的护坡作用可以减缓土体的崩塌速度，提高边坡的稳定性。

（3）减轻降雨冲击

植物的叶片和枝干能够有效减缓雨水的冲击力，防止降雨对土体的冲刷作用。这对于边坡的稳定性有着显著的保护效果。

2.植物的护坡结构

植物在边坡上形成的护坡结构是一种天然的防护措施。不同类型的植物在边坡上的分布和形态形成了不同的护坡结构，这对于抵抗外部环境的侵蚀具有一定的生态效应。

（1）覆盖作用

植物的茂密叶片和枝干可以形成一种天然的覆盖层，既遮挡了土体表面，减缓了雨水对土体的直接冲击，又降低了土体的侵蚀速率。

（2）根系结构

植物的根系形成了一种天然的根系结构，通过扎根土壤，锚固土体，有效提高了土体的抗剪强度。这种根系结构为土体提供了内聚力和抗剪强度，对抵抗边坡滑动和剪切破坏具有显著的生态效应。

3.植被的覆盖与保水作用

植被通过形成覆盖层，对土壤起到了一定的保水作用，这在边坡稳定性中有显著的生态效应。

（1）保水层的形成

植物的叶片、树干和根系形成了一层天然的保水层，能够阻止土壤中水分的蒸发。这对于边坡上的土壤能保持一定的湿润度，既减缓土壤的干燥速度，又维护了土体的稳定性。

（2）减轻水分入渗

植被的根系能够渗透入土，形成一种天然的防水层，减缓了雨水的入渗速率。这对于边坡的稳定性有着积极的生态效应，尤其在降雨量较大的情况下，减轻了水分入渗导致的边坡滑坡的危险。

（四）生态系统对水土流失的调控

1.生态系统的水文调控

植被作为生态系统的一部分，对水土流失有着重要的水文调控作用。植物通过根系吸收土壤中的水分，降低土壤含水量，减少了土壤的流失风险。

2.植被对水循环的影响

植物通过蒸腾作用，将土壤中的水分转化为植物蒸腾水汽，释放到大气中。这一过程促进了水循环，减少了土壤中的过剩水分，从而减轻了水土流失的风险。

3.生态系统的水土保持效应

植被的存在可以改善土壤结构，增加土壤的保水性和抗冲刷性。植物根系的扎根作用形成了天然的土壤结构，抵抗了水流对土壤的冲刷，起到了水土保持的作用。

（五）植被对边坡稳定性的其他影响

1.降低土壤温度

植被的覆盖层和树冠能够遮挡阳光，降低土壤表面的温度。这对于边坡的稳定性有积极作用，尤其是在高温季节，减缓了土壤的干燥收缩，降低了土壤的膨胀及开裂风险。

2.减轻风对土壤的侵蚀

植被的存在可以有效地减轻风对土壤的侵蚀作用。植物的根系和茂密的叶片能够形成一种天然的屏障，阻挡风的侵蚀，保护土壤的稳定性。

3.增加土壤有机质含量

植被的枯枝落叶、残根等有机物质可以降解为土壤有机质，改善土壤质地。增加土壤有机质含量有助于提高土壤的保水性和抗冲刷性，对边坡的稳定性产生积极影响。

植被对边坡稳定性的生态效应是一系列复杂而相互关联的生态过程的结果。植物的根系通过扎根土壤，形成了天然的固土作用，增加了土体的抗剪强度，抵抗了土体的剪切破坏。植物的护坡作用通过形成天然的支撑结构和覆盖层，有效减缓了水流对土体的冲刷和侵蚀。植被的覆盖层和根系结构形成了一种天然的护坡结构，对于抵抗外部环境的侵蚀具有显著的生态效应。此外，植被通过水文调控、水循环的影响，以及生态系统对水土流失的调控等方面，也对边坡的稳定性产生了积极的生态效应。

三、生态修复技术在边坡工程中的创新与应用

（一）概述

随着城市化的推进和土地利用的不断扩大，边坡工程的建设和维护面临着越来越严峻的挑战。传统的边坡工程往往采用混凝土结构或护坡砌体等刚性工程手段，然而，这些方法存在一定的环境负担，对生态系统造成一定的影响。因此，生态修复技术作为一种绿色环保的手段，逐渐在边坡工程中得到了广泛的应用。本节将探讨生态修复技术在边坡工程中的创新与应用，包括生态工程原理、植被恢复、生物工程、土壤修复等方面。

（二）生态修复技术的原理

1.生态工程原理

生态工程是一种综合性的工程手段，通过模拟自然生态系统的运作方式，以达到修复和保护生态环境的目的。在边坡工程中，生态工程的原理主要包括以下几个方面：

（1）模拟自然生态系统

生态工程通过模拟自然生态系统，以还原土地原有的生态环境。通过合理植被配置、模拟水循环、调控土壤结构等手段，使边坡区域恢复到自然生态平衡的状态。

（2）提高土壤质量

生态工程注重改善土壤质量，通过添加有机物、调节土壤酸碱性等方法，提高土壤的保水性、透气性和肥力，为植被的生长提供良好的土壤环境。

（3）促进植被生长

生态工程通过植被的引入和培育，提高边坡地区的植被覆盖率，形成天然的植被屏障，减缓水流速度，保护土壤表面，降低水土流失的风险。

2.生态修复技术的关键要素

（1）植被选择

生态修复技术的核心在于植被的选择。合适的植被种类应根据边坡的地质条件、气候特点、水土保持需求等因素进行选择。耐旱、抗风蚀的植物常常被优先考虑，它们更能适应边坡环境的特殊性。

（2）土壤修复

土壤是植物生长的基础，因此土壤的修复是生态修复的重要一环。通过添加有机物、矿物质、改善土壤结构等手段，提高土壤的肥力和保水性，为植物提供更适宜的生长环境。

（3）生物工程手段

生物工程是一种结合生物学和工程学的修复手段。在边坡工程中，常用的生物工程手段包括植物生态护坡、根系防护网、生物毯等，通过这些手段来加固边坡、防止土壤流失，实现生态修复的目标。

（三）生态修复技术在边坡工程中的创新与应用

1.植被恢复

（1）技术创新：多层次植被配置

传统上，边坡工程中常采用单一种类的植被进行覆盖，但在生态修复中，逐渐推崇多层次植被配置的方法。多层次的植被配置包括地被植物、灌木和大型树木等不同层次的植物，这样的植被结构既能够提供更丰富的生态功能，也能够形成更为复杂的根系体系，进一步增强边坡的稳定性。

（2）应用案例：梯田状植被配置

在一些陡峭的边坡地区，可以采用梯田状的植被配置，即在边坡上设置多层次的植被梯田，形成一种层层叠加的植被结构。这种配置不仅美化了边坡，还提供了多样性的生态功能，有效减缓了水流速度，降低了水土流失的危险。

2. 生物工程

（1）技术创新：植物生态护坡

植物生态护坡是一种结合植物学和工程学的技术手段，通过引入适宜的植物，形成天然的护坡结构。这种技术不仅能够保持边坡的稳定性，还具有良好的生态环保效应。

（2）应用案例：植物生态护坡工程

在一些边坡陡峭、易发生塌方的地区，可以采用植物生态护坡工程。通过选择具有深根系和茂密枝叶的植物，使植被在边坡上形成天然的护坡结构。这不仅能够有效减轻边坡的水土侵蚀，还能够提供良好的生态环境。

3. 土壤修复

（1）技术创新：生态堆肥技术

生态堆肥技术是一种通过有机物质的分解，促进土壤的肥力和结构改善的方法。在边坡工程中，可以采用生态堆肥技术，通过添加适量的有机物，改善边坡土壤的质地，提高土壤的保水性和保肥性。

（2）应用案例：土壤改良工程

在一些贫瘠的边坡地区，可以进行土壤改良工程。通过引入有机物、矿物质等改良材料，进行生态堆肥处理，改善土壤质地，提高土壤的养分含量，为植被的生长提供更为有利的土壤环境。

（四）生态修复技术的挑战与展望

1. 挑战

（1）生态修复周期长

生态修复技术通常需要较长的周期来实现预期效果。这在一些需要迅速恢复的工程项目中可能面临一定的困难，需要更加合理的规划和管理。

（2）成本较高

相比传统的刚性工程手段，生态修复技术的成本相对较高。从初期投入、管理维护到周期性的监测，都需要更多的资金投入。这使得一些项目在经济上可能感到压力。

2. 展望

（1）创新技术的应用

随着科技的不断发展，一些创新技术如植物基因工程、智能监测等可以更好地应用于生态修复领域。这些新技术的应用将进一步提高生态修复技术的效益和可行性。

（2）多学科协同研究

生态修复技术涉及生态学、植物学、土壤学等多个学科领域。未来的发展应更加强调多学科协同研究,通过整合不同学科的知识和技术,提高生态修复技术的整体水平。

（3）生态修复法规的完善

随着对生态环境的重视,未来还须不断完善相关的法规政策,明确生态修复技术的应用标准和程序,推动其规范化发展。

生态修复技术在边坡工程中的创新与应用为土地工程提供了一种可持续的、环保的解决方案。通过模拟自然生态系统、合理选择植被、采用生物工程手段和土壤修复技术等生态修复技术,有效提高了边坡的稳定性,减轻了对环境的影响。然而,生态修复技术仍面临着一些挑战,需要在技术创新、成本控制和法规完善等方面进行努力。

第六节　环保型公路边坡工程材料的应用

一、环保型边坡材料的分类与特性

（一）概述

随着对环境保护意识的增强和可持续发展理念的普及,环保型边坡材料在土地工程领域逐渐受到关注。这些材料以其低环境影响、可再生性、可降解性等特点,为边坡工程提供了更为可持续的解决方案。本节将探讨环保型边坡材料的分类与特性,包括天然材料、再生材料、可降解材料等方面。

（二）天然材料

1. 草类材料

（1）特性

生态友好：草类植物通常生长周期较短,采集和利用草类材料不会对生态系统造成太大影响。

生物降解性：草类材料通常具有较好的生物降解性,能够在一定时期内分解为有机物,减少对环境的负担。

保水保土：草类材料具有一定的保水保土效果,有助于防止水土流失,提高边坡的稳定性。

（2）应用案例

草坪覆盖层是一种采用天然草类材料的环保型边坡保护方式。通过在边坡表面种植草坪,形成天然的植被覆盖,不仅美化了环境,还具有良好的水土保持效果。

2. 木质材料

（1）特性

可再生性：木材是可再生资源，通过合理的林业管理和木材利用，可以实现资源的可持续利用。

结构强度：木质材料具有一定的结构强度，适用于一些需要承受一定荷载的边坡工程。

自然美观：木材具有天然的纹理和色彩，能够在边坡工程中营造出自然美观的效果。

（2）应用案例

木质护坡板是一种常见的环保型边坡材料。通过搭建木质结构，形成护坡层，既能够保护边坡，又具有自然的外观。

（三）再生材料

1. 再生金属材料

（1）特性

可回收性：再生金属材料，如再生铁、再生铝等，具有良好的可回收性，可以通过回收再利用，降低资源消耗。

耐腐蚀：部分再生金属经过适当处理具有较好的耐腐蚀性，适用于潮湿多雨的边坡环境。

（2）应用案例

再生金属网片是一种常见的再生材料，通常在边坡工程中得到应用。通过将再生金属进行编织或焊接，能形成具有一定刚度和抗拉强度的网片，用于护坡和护岸工程。

2. 再生塑料材料

（1）特性

可塑性：再生塑料具有较好的可塑性，适用于各种形状和设计的边坡工程。

耐腐蚀：对比一些传统金属材料，再生塑料材料通常具有更好的耐腐蚀性，在一些潮湿、酸碱性较强的环境更为适用。

轻质：再生塑料相比于一些传统建筑材料较为轻质，方便搬运和安装。

（2）应用案例

再生塑料格栅是一种常见的应用于边坡工程的再生塑料材料。这种格栅具有一定的刚度，可以用于土壤防蚀、水土保持等方面。

（四）可降解材料

1. 生物降解塑料

（1）特性

可降解性：生物降解塑料在一定的环境条件下能够被微生物降解，减少对环境的污染。

透水透气：部分生物降解塑料具有透水透气的特性，有助于土壤水分的渗透和空气的流通。

可塑性：生物降解塑料可以具有一定的可塑性，适用于多样化的边坡设计。

（2）应用案例

生物降解护坡网是一种应用生物降解塑料的环保型边坡材料。这种护坡网在使用一定时期后能够自然降解，不会对环境造成长期影响，是一种环保可持续的边坡保护材料。

2. 生物材料混合土

（1）特性

可降解性：生物材料混合土通常采用天然植物纤维等生物材料作为混合成分，具有良好的可降解性。

抗冲刷：生物材料混合土在一定程度上能够抵御水流冲刷，提高边坡的稳定性。

土壤改良：生物材料混合土的使用有助于改良土壤结构，增加土壤的有机质含量，提高土壤的肥力。

（2）应用案例

生物材料混合土在公路边坡、河岸工程等领域得到广泛应用。通过在土壤中添加生物材料，提高土壤的抗冲刷性，降低工程对土地的影响。

（五）环保型边坡材料的挑战与展望

1. 挑战

（1）技术标准不统一

目前，环保型边坡材料的相关技术标准和规范尚不统一，各地区和国家对于环保型边坡材料的使用标准存在差异，这对推广和应用带来一定的难题。

（2）成本相对较高

与传统的一些非环保型边坡材料相比，一些环保型边坡材料的生产和加工成本相对较高，这在一定程度上制约了其大规模应用。

2.展望

（1）创新材料的研发

未来，可以通过对新型环保材料的研发，不断推出更具优越性能、成本更为合理的环保型边坡材料。创新材料的研发将有助于解决环保型边坡材料在成本、性能等方面的挑战。

（2）加强标准制定

为了推动环保型边坡材料的规范化应用，需要加强相关标准的制定和推广。国际统一的技术标准将有助于提高环保型边坡材料的市场竞争力。

（3）加强宣传与推广

通过加强宣传，提高公众对于环保型边坡材料的认知度，推动社会对于可持续发展的认同，从而增加环保型边坡材料的市场需求。

环保型边坡材料作为土地工程领域的一种创新解决方案，以其低环境影响、可再生性、可降解性等特点，逐渐成为边坡工程中的重要选择。天然材料、再生材料、可降解材料等多种类型的环保型边坡材料，各自具有一系列特性，可根据实际工程需求进行选择。然而，目前仍存在技术标准不统一、成本较高等挑战，需要通过创新材料研发、制定统一标准、宣传与推广等手段，推动环保型边坡材料的更广泛应用。在未来的发展中，环保型边坡材料有望成为土地工程领域可持续发展的重要推动力。

二、环保型边坡工程材料的优势与挑战

（一）概述

随着社会对可持续发展的重视和环保理念的普及，环保型边坡工程材料在土地工程领域逐渐崭露头角。这些材料以其低环境影响、可再生性、可降解性等优点，为边坡工程提供了更为可持续的解决方案。本节将探讨环保型边坡工程材料的优势与挑战，包括天然材料、再生材料、可降解材料等方面。

（二）环保型边坡工程材料的优势

1.天然材料的优势

（1）低环境影响

天然材料,如草类、木质材料等,采用天然植物或木材,其生产和利用过程相对环保,对环境的影响较低。相比于传统的人工合成材料，天然材料的生产过程通常能够减少对环境资源的消耗。

（2）可再生性

天然材料具有可再生的特性，例如草类材料和木质材料，可以通过合理的林业管理和植被培育来实现可持续的利用。这有助于减缓对非可再生资源的依赖，促进生态平衡。

（3）生态美观

采用天然材料进行边坡工程可以营造自然、生态美观的环境。天然植被覆盖、木材结构等给人以亲近自然的感觉，提升了边坡工程的景观价值。

2.再生材料的优势

（1）资源循环利用

再生材料，如再生金属、再生塑料等，主要通过对废弃物的回收再利用而得到。这种循环利用的方式有助于减少对新资源的需求，促使废弃物得到有效处理和利用，减轻环境压力。

（2）减少能源消耗

再生材料的生产通常相对能源消耗较低。相比于从原材料提炼生产新材料，采用再生材料更加节约能源，符合低碳环保的发展趋势。

（3）抗腐蚀性强

一些再生材料，尤其是再生金属，经过适当处理后具有较强的抗腐蚀性。这使得再生材料在潮湿多雨、强酸碱性环境中具有更长的使用寿命，有助于边坡工程的稳定性。

3.可降解材料的优势

（1）生物降解性

可降解材料在一定的环境条件下能够被微生物或自然环境分解为无害的物质，不会对土地和水体造成长期污染。这有助于减轻边坡工程对环境造成的负担。

（2）透水透气性

部分可降解材料具有透水透气的特性，有助于土壤水分的渗透和空气的流通。这对于保持土壤的湿润度、提高土壤肥力具有积极作用。

（3）减缓水土流失

可降解材料在边坡工程中能够有效减缓水土流失的速度，降低坡面侵蚀，保护土地资源。这对于水土保持和生态恢复具有重要意义。

（三）环保型边坡工程材料的挑战

1.技术标准不统一

当前，针对环保型边坡工程材料的技术标准和规范尚不统一。不同地区和国家对于这些材料的使用标准存在较大差异，这给工程应用和产业发展带来了一定的不确定性。

2. 成本相对较高

一些环保型边坡工程材料的生产成本相对较高。与传统的一些非环保型材料相比，这在一定程度上制约了其大规模应用。高成本可能导致工程项目在经济上感到压力，降低了环保型材料的市场竞争力。

3. 供应链不稳定

一些环保型材料的供应链相对不稳定，可能受到天然资源、环保政策等多方面因素的影响。这使得工程项目在使用这些材料时会面临一定的风险，需要更加谨慎的选择和管理。

（四）展望

1. 制定统一的技术标准

为了推动环保型边坡工程材料的规范应用，国际、国家和地区层面可以加强合作，制定统一的技术标准和规范。这有助于提高环保型边坡工程材料的质量、性能和可行性，促进其更广泛的应用。

2. 加大研发投入

在技术创新方面，需要加大对环保型边坡工程材料的研发投入。通过引入新技术、新工艺，不断提升这些材料的性能并降低生产成本，使其更具竞争力。

3. 提高环保型材料的市场认知度

加强对环保型边坡工程材料的市场宣传和教育，提高社会对这些材料的认知度。通过公众教育，可以促使更多人了解环保型材料的优势，从而增加其市场需求。

4. 推动政策法规的支持

政府可以通过制定支持环保型边坡工程材料应用的政策法规，提供财政和税收等方面的激励，鼓励企业和工程项目采用环保型材料。这有助于形成正面的政策导向，推动环保型边坡工程材料的市场推广。

5. 加强产业协同

产业协同是推动环保型边坡工程材料发展的关键因素之一。不同产业、企业和研究机构之间可以加强合作，共同推动环保型材料的研发、生产和应用。这有助于形成完整的产业链，提高环保型材料的整体水平。

环保型边坡工程材料作为土地工程领域的一种创新解决方案，以其低环境影响、可再生性、可降解性等优势逐渐受到关注。天然材料、再生材料、可降解材料等多种类型的环保型边坡工程材料在不同场景中展现出独特的优势，为土地工程提供了更为可持续的选择。

　　然而，面对技术标准不统一、成本相对较高、供应链不稳定等挑战，需要产业界、研究机构和政府部门多方共同努力，通过统一标准、加大研发投入、提高市场认知度等方式解决问题。展望未来，随着社会对可持续发展的需求不断增强，环保型边坡工程材料有望在土地工程领域取得更大的发展和应用。

第五章 公路地质灾害应急响应与灾后恢复

第一节 地质灾害应急响应计划的制订

一、地质灾害应急响应计划的编制原则

（一）概述

地质灾害是指地球内、地表和地下发生的、在时间、空间和规模上对人类、自然和人造环境造成严重威胁和危害的自然灾害。由于地质灾害具有突发性、不可预测性和破坏性，制订科学有效的应急响应计划对于降低损失、保护人民生命财产安全至关重要。本节将从地质灾害应急响应计划的编制原则出发，探讨制订该计划时应考虑的基本原则和指导思想。

（二）灾害特点分析

在编制地质灾害应急响应计划之前，首先需要全面了解地质灾害的特点。地质灾害种类繁多，包括地震、泥石流、滑坡、崩塌等，每种灾害都有其独特的形成机制和影响特点。因此，编制应急响应计划时需要充分分析本地区可能发生的地质灾害类型、频率、影响范围等特点，为后续的计划制订提供科学依据。

（三）编制原则

1.风险评估与预测原则

在制订地质灾害应急响应计划时，首要原则是进行风险评估与预测。通过对地质灾害的历史数据、地质条件、气象条件等进行全面分析，评估可能发生的风险。利用现代技术手段，如遥感、地震监测、气象预报等，进行灾害的预测，提前掌握可能发生的地质灾害信息，为响应计划的制订提供科学依据。

2. 多部门协同原则

地质灾害的影响通常涉及多个部门，包括地质、气象、环保、交通、卫生等。因此，制订地质灾害应急响应计划时应强调多部门协同合作的原则。各相关部门要明确职责分工，建立有效的信息共享和协同机制，形成紧密的应急响应网络。只有各部门密切协作，才能在地质灾害发生时实现快速响应和协同处理。

3. 灵活性与动态性原则

地质灾害的发生受多种因素影响，因此应急响应计划需要具有一定的灵活性和动态性。制订计划时要考虑到可能的变化因素，随时进行修订和更新。同时，响应计划应具备快速启动和调整的能力，以适应地质灾害事件的实时变化。

4. 全员参与原则

地质灾害应急响应计划的制订和执行不仅仅是政府部门的责任，也需要广泛动员社会各界的参与。因此，全员参与原则是编制地质灾害应急响应计划的基本原则之一。通过开展培训、演练、宣传等活动，提高公众对地质灾害的认知水平，增强其自救、互救意识，使整个社会都能够有效参与到灾害响应工作中来。

5. 防灾减灾原则

地质灾害应急响应计划的编制应当突出防灾减灾的原则。在计划中，要加强对潜在危险区域的防范措施，推动科学合理的土地利用规划，减少人员和财产的损失。此外，要通过科学的监测手段，及时发现并采取预防性措施，避免灾害发生或减轻灾害的影响。

6. 信息化与技术支撑原则

在当今信息化时代，利用现代技术手段对地质灾害进行监测、预测和应急响应已经成为可能。因此，地质灾害应急响应计划的制订要强调信息化与技术支撑原则。建立完善的地质灾害信息系统，利用遥感、GIS、物联网等技术手段，实现对地质灾害的实时监测和全面掌握，为应急响应提供更加科学精准的支持。

（四）编制流程

1. 确定编制组织与责任

在编制地质灾害应急响应计划时，首先要明确责任主体和编制组织。通常由地方政府牵头，组织有关部门、专业机构、社会力量等单位组成编制团队，明确各自职责和任务。

2. 收集相关信息

收集地质灾害的相关信息是制定应急响应计划的基础。包括但不限于：

地质灾害的历史数据和频率；

地质灾害易发区域和易发因素；

当地的气象、地质、水文等监测数据；

遥感和 GIS 技术提供的地质灾害风险评估数据；

相关法规、政策文件等。

3. 制定风险评估与预测方案

基于收集到的信息，制定科学的风险评估与预测方案。利用专业技术手段对可能发生的地质灾害进行风险评估，结合气象预测、地震监测等手段进行预测。

4. 制定应急响应流程和程序

明确地质灾害应急响应的流程和程序，包括但不限于：

灾害发生的紧急通知和报警程序；

各部门的快速响应流程；

疏散和避险的程序；

救援和医疗的程序；

灾后恢复和重建的程序。

5. 制订人员培训和演练计划

人员培训和演练是应急响应计划的重要组成部分。制订培训计划，对相关部门和人员进行地质灾害应急响应知识和技能的培训。定期组织演练，检验应急响应流程和程序的实际效果，及时发现和纠正问题。

6. 制定信息共享与协同机制

建立信息共享与协同机制，整合各类信息资源，确保信息的及时传递和协同作战。通过建立联合指挥中心、信息平台等手段，实现多部门之间的紧密协作。

7. 制定监测和评估机制

建立地质灾害的监测和评估机制，对应急响应计划的实施效果进行监测和评估。通过定期的评估报告，总结经验，不断完善应急响应计划。

地质灾害应急响应计划的编制是一项复杂而又重要的工作，需要全面考虑地质灾害的特点和影响，制订科学合理的计划。在制订地质灾害应急响应计划时，风险评估与预测、多部门协同、灵活性与动态性、全员参与、防灾减灾、信息化与技术支撑等原则应当得到充分考虑。同时，制定流程要明确组织责任、收集信息、制定风险评估与预测方案、制定应急响应流程和程序、制订人员培训和演练计划、制定信息共享与协同机制、制定监测和评估机制等步骤，确保应急响应计划的科学性和实用性。通过合理的计划和有效的组织，能够最大限度地减轻地质灾害带来的损失，保障人民的生命财产安全。

二、应急响应组织与人员分工

（一）概述

应急响应是指在突发事件发生后，迅速组织、协调和调度资源，采取紧急行动，进行应对和处理的一系列行为。在地质灾害、自然灾害或其他紧急情况下，科学合理的应急响应组织与人员分工是确保有效处理紧急情况的关键。本节将探讨应急响应的组织结构、人员分工原则以及应急响应计划的制订和实施。

（二）应急响应组织结构

1. 应急指挥中心

（1）职责

负责协调和指挥应急响应行动；

收集、整理和分析灾情信息；

进行决策和指挥救援、抢险等工作；

组织与各相关单位的协调沟通。

（2）人员分工

应急指挥中心主任：负责整体指挥和决策；

指挥员：负责指挥应急行动；

信息员：负责收集、整理和传递灾情信息；

协调员：负责与各相关单位协调和沟通。

2. 应急救援队伍

（1）职责

展开救援行动，包括人员搜救、物资运送等；

提供紧急医疗救治；

进行灾后评估和伤亡统计。

（2）人员分工

救援队队长：负责指挥救援行动；

搜救人员：负责寻找和解救被困人员；

医疗人员：提供急救和医疗服务；

通讯人员：保障救援队与指挥中心的通讯。

3.信息与通信保障组

（1）职责

维护通信设备和信息系统；

提供通信保障，确保信息传递畅通；

支持指挥中心和救援队的信息需求。

（2）人员分工

信息技术专家：负责维护和升级通信系统；

通信操作员：负责通信设备的操作；

数据分析员：协助指挥中心进行数据分析。

4.防灾减灾与社区服务组

（1）职责

制定和实施防灾减灾措施；

进行公众教育和培训；

提供社区服务，组织疏散和安置。

（2）人员分工

防灾减灾专家：负责制订防灾减灾计划；

社区服务人员：负责组织疏散和安置；

宣传员：进行公众宣传和教育。

（三）人员分工原则

1.协同一体原则

在应急响应组织中，各个职能组成部分应当紧密协作、密切配合，形成一个有机整体。各部门之间要建立有效的信息共享和协同机制，确保信息流畅，指挥决策能迅速而准确的传达和落实。

2.分工明确原则

每个人员在应急响应中都应有明确的分工和职责，避免出现工作混乱和责任不明的情况。在分工时，要充分考虑个人的专业特长和技能，力争发挥每个成员的优势。

3.灵活适应原则

人员在应急响应中需具备一定的灵活性和适应能力。因为灾情难以预测，需要根据实际情况迅速作出调整。人员要能够在不同场景和环境中胜任各自的工作。

4.全员参与原则

在应急响应中，全员参与是至关重要的。不仅指应急响应组织内的各个部门和人员，还包括社会各界、志愿者等。通过全员参与，能够汇聚更多的力量和资源，提高应急响应的效果。

5. 紧急响应原则

应急响应需要在最短的时间内做出决策和行动，因此需要保持高度的紧急性。人员应当随时保持警觉，准备应对任何可能发生的情况，确保迅速而有序的响应。

（四）应急响应计划的制订与实施

1. 制订应急响应计划

收集灾害风险评估和预测信息；

制定明确的人员分工和组织结构；

制定应急响应的流程和程序；

制定信息共享和协同机制；

设计培训和演练计划；

确保通信设备和信息系统的可靠性；

制订社区服务和防灾减灾计划。

2. 实施应急响应计划

启动应急响应计划，迅速成立应急指挥中心；

根据灾情信息，启动相应的救援行动；

部署人员，确保各部门协同工作；

进行实时的信息共享和沟通；

组织人员培训和演练，提高应急响应的效果；

进行灾后评估，总结经验，不断完善应急响应计划。

科学合理的应急响应组织与人员分工是确保在突发事件中能够快速、有效应对的关键。通过建立清晰的组织结构、明确的人员分工原则，实施科学的应急响应计划，可以最大限度地减轻灾害带来的损失，保障人民的生命财产安全。在日常工作中，需要定期组织培训和演练，不断提高应急响应的水平和效果。只有通过全员参与、分工明确、紧急响应等原则的贯彻执行，才能在紧急情况下做出科学而果断的决策，最大限度地保护人们的生命和财产安全。

三、应急资源准备与调配

（一）概述

在面对突发灾害、紧急事件或灾害事故时，应急资源的准备与调配是确保应急响应有效性的重要环节。这涉及各种物资、人员、设备等资源的充足储备和迅速调动，以最大限度地减少灾害造成的损失。本节将探讨应急资源的准备和调配的基本原则、流程，以及在实际应急响应中的关键考虑因素。

（二）应急资源的基本分类

在考虑应急资源准备和调配之前，首先需要对应急资源进行分类。一般来说，应急资源可以分为以下几个基本类别：

1. 人员资源

包括各级政府机关、应急部门、医疗人员、救援人员、志愿者等。这些人员在应急事件中担负着救援、医疗、疏散等任务。

2. 物资资源

包括食品、水源、药品、床具、衣物、通信设备等基本生活物资，以及工具、设备、车辆等救援用品。

3. 金融资源

用于应急响应和救援活动的经费。这包括各级政府的财政拨款、社会各界捐款、保险等。

4. 信息资源

涉及各种信息的获取、传递、处理和共享。包括灾害情报、人员伤亡情况、救援进展等。

（三）应急资源准备原则

1. 全面性原则

应急资源准备应当全面考虑各种可能发生的灾害和紧急情况，确保资源的全面性，以满足不同类型、不同规模事件的需要。

2. 策略性原则

制定应急资源准备策略，根据灾害的性质、频率和可能带来的影响，制定不同的应急资源调配方案，确保最大限度地提高应对突发事件的能力。

3. 弹性原则

应急资源准备要具有一定的弹性，能够随着灾害事件的变化进行调整。这包括在资源储备时考虑多样性，以适应各类可能发生的灾害及突发事件。

4. 效率性原则

在资源准备过程中，要确保高效的调配机制，以在最短的时间内将资源投放到最需要的地方。这涉及资源的储备、管理、运输等环节的优化。

5. 合作性原则

资源准备和调配是一个多方面的协同工作，需要各级政府、企事业单位、社会组织等的紧密合作。要建立起资源协同共享的机制，以最大限度地发挥资源的作用。

（四）应急资源准备流程

1. 灾害风险评估

在资源准备阶段，首先要进行灾害风险评估，全面了解可能发生的各类灾害、其频率、影响范围等，为资源储备提供科学依据。

2. 制订资源准备计划

根据风险评估结果，制订相应的资源准备计划，明确各类资源的储备数量、种类、地点等信息。

3. 资源储备

按照计划，开始进行资源的储备。这包括人员的培训和组织、物资的采购和储存、信息系统的建设等。

4. 资源管理与更新

建立资源管理体系，对储备的资源进行定期检查和更新，确保资源的新鲜性、有效性。同时，要建立资源调配的快速响应机制。

5. 制订调配计划

根据突发事件的发生，制订相应的资源调配计划。这需要充分考虑事件的性质、影响范围、紧急程度和需求等因素，明确哪些资源需要被调配、到达何地、以何种方式进行调配等。

6. 资源调配

根据调配计划，迅速进行资源的调配。这包括人员的调度、物资的运输、信息的传递等。在调配过程中，要保持及时的沟通，确保各方协同工作。

7. 实施与评估

一旦资源调配开始，需要不断对调配的实施进行监控和评估。这包括对资源的到位情况、调配效果的评估等。在实施的过程中，可以根据实际情况对调配计划进行灵活调整。

（五）关键考虑因素

1. 风险和需求分析

在资源准备和调配之前，需要进行全面的风险和需求分析。了解可能发生的灾害类型、频率，以及可能受到影响的区域的需求，为资源准备提供科学依据。

2. 资源的多样性

考虑资源的多样性，不仅要储备足够数量的资源，还要确保各类资源的种类齐全，以应对各种不同类型的灾害。

3.快速响应机制

建立快速响应机制，确保在突发事件发生时能够迅速进行资源的调配。这包括人员的快速调度、物资的快速运输、信息的快速传递等。

4.跨部门合作

资源准备和调配是一个涉及多个部门的复杂工作，需要各个部门之间的紧密合作。应当建立跨部门的协调机制，确保资源的高效调配。

5.公众参与和社区资源

在资源准备和调配过程中，应充分考虑公众的参与和社区的资源。通过社区资源的调动和公众的参与，能够更好地应对突发事件。

应急资源的准备与调配是应急响应体系中至关重要的环节。通过全面性、策略性、弹性、效率性和合作性等原则的贯彻执行，可以确保在突发事件中能够迅速、有序、高效地进行资源的调配，最大限度地减轻灾害带来的损失。在实际应急响应中，要通过灵活的调整、快速的响应和科学的评估，不断完善应急资源准备与调配体系，以更好地保护人民群众的生命和财产安全。

第二节 灾前预案与危险源辨识

一、灾前预案的制定与更新机制

（一）概述

灾前预案是为了在灾害发生前，通过合理规划和准备工作，提前做好各种准备措施，以应对可能发生的各类灾害和紧急事件。灾前预案的制定与更新机制是一个动态的过程，需要根据实际情况不断进行评估和调整，以确保其科学性、可操作性和实效性。本节将深入探讨灾前预案的制定与更新机制的关键原则、步骤以及在实际应急管理中的重要性。

（二）灾前预案的基本原则

1.全面性原则

灾前预案制定与更新应全面考虑可能发生的各类灾害和紧急事件，包括但不限于自然灾害、人为事故、公共卫生事件等，以确保在各种突发情况下都能够有针对性地进行应对。

2. 预测性原则

灾前预案的制定要基于科学的风险评估和预测,充分考虑潜在的灾害风险和可能的影响,以提前做好准备工作,从而降低应对突发事件时的不确定性。

3. 灵活性原则

灾前预案需要具有一定的灵活性,能够根据灾害事件的发展变化和实际情况进行及时调整。这要求在制定预案时考虑多种情景,并设计相应的灵活性和适应性。

4. 整体性原则

考虑各部门、各级政府、社区和公众的协同合作,形成一个整体的灾害防控网络。灾前预案的制定与更新应当促进各方的整体协同,形成统一的灾害管理体系。

5. 参与性原则

灾前预案的制定与更新应当广泛汇聚相关部门、专家学者、企事业单位、社区和公众等多方面的力量。通过广泛的参与,可以汇聚更多的智慧和资源,提高预案的可行性。

(三)灾前预案的制定步骤

1. 风险评估与预测

首先进行全面的风险评估和预测,明确可能面临的各类灾害和紧急事件。这需要依托科学技术手段,如地质灾害评估、气象预测、公共卫生风险评估等。

2. 制定工作组织结构

建立灾前预案制定工作组,明确各成员的职责和任务。工作组成员应包括相关政府部门、专业机构、企事业单位、社区代表等,确保各方的充分参与。

3. 制定灾前预案框架

设计灾前预案的框架结构,包括预案的基本原则、组织结构、工作流程、信息共享机制、资源调配方案等。框架的设计应能够满足不同类型灾害的需求。

4. 制定具体预案

在框架的基础上,制定具体的灾前预案。这包括各部门的应急行动方案、人员调度方案、资源调配方案、信息传递方案等。各方面的方案要具体明确,便于实际操作。

5. 评审与修订

对制定好的灾前预案进行评审,包括内部评审和外部专家评审。根据评审结果,进行必要的修订和调整,确保预案的科学性和实用性。

6. 培训与演练

进行预案的培训和演练工作,包括各方人员的培训、模拟演练等。通过培训和演练,检验预案的可行性,发现并纠正问题。

7. 正式发布

经过评审、修订、培训和演练后，正式发布灾前预案。发布后，要及时向相关单位和人员进行宣传和传达，确保大家都了解并熟悉预案内容。

（四）灾前预案的更新机制

1. 定期评估

建立定期评估机制，对已经制定的灾前预案进行定期评估。评估内容包括各类风险评估数据的更新、灾害历史数据的分析、预案执行效果的评估等。

2. 实时监测

利用现代科技手段，建立实时监测系统。通过实时监测，可以及时获取灾害风险、气象变化、公共卫生状况等信息，为预案的更新提供及时的数据支持。

3. 反馈机制

建立各方面的反馈机制，鼓励相关部门、社区和公众提供意见和建议。通过收集各方的反馈，可以及时发现预案执行中存在的问题，为更新提供有益的信息。

4. 案例分析

定期进行灾害案例分析，总结过去发生的灾害事件的经验教训。通过案例分析，可以发现新的灾害类型、未曾考虑的风险因素，从而对预案进行相应的更新和补充。

5. 法规变化

随着法规环境的变化，灾前预案需要不断调整以符合新的法规要求。要及时关注法规的变化，确保预案的合规性。

6. 专业咨询

定期聘请专业机构或专业人员进行咨询和评估，获取灾害管理领域的最新知识和技术。专业咨询可以为预案的更新提供专业性的支持，确保预案的科学性和实用性。

7. 制订更新计划

在评估的基础上，制订详细的更新计划。更新计划应当包括更新的内容、时间表、责任人等信息，确保更新过程有序进行。

（五）灾前预案的重要性

1. 提高应对能力

灾前预案的制定与更新使各级政府、社区和公众能够提前了解可能面临的灾害风险，有针对性地制定应对措施，提高灾害应对能力。

2. 减轻灾害影响

通过科学的灾前预案，可以事先规划好各类资源的调配和应急行动，使灾害发生时能够迅速、有序地进行应对，以减轻灾害带来的负面影响。

3. 保障人民安全

灾前预案的制定和更新直接关系到人民的生命安全。通过合理的预案，可以在灾害发生前采取措施，降低灾害对人民的伤害。

4. 促进社会稳定

灾前预案的科学制定与更新，有助于提高社会的抗灾能力，促进社会的稳定。在灾害发生后，有预案可循，社会能够更加有序地进行应急响应。

灾前预案的制定与更新机制是应对灾害和紧急事件的关键环节。通过全面性、预测性、灵活性、整体性和参与性等原则的贯彻执行，可以确保灾前预案的制定和更新具有科学性和实效性。在实际应急管理中，要根据风险评估、实时监测、反馈机制等不同渠道，持续优化灾前预案。只有通过科学的制定与更新机制，才能更好地保障人民的生命安全，减轻灾害的影响，促进社会的稳定。

二、危险源辨识的方法与流程

（一）概述

危险源辨识是指通过系统性的方法，识别和评估潜在的危险源，以便采取相应的控制措施，预防事故的发生。危险源辨识是安全管理体系中的重要环节，对于提高工作场所和社会环境的安全性具有关键作用。本节将深入探讨危险源辨识的方法与流程，包括常用的辨识方法、流程步骤以及在实际应用中的注意事项。

（二）危险源辨识的方法

1. 目测法

目测法是指通过直接观察、检查工作场所、设备、环境等方式，发现可能存在的危险源。这种方法通常依赖于工作者的经验和专业知识，可以通过巡检、检查设备和场地来进行。

优点：直观、简便，无须额外工具和设备。

缺点：依赖个体经验，可能存在主观性和局限性。

2. 文献法

文献法是通过查阅相关文献和资料，了解某一行业、领域的常见危险源。这包括行业安全手册、技术规范、统计数据等，通过研读这些文献来识别潜在危险。

优点：可以借鉴前人经验，系统性较强。

缺点：信息可能不够全面或及时，依赖文献质量和更新程度。

3. 经验法

经验法是通过借鉴过往的事故案例和经验教训，识别可能存在的危险源。这种方法依赖于已有的事故数据，通过分析事故的原因来预防未来类似事件。

优点：基于实际事故案例，具有一定的参考性。

缺点：依赖于已有的事故数据，可能存在局限性。

4. 专家评审法

专家评审法是通过邀请相关领域的专家进行讨论和评审，识别潜在危险源。专家可以根据其专业知识和经验，提出可能存在的风险。

优点：充分利用专业知识，多角度、多层次地评估。

缺点：需要投入较多的人力资源，依赖专家的经验水平。

5. 操作分析法

操作分析法是通过对工作过程和操作流程进行详细的分析，识别可能存在的危险源。通过对每个步骤和环节的分析，找出可能引发事故的因素。

优点：针对具体的工作过程，能够深入挖掘潜在危险。

缺点：需要对工作过程有深入的了解，可能较为耗时。

（三）危险源辨识的流程步骤

1. 组建工作组

首先需要组建一个专门的工作组，包括相关领域的专家、从业人员、安全管理人员等。工作组成员应具备相关领域的专业知识和经验。

2. 制订危险源辨识计划

在工作组的基础上，制订危险源辨识的计划，明确辨识的范围、目标、方法和时间计划。计划应当考虑到全面性和系统性。

3. 信息收集

利用目测法、文献法、经验法等手段，收集相关的信息。这包括工作场所的布局、设备的运行情况、过往事故的经验、文献资料等。

4. 危险源辨识与评价

通过选择合适的辨识方法，对收集到的信息进行辨识和评价。这可以是专家评审、操作分析、目测等方法的综合运用。

5. 制定控制措施

根据危险源的辨识结果，制定相应的控制措施。措施可以包括技术改进、设备更新、培训措施等，以降低危险的发生概率和减轻事故的影响。

6.编制危险源清单

将辨识出的危险源整理编制成危险源清单，明确每一项危险源的性质、可能导致的事故、控制措施等信息。

7.监测与更新

建立危险源监测机制，定期对工作场所进行监测，确保危险源的动态掌握。根据实际情况，定期更新危险源清单和相关控制措施。

（四）注意事项

1.多方法综合运用

在实际危险源辨识过程中，建议采用多种方法进行综合运用。不同的方法可以互为补充，提高辨识的全面性和准确性。例如，可以先通过目测法对工作场所进行初步观察，然后结合专家评审的意见和操作分析法进行深入分析，最终得到更全面的危险源辨识结果。

2.全员参与

危险源辨识不应该是一个孤立的过程，而是需要全员参与的工作。员工是工作场所的直接参与者，他们对于工作过程中的潜在危险有独特的了解。因此，在辨识过程中应该鼓励员工提出观察和建议，形成多元化的辨识视角。

3.关注新技术和新工艺

随着科技的不断发展和工艺的更新换代，新的技术和工艺可能需要引入新的危险源。在进行危险源辨识时，需要特别关注新技术和新工艺可能带来的潜在风险，及时进行评估和控制。

4.定期复查和更新

危险源辨识不是一次性的工作，而是需要定期进行复查和更新。工作场所环境、设备状况、工艺流程等都可能发生变化，因此需要根据实际情况定期复查危险源清单，并更新控制措施。

5.风险评估与优先处理

在辨识的过程中，对辨识出的危险源进行风险评估，确定其可能导致的事故发生频率和后果严重性。根据评估结果，对危险源进行优先处理，优先考虑可能导致严重事故的危险源。

6.注重培训和教育

建议对工作场所的员工进行危险源辨识相关的培训和教育。培训可以提高员工对潜在危险的敏感性，使其在日常工作中能够更好地发现和报告可能存在的危险源。

7. 督促执行控制措施

危险源辨识的目的是采取相应的控制措施，降低危险发生的可能性。因此，在辨识的过程中不仅要制定控制措施，还要督促执行，确保控制措施的有效性。

危险源辨识是保障工作场所和社会环境安全的重要环节。通过选择合适的辨识方法和遵循科学的流程步骤，能够全面、系统地识别潜在的危险源，为采取有效的控制措施提供科学依据。在实际应用中，需要多方法综合运用、全员参与、关注新技术和新工艺、定期复查和更新等，以确保危险源辨识的全面性、准确性和实效性。通过科学的危险源辨识工作，能够最大限度地提高工作场所和社会环境的安全性，减少事故的发生概率，保障人员生命财产安全。

三、危险源辨识与灾前预案的关联性

（一）概述

危险源辨识与灾前预案是安全管理体系中两个密切关联的环节。危险源辨识旨在识别和评估潜在的危险源，以预防事故的发生。而灾前预案则是在灾害发生前制订的一系列措施和计划，以便在灾害发生时能够迅速、有序地进行应对。本节将深入探讨危险源辨识与灾前预案的关联性，分析它们之间的联系、互补性以及在实际应用中的重要性。

（二）危险源辨识与灾前预案的概念

1. 危险源辨识

危险源辨识是指通过系统性的方法，识别和评估潜在的危险源，以便采取相应的控制措施，预防事故的发生。这一过程旨在确保工作场所和社会环境的安全性，通过提前识别可能导致事故的因素，制定相应的控制措施，降低潜在危险的发生。

2. 灾前预案

灾前预案是在灾害发生前，制订的一系列措施和计划，以便在灾害发生时能够有序、高效地进行应对。灾前预案涵盖了各种灾害和紧急事件的情景，包括自然灾害、事故、公共卫生事件等。通过灾前预案的制定，能够规划好各类资源的调配和应急行动，以减轻灾害带来的负面影响。

（三）危险源辨识与灾前预案的关联性

1. 共同目标

危险源辨识和灾前预案的共同目标是保障人员的生命安全、财产安全以及社会的正常运行。通过识别潜在的危险源，制定相应的控制措施，可以降低事故的发生概率。而通过制定灾前预案，能够在灾害发生时有序地展开救援、恢复和重建工作，最大限度减轻灾害的影响。

2. 协同作用

危险源辨识和灾前预案之间存在协同作用。危险源辨识提供了灾前预案制定的基础数据，包括潜在危险源的种类、分布、可能导致的事故等信息。灾前预案则在危险源辨识的基础上，制定了更为具体和系统的应对措施，包括资源调配、应急行动、人员培训等方面的安排。

3. 周期性更新

危险源辨识和灾前预案都需要进行周期性的更新。危险源辨识需要根据工作场所的实际情况，定期复查和更新危险源清单，以确保其准确性和全面性。而灾前预案也需要根据新的灾害风险、技术进步等因素，进行定期的修订和更新，以适应不断变化的环境。

4. 统一管理体系

危险源辨识和灾前预案都应该纳入统一的安全管理体系中。这样可以使两者之间的关系更加密切，形成一个完整的安全管理体系。通过统一的管理，能够更好地协调各项措施的实施，提高应对灾害和事故的整体效能。

（四）危险源辨识在灾前预案中的作用

1. 提供基础数据

危险源辨识为灾前预案提供了基础数据。在危险源辨识的过程中，收集到的信息包括危险源的种类、可能导致的事故、危险源的分布情况等。这些基础数据为制定灾前预案提供了重要依据。

2. 风险评估

危险源辨识中对潜在危险的辨识和评估，为灾前预案中的风险评估提供了科学依据。通过对危险源的评估，能够确定其可能导致的事故频率和后果的严重性，为制定灾前预案的措施提供了指导和帮助。

3. 制定应对措施

危险源辨识的结果直接影响到灾前预案中应对措施的制定。根据危险源的不同特点，制定相应的控制措施，包括技术改进、设备更新、培训措施等，以降低危险的发生概率。

4. 优化资源调配

危险源辨识为灾前预案提供了信息，有助于在灾害发生时优化资源的调配。通过对危险源的了解，可以更加科学地配置应急资源，确保在灾害发生时能够迅速投入到关键地区，最大限度地减轻灾害的影响。

5. 指导人员培训

危险源辨识结果为制定灾前预案中的人员培训提供了方向。根据危险源的特点，可以有针对性地进行人员培训，使相关人员能够更好地应对潜在的危险，提高应急响应的效能。

（五）灾前预案在危险源辨识中的作用

1. 整体规划

灾前预案在整体规划方面发挥了关键作用。在制定灾前预案时，需要考虑各类灾害和事故可能产生的危险源，对整体的灾害风险进行评估。这种整体规划有助于危险源辨识工作的有序进行。

2. 定义危险源辨识的范围

灾前预案中对于可能发生的灾害和事故进行分析，有助于定义危险源辨识的范围。确定哪些危险源是需要重点关注的，可以使危险源辨识工作更有针对性，提高工作效率。

3. 制定细化的控制措施

灾前预案在面对各类灾害时，通常包含了详细的控制措施。这些措施是对危险源进行有效管理和应对的手段，为危险源辨识提供了实际操作的方向。

4. 人员培训和演练

灾前预案中通常包括人员培训和演练计划。这些培训和演练活动有助于提高相关人员对潜在危险的认识和应对能力，为危险源辨识中的人员培训提供了指导和支持。

（六）实际应用中的重要性

1. 综合性应对风险

危险源辨识和灾前预案的关联性使得在实际应用中能够更综合地应对风险。危险源辨识提供了风险的初步识别和评估，而灾前预案则在此基础上提供了更为具体和系统的应对方案，包括资源调配、人员培训、应急措施等。

2. 高效的应急响应

危险源辨识为灾前预案提供了前期工作的基础，使得灾前预案在灾害发生时能够有序、高效地进行应急响应。在危险源辨识的基础上，灾前预案能够在灾害发生时更迅速地调动资源，采取有效措施，降低灾害带来的的损失。

3. 预防和治理的有机结合

危险源辨识和灾前预案的关联性实现了预防和治理的有机结合。通过危险源辨识，能够在潜在危险发生前采取控制措施进行预防；而灾前预案则在灾害发生时能够进行有序治理，最大限度地减轻灾害的影响。

4. 不断优化和更新

危险源辨识和灾前预案之间的关联性使得在实际应用中能够不断优化和更新。通过危险源辨识结果，能够及时反馈到灾前预案中，更新控制措施、资源调配方案等，以适应不断变化的环境和风险。

危险源辨识与灾前预案在安全管理体系中相互关联，形成一个有机的整体。危险源辨识提供了灾前预案制定的基础数据，为其提供了风险评估、控制措施制定、资源调配等方面的支持。而灾前预案在危险源辨识的基础上，为实际应对提供了详细、有序的计划和操作指导。在实际应用中，两者之间的关联性使得整个安全管理体系更为完善，能够综合应对各类风险，提高灾害应对的效能。在不断变化的环境中，危险源辨识和灾前预案之间的关联性能够不断优化和更新，从而保障人员的生命安全、财产安全和社会的正常运行。

第三节　灾害应急物资与设备准备

一、物资储备的种类与数量规划

（一）概述

物资储备是指为了在紧急情况下能够迅速、有序地进行应对而提前储备的各种物品。在面对自然灾害、公共卫生事件、事故等突发情况时，充足的物资储备能够支撑灾害应对和救援工作，为灾后重建提供支持。本节将深入探讨物资储备的种类与数量规划，分析在不同应急场景下如何科学合理地进行物资储备，以确保应对灾害和紧急事件时的高效运作。

（二）物资储备的种类

1. 食品储备

食品是最基本的生存需求之一，在灾害来临或紧急情况下，保障人们的食物供应至关重要。食品储备的种类包括干粮、罐头食品、速食品、营养品等，应当考虑到不同年龄层和特殊群体的营养需求。

2. 饮用水储备

饮用水是灾害应对中至关重要的物资。储备的饮用水应当符合安全卫生标准，可以采用瓶装水、桶装水等形式。数量规划需考虑到人口数量、应急时间和环境条件等因素。

3. 医疗物资储备

医疗物资是应对公共卫生事件的关键。包括药品、急救用品、医疗器械等。根据可能发生的灾害类型，储备的医疗物资需要具备多样性和全面性，以应对各类紧急医疗需求。

4. 应急装备储备

应急装备包括帐篷、睡袋、灯具、发电机等，用于提供基本的生存和生活条件。这些装备的选择和数量规划需考虑到应对灾害所需的基础设施和环境条件。

5. 通信与信息设备

在紧急情况下，保持有效的通信和信息传递至关重要。储备的设备包括无线对讲机、卫星电话、充电宝等，以确保信息畅通和协调运作。

6. 救援工具与器械

救援工具和器械包括手电筒、工具箱、救生绳索等。这些工具在救援工作中起到关键作用，储备的种类和数量需根据灾害类型和救援任务的需要来规划配置。

7. 防护用品

防护用品包括口罩、手套、防护服等，用于应对传染病、化学物质泄漏等情况。根据灾害类型和潜在风险，储备的防护用品应当具备多样性和充足性。

8. 交通工具

在紧急情况下，有效的交通工具对于救援和物资运输至关重要。根据实际需求，储备的交通工具可包括轿车、卡车、直升机等，以满足不同场景的救援和运输需求。

9. 清洁用品

在灾害来临或紧急情况下，维护卫生和清洁至关重要。储备的清洁用品包括洗漱用品、卫生纸、消毒液等，以保障人们在困难条件下的基本卫生需求。

10. 儿童和老人用品

特殊人群的需求往往较为特殊，储备的物资应当考虑到儿童和老人的生活和医疗需求。例如，儿童奶粉、尿布、老年人药品等。

11. 燃料储备

燃料在紧急情况下用于供电、取暖、烹饪等多个方面。储备的燃料可以包括液化石油气、柴油、汽油等，数量规划需充分考虑到使用时间和环境条件。

12. 维持生活的基本用品

此类基本用品包括衣物、鞋袜、毛巾等。保障人们在灾害或紧急情况下的基本生活需求，增强应对困境的能力。

（三）物资储备的数量规划

1. 人口统计和需求分析

首先，需要对储备的地区进行人口统计和需求分析。根据地区的人口规模、年龄结构、特殊人群的数量等因素，科学合理地评估不同物资的需求。

2. 灾害类型和潜在风险考虑

不同的灾害类型和潜在风险决定了储备物资的种类和数量。例如，地震可能导致建筑物倒塌，需要更多的救援工具和医疗物资；洪水可能导致通信中断，需要增加通信与信息设备的储备。

3. 储备时间和应急响应能力

根据可能发生的紧急情况，科学确定储备的时间范围。考虑到物资的保存期限和应急响应的能力，数量规划应能够在储备时间内满足需求。

4. 区域特点和交通状况

不同地区的区域特点和交通状况也会影响物资储备的数量规划。例如，偏远地区可能需要更多的交通工具和能源储备，而城市地区可能更注重医疗物资和防护用品。

5. 国家和地方法规要求

物资储备的数量规划还需要考虑国家和地方的法规要求。某些国家和地方可能对应急物资的储备数量有明确的法规规定，需要遵循合规标准。

6. 经验总结和教训吸取

以往的自然灾害和紧急事件处置情况提供了宝贵的经验教训。在数量规划时，需要总结以往的经验，吸取教训，根据实际情况进行科学合理的估算。

（四）物资储备管理与更新

1. 储备清单的建立

建立清晰的储备清单是物资储备管理的基础。清单应包括储备物资的种类、数量、保存期限、位置等详细信息，以便在需要时能够迅速查阅。

2. 定期检查和维护

储备物资需要定期进行检查和维护。包括检查食品和饮用水的保存期限，检查医疗物资的有效性，保障通信与信息设备的正常运行，确保物资在需要时处于良好状态。

3. 库存量的动态调整

随着时间的推移和实际需求的变化，物资储备的库存量需要进行动态调整。根据实际情况及时增减库存，确保储备物资的及时更新和合理利用。

4. 定期演练和培训

定期进行应急演练和培训是确保物资储备能够有效运用的关键。通过演练，能够测试物资储备的可用性，发现潜在问题，并提高相关人员的应急响应能力。

5.信息共享和合作机制建立

建立信息共享和合作机制，与相关单位、组织和机构保持紧密联系。共享信息有助于更好地了解物资需求和供给情况，形成合作网络，提高物资的整体应对效能。

物资储备的种类与数量规划是灾害应对和紧急事件管理中至关重要的一环。科学合理的规划能够确保在紧急情况下有足够的物资供应，提高灾害应对的效能。在数量规划时，需要充分考虑人口统计、灾害类型、区域特点等因素，以及法规要求和过往经验。物资储备的管理与更新同样不可忽视，包括建立清单、定期检查和维护、库存量动态调整、定期演练和培训，以及信息共享和合作机制的建立。

在应对不同类型的紧急情况时，灵活性和及时性是物资储备管理的关键。不同场景下的需求差异很大，因此规划和管理都需要具有一定的灵活性，能够根据实际情况进行调整。此外，及时获取最新的信息和数据，加强科技手段在物资储备管理中的应用，也是提高管理效能的重要手段。

总体而言，物资储备的种类与数量规划需要综合考虑多方面的因素，涉及人口、环境、法规、经验等多个方面。通过科学合理的规划和有效的管理，能够更好地应对自然灾害、公共卫生事件和其他紧急情况的发生，为人们的生命安全和基本生活提供有力支持。

二、灾害应急设备的选型与配置

（一）概述

灾害是人类社会面临的常见挑战之一，而科学合理的灾害应急设备的选型与配置是确保在灾害发生时能够迅速、有序地进行应对和救援的关键环节。应急设备的选型需考虑不同类型的灾害，如地震、洪水、火灾等，以及灾害场景的多样性。本节将深入探讨灾害应急设备的选型与配置策略，以确保在紧急情况下能够最大限度地减轻灾害的影响，保障人们的生命安全和财产安全。

（二）灾害应急设备的种类

1.通信设备

通信设备是灾害应急的重要组成部分，能够保障信息的及时传递和协调。常见的通信设备包括以下几种。

卫星电话：在灾害中，地面通信可能中断，而卫星电话可以提供独立的通信渠道，保障紧急通信。

无线对讲机：用于短距离内的实时沟通，方便救援队伍之间的协调。

应急广播设备：用于向广大群众传递重要信息和救援指导。

2. 救援工具与器械

救援工具和器械是在救援行动中至关重要的设备，能够提供支持和帮助。常见的救援工具与器械包括以下几种。

手电筒：用于提供照明，尤其在夜间或因灾害导致停电时非常重要。

救生绳索：用于救援行动中的攀爬和拖拽。

急救箱：包含基本的急救用品，如绷带、消毒液、创可贴等。

3. 生命维持设备

生命维持设备主要用于提供基本的生存条件，确保被困群众的安全。常见的生命维持设备包括以下几种

帐篷和睡袋：提供临时的住宿条件，保障受灾群众的基本生活需求。

食品和饮用水储备：提供灾民所需的食品和水源，确保基本的营养和水分供应。

发电机和充电设备：在停电情况下提供电力，保障通信和生活设备的正常运行。

4. 安全防护用品

安全防护用品对于防范潜在的危险和保障救援人员的安全至关重要。包括以下几种

防护服和口罩：用于防范化学物质、病原体等危险物质。

安全帽和护目镜：保护头部和眼睛，降低在复杂环境中受伤的风险。

5. 医疗设备

医疗设备在灾害应急中是不可或缺的，用于提供紧急医疗服务。包括以下几种。

便携式医疗设备：如便携式心电图机、呼吸机等，用于急救和治疗。

药品和医疗用品：包括急救药品、消毒剂、绷带等。

6. 交通工具

在救援行动中，快速、高效的交通工具是至关重要的。包括以下几种。

直升机：用于在灾害现场提供空中支援和救援。

装甲救护车：用于在复杂危险的环境中进行救援和转移伤员。

橡皮艇和救生艇：用于水灾中的救援行动。

（三）灾害应急设备的选型原则

1. 多样性与适用性

在选型时，应保证设备的多样性，能够适应不同类型的灾害和复杂的救援场景。例如，通信设备要兼具地面通信和卫星通信的功能，救援工具要具备攀爬、拖拽等多种功能。

2.可携带性与便携性

由于救援行动常常需要快速移动和灵活应对，因此设备的携带性和便携性是选型的重要原则。设备应当轻便易携带，方便救援人员的操作和移动。

3.耐用性与可靠性

在极端环境中，设备可能面临恶劣天气、高温、低温等挑战，因此，设备的耐用性和可靠性是选型的关键原则。选用经过严格测试和验证的设备，确保在艰苦条件下仍能正常运作。

4.先进技术与科技支持

灾害应急设备的选型应借助先进的技术和科技支持，以提高设备的性能和效能。例如，利用先进的通信技术、定位技术，提高救援行动的准确性和效率。

5.适用于多种场景

设备的选型应考虑其适用于多种场景的能力。因一些设备可能在水灾、地震等不同场景中都有用武之地，而不仅限于特定类型的灾害。

6.可操作性与培训需求

设备的操作应简单易懂，不需要过多的培训和掌握专业知识。这样可以确保在紧急情况下，各类救援人员能够迅速上手并高效运用设备。

（四）灾害应急设备的配置策略

1.区域性配置

根据不同地区的地理特点、气候条件和灾害类型，灾害应急设备的配置应具有一定的区域性差异。例如，沿海地区可能更需要配置水上救援设备，地震多发区则需配置地震应急救援设备。

2.人口密集区配置

在人口密集区域，设备的配置应考虑到大规模撤离、救援和医疗需求。同时，通讯设备、食品储备等应具备较大容量，以满足更多人员的需求。

3.交通要道配置

交通要道是救援行动的关键通道，因此在这些区域应配置足够的交通工具和通信设备，以确保救援人员能够快速到达救灾现场。

4.灾后重建配置

除了应急救援阶段，还需要考虑到灾后重建的需要。配置一些专门用于灾后重建的设备，如清理工具、建筑材料，有助于更快地进行灾后重建工作。

5.跨部门合作配置

跨部门合作是应对灾害的重要策略,因此在设备配置时,各个部门应进行协同规划。通信设备、交通工具等需具备跨部门协同工作的能力。

6.定期更新和演练

配置策略不是一劳永逸的，应根据地区特点、科技发展等因素定期进行更新。定期进行灾害应急演练，检验设备配置的合理性和可行性。

灾害应急设备的选型与配置是灾害管理体系中至关重要的一环。在选择设备时，多样性、携带性、耐用性、科技支持等原则应得到充分考虑。配置策略需要根据地区特点、人口密集程度、交通要道等因素进行合理规划，确保在紧急情况下能够迅速、有序地进行应对和救援。通过科学的选型和配置，可以提高对各类灾害的应对能力，最大限度地减轻灾害带来的损失，保障人们的生命安全和财产安全。

三、物资与设备的定期检查与维护

物资和设备的定期检查与维护对于确保其正常运行和延长使用寿命至关重要。这项工作涵盖了各种领域，包括生产、医疗、交通等。本节将探讨物资和设备定期检查与维护的重要性、流程、常见方法以及可能面临的挑战。

（一）重要性

1.提高效率

定期检查和维护有助于发现潜在问题并及时解决，从而提高物资和设备的运行效率。通过预防性维护，可以减少突发故障的风险，确保设备在关键时刻能够正常工作。

2.延长使用寿命

定期维护有助于延长物资和设备的使用寿命。通过及时更换磨损部件、清洁设备内部等操作，可以减缓设备老化的速度，提高其长期稳定性。

3.保障安全

定期检查可以发现潜在的安全隐患，确保物资和设备的安全运行。例如，在工业生产中，定期检查可以防止因设备故障引发的事故，保护工人的生命安全。

4.节省成本

通过定期检查和维护，可以避免由于设备故障导致的停工损失。此外，及时发现问题并修复，通常比等到设备完全故障再修复更为经济。

（二）流程

1.制订计划

首先，制订定期检查与维护的计划。这包括确定检查的频率、具体的操作步骤、需要的人力和物力资源等。

2.检查设备状态

在定期检查中，需要仔细检查设备的各个部分，包括外部和内部。观察是否有异常的声音、振动或异味，检查关键部件的磨损程度等。

3.清洁和润滑

清洁是维护的重要环节，可以防止灰尘、污垢等对设备的影响。润滑是为了减少摩擦，确保设备正常运转。这两个步骤通常是定期维护中的常规操作。

4.更换磨损部件

根据检查的结果，及时更换磨损严重的部件。这可以有效防止因零部件故障引起的设备停工，提高设备的可靠性。

5.记录和报告

对每次定期检查与维护的情况进行记录，包括发现的问题、采取的措施等。这有助于建立设备的维护历史记录，为未来的维护提供参考。

（三）常见方法

1.预防性维护

预防性维护是在设备出现故障之前进行的维护工作，旨在预防潜在问题的发生。这种方法可以通过制订详细的维护计划和定期检查来实现。

2.条件监测

通过使用各种传感器和监测设备，对设备的运行状况进行实时监测。一旦发现异常，可以及时采取措施，避免设备故障。

3.可维护性设计

在物资和设备的设计阶段考虑到可维护性，使得维护工作更加简便。例如，采用模块化设计，方便更换部件。

（四）面临的挑战

1.成本与资源

定期检查与维护需要投入一定的成本与资源，包括人力、时间和物料。在一些情况下，可能会因为成本压力而减少维护频率，增加设备故障的风险。

2.生产中断

一些行业对设备的连续运行有严格的要求，定期维护可能导致生产中断。因此，在维护计划中需要合理安排时间，减少对生产的影响。

3.技术水平

一些设备可能需要高技术水平的人员进行维护，而这样的人才可能难以招聘或成本较高。这可能成为维护的一大挑战。

物资和设备的定期检查与维护是确保其正常运行和延长使用寿命的关键步骤。通过制订计划、细致检查、清洁润滑、更换磨损部件等步骤，可以提高效率、延长寿命、保障安全，并最终节省成本。然而，面临的挑战包括成本与资源投入、生产中断和技术水平等问题，需要综合考虑并制定合理的维护策略。

第四节　灾害应急响应组织与指挥

一、灾害应急指挥体系的构建

灾害应急指挥体系的构建对于有效应对各类灾害事件至关重要。一个健全的指挥体系可以提高灾害应对的效率，最大限度地减少损失，并保障人民生命财产的安全。本节将探讨灾害应急指挥体系的构建，包括组织架构、信息传递、资源调配和培训等方面的要点。

（一）介绍

1. 灾害应急指挥体系的定义

灾害应急指挥体系是指在灾害发生时，为了能迅速、有序、高效地组织和指挥各类救援力量，实现灾害应急救援任务的系统组织结构。其目的是在紧急情况下迅速响应，采取协同行动，最大限度地减轻灾害造成的影响。

2. 构建灾害应急指挥体系的重要性

一个有效的灾害应急指挥体系对于降低灾害风险、提高应对效率至关重要。通过科学的组织结构、高效的指挥流程和及时的信息传递，可以最大限度地减少灾害损失，提高社会的整体抗灾能力。

（二）组织架构

1. 总指挥部

总指挥部是灾害应急指挥体系的核心，负责全局的指挥协调工作。总指挥部通常由政府高层领导和相关专业人员组成，具备决策、协调和资源调配的权力。

2. 分指挥部

分指挥部是在总指挥部领导下的分支机构，根据灾情的不同可以设立多个分指挥部，负责具体的灾害救援工作。例如，可以设立医疗救援指挥部、消防救援指挥部等。

3. 专业救援队伍

专业救援队伍是灾害应急指挥体系的基础力量，包括消防队、医疗队、工程救援队等。这些队伍在分指挥部的指挥下协同工作，实施具体的灾害救援任务。

4. 协助机构

协助机构包括志愿者组织、社会救援组织等，她们在灾害应急指挥体系中扮演着配合和支援的角色。协助机构的参与可以提供更多的人力和物力资源，增强整个指挥体系的应对能力。

（三）信息传递

1. 快速响应系统

在灾害发生时，信息的快速传递至关重要。建立快速响应系统，包括紧急通信网络、灾情报告机制等，以确保信息能够及时、准确地传达到各级指挥部和救援队伍。

2. 数据共享平台

建立数据共享平台，将各类灾情、资源、人员信息集中管理。通过信息化手段，实现实时数据的共享和更新，提高指挥决策的准确性。

3. 社交媒体和公众参与

充分利用社交媒体平台，向公众传递灾害信息，引导公众正确应对。同时，鼓励公众参与救援工作，建立公众参与机制，提高整体的社会应对能力。

（四）资源调配

1. 物资储备和预置

建立完善的物资储备和预置系统，确保在灾害发生时能够迅速向灾区调拨必要的救援物资，包括食品、医疗用品、应急设备等。

2. 人员调度和培训

制订人员调度计划，根据不同的灾情需要，灵活调配专业救援队伍。同时，定期进行培训，提高救援人员的应对能力和协同作战能力。

3. 科技支持

充分利用现代科技手段，如卫星遥感、人工智能等，提高资源调配的智能化水平。科技支持可以更精准地定位及分析灾害情况，提供更全面的信息支持。

（五）培训与演练

1. 培训计划

建立健全的培训计划，包括定期的灾害应急知识培训、实战演练等。培训计划应涵盖各级指挥官和救援人员，确保他们具备应对各类灾害的能力。

2. 实战演练

定期组织实战演练，模拟各类灾害场景，检查指挥体系的实际应对能力。实战演练可以检验指挥体系的协同性和应变能力，发现问题并及时进行改进。

3. 跨部门协同演练

组织跨部门的协同演练，模拟不同救援力量之间的协同作战。这有助于加强各部门之间的配合与沟通，提高整个指挥体系的效能。

4. 评估与改进

对每次培训和演练进行全面评估，包括指挥决策、信息传递、资源调配等方面。通过评估结果，及时改进体系的不足之处，提高其在实际应对中的可靠性。

（六）国际合作

1. 信息共享与联动

与国际上的灾害应急机构建立紧密联系，实现信息的共享与联动。在面对跨国灾害时，国际合作可以提供更多的资源支持和技术援助。

2. 联合演练

定期进行国际联合演练，模拟跨国救灾场景，强化国际合作的应对能力。这有助于各国在灾害发生时更加默契地协同行动。

3. 人员培训交流

推动国际人员培训与交流，让各国的救援人员共同分享经验，学习先进的应对技术和方法。这可以提高全球范围内的火灾应对水平。

（七）法律法规与政策支持

1. 制定相关法律法规

建立健全的法律法规体系，规范灾害应急指挥体系的组织架构、权责划分、信息保密等方面的运作。法规的制定有助于保障指挥体系的合法权益。

2. 政策支持

政府要给予充分的政策支持，包括经费投入、人才培养、技术研发等方面。政策的支持能够为指挥体系的建设提供更为可靠的保障。

（八）风险管理

1. 风险评估

定期进行风险评估，分析可能面临的各类灾害风险。通过科学的风险评估，可以有针对性地提升应急指挥体系在特定灾害场景下的应对能力。

2.制定预案

根据风险评估的结果,制定相应的应急预案。预案应包括各类灾害的不同应对措施、资源调配计划等,确保在发生灾害时有清晰的操作指南和流程。

3.持续改进

风险管理是一个动态过程,需要持续改进。根据实际应对情况和新的灾害特点,及时对风险评估和应急预案进行修订和完善。

构建健全的灾害应急指挥体系是提高社会灾害应对能力的关键。通过合理的组织架构、高效的信息传递、科学的资源调配、系统的培训与演练,以及国际合作与法规政策的支持,可以建立起一个具备强大抗灾能力的救援指挥体系。持续的风险管理和不断的改进工作将确保指挥体系在灾害发生时能够迅速、有序、高效地展开救援工作,最大限度地减轻灾害带来的损失。在全球范围内,应加强各国间的合作与交流,共同提升全球灾害应对水平,构建更加安全、稳定的社会。

二、指挥系统的信息管理与传递

指挥系统的信息管理与传递在灾害应急和各类紧急情况下起着至关重要的作用。一个高效的信息管理与传递系统可以帮助指挥部更快速、准确地做出决策,协调救援力量,最大限度地降低灾害带来的影响。本节将深入探讨指挥系统信息管理与传递的关键要点,包括系统设计、技术支持、数据安全等方面。

(一)介绍

1.信息管理与传递的定义

信息管理与传递是指在应急指挥系统中,对各类信息进行高效组织、存储、传递和利用的过程。这包括从不同来源获取信息,经过处理后传递到指定的接收方,以支持灾害应急指挥决策和行动。

2.信息管理与传递的重要性

在灾害应急和紧急情况下,信息是指挥系统做出决策的基础。有效的信息管理与传递系统可以迅速汇聚各类信息源,提供实时的、准确的数据,为指挥部提供全面的决策支持,保障救援行动迅速、有序的进行。

(二)系统设计

1.构建综合信息平台

建立一个综合信息平台,整合各类信息来源,包括卫星遥感、传感器监测、社交媒体、气象数据等。这个平台能够提供全面的、多维度的信息支持。

2. 实现信息互联互通

确保不同信息系统之间的互联互通，实现信息的共享。采用标准的信息交互协议和开放的数据接口，使得各个子系统能够快速、实时地获取所需信息。

3. 多层级的信息结构

建立多层级的信息结构，以适应不同层级的指挥需求。高级别指挥官可以获取更全面、深入的信息，而基层指挥人员可以获得更为简要、实用的信息。

4. 强化实时监测与反馈

引入实时监测技术，确保信息的及时更新。同时，建立快速的反馈机制，使得指挥中心能够及时了解救援行动的实时状况，灵活做出决策并及时调整。

（三）技术支持

1. 云计算与大数据

利用云计算和大数据技术，能够更好地存储和处理海量的信息数据。这样的技术支持可以提高信息管理的效率，为指挥决策提供更全面的数据分析支持。

2. 人工智能与机器学习

应用人工智能和机器学习算法，对信息进行智能化处理和分析。这可以帮助系统更好地理解信息的关联性和趋势，为指挥决策提供更深入的洞察。

3. 通信技术升级

保障高效的通信网络，包括卫星通信、无线通信等。在灾害发生时，通信网络往往会受到严重干扰，因此建立弹性、鲁棒性强的通信系统至关重要。

4. 移动应用支持

开发移动应用程序，支持指挥人员在移动设备上获取信息。这有助于提高指挥人员的灵活性和响应速度，使其能够在不同地点实时获取最新的信息。

（四）数据安全

1. 加密与身份验证

在信息传递过程中加强数据加密和身份验证的措施，确保信息的安全性。防止敏感信息在传递过程中被非法获取或篡改。

2. 数据备份与恢复

建立完备的数据备份与恢复机制，确保在系统发生故障或遭受攻击时能够及时恢复至正常运行状态。这有助于防范数据丢失的风险。

3. 安全培训与意识教育

开展安全培训，提高指挥人员对信息安全的重视程度。建立安全的使用和传递信息的意识，减少因人为疏忽导致的信息泄露风险。

4. 定期安全审查

定期进行信息系统的安全审查，发现潜在的安全风险并及时加以修复。这可以保障信息系统的长期稳定运行。

（五）实时监控与调度

1. 实时监控系统

建立实时监控系统，监测各类数据源的实时情况。这可以帮助指挥中心及时发现异常情况，迅速响应。

2. 智能调度系统

引入智能调度系统，通过算法分析灾情和资源分布情况，实现对救援力量的智能调配。这有助于最大限度地优化资源利用，提高救援行动的效率。

3. 协同工作平台

建立协同工作平台，实现不同指挥部、救援队伍之间的实时协同。这样的平台能够促进信息的共享与互动，提高协同作战的能力。

4. 预警系统

整合各类预警系统，包括气象预警、地质灾害预警等。通过及时发出预警信息，提醒指挥中心和公众采取相应的防范措施，减轻灾害带来的影响。

（六）人机交互设计

1. 直观界面设计

设计直观、易操作的用户界面，确保指挥人员能够快速了解信息内容。清晰的界面设计有助于提高操作效率，降低操作失误的可能性。

2. 多媒体信息展示

支持多媒体信息展示，包括图像、视频、音频等。通过多媒体信息的展示，能够更全面地呈现灾害现场的实际情况，提高指挥决策的准确性。

3. 智能语音交互

引入智能语音交互技术，使得指挥人员能够通过语音指令快速获取所需信息。这有助于在紧急情况下减少手动操作，提高反应速度。

4. 用户培训与反馈

进行用户培训，确保指挥人员熟练掌握信息管理与传递系统的操作方法。同时，收集用户反馈，及时了解系统存在的问题，并进行系统改进。

（七）多层次应对策略

1. 紧急情况下的简报系统

在紧急情况下，建立简洁而高效的信息简报系统。确保关键信息能够在短时间内传达给指挥中心和决策人员，提高应急响应速度。

2. 分级传递机制

根据信息的紧急程度和重要性，建立分级传递机制。确保紧急信息能够迅速传达，而次要信息则可以按照相对较慢的速度传递，以避免信息过载。

3. 自适应调整

系统应具备自适应调整的能力，根据不同灾情的复杂性和变化，灵活调整信息的传递策略。这有助于系统更好地处理各类紧急情况。

4. 预案演练中的信息模拟

在灾害应急预案演练中，引入信息模拟机制。通过模拟各种信息传递场景，检验系统在不同情况下的应对能力，为真实灾害事件提前做好准备。

（八）法规合规性

1. 遵守隐私法规

确保信息管理与传递系统的设计和运行符合隐私法规。保护个人隐私，避免未经授权的信息泄露。

2. 数据归档与保留

根据法规规定，建立合规的数据归档与保留机制。及时清理过期数据，避免不必要的法律责任。

3. 审计与报告

建立信息管理与传递系统的审计与报告机制，定期进行系统运行的审计，确保系统的合规性。及时报告潜在的法律风险。

（九）持续改进

1. 用户反馈机制

建立用户反馈机制，鼓励指挥人员提出改进建议。这有助于发现系统存在的问题，并及时进行调整和优化。

2. 数据分析与优化

利用数据分析工具，对信息管理与传递系统的运行数据进行分析。通过深入了解系统的运行状况，找到优化的空间，提高系统的性能。

3.技术更新与升级

及时跟踪新技术的发展,对信息管理与传递系统进行定期升级。采用新的技术手段,提高系统的稳定性、安全性和效率。

4.回顾与总结

定期回顾应急事件的处理过程,总结经验教训。通过回顾总结,不断完善应对策略和信息管理与传递系统,提高系统的应急响应水平。

指挥系统的信息管理与传递是应急指挥体系的核心,直接影响着指挥决策的迅速性和准确性。通过科学的系统设计、技术支持、数据安全、人机交互设计、多层次应对策略、法规合规性以及持续改进等多个方面的综合考虑,可以构建一个高效、安全、可靠的信息管理与传递系统。

三、不同灾害情境下的灾害应急响应策略

不同灾害情境下的灾害应急响应策略是构建一个全面而灵活的灾害管理体系的核心。在面对自然灾害、人为事故等不同类型的灾害时,灾害应急响应策略需要根据具体情境进行有针对性的规划和实施。本节将针对不同灾害情境,探讨相应的应急响应策略。

(一)自然灾害

1.地震

(1)预防与减灾

地震预警系统:建立先进的地震预警系统,通过地震监测设备实时监测地壳运动,提前预警并发出警报,让民众有足够时间采取避难措施。

抗震建筑标准:制定和执行抗震建筑标准,确保建筑物在地震发生时能够更好地抵御震力,减少倒塌风险。

(2)应急响应

快速救援:建立快速响应救援队伍,包括医疗救援、搜救队伍等,争取在最短时间内进行搜救和伤员救治。

临时避难所:预先确定和设立临时避难所,确保受灾群众有安全的地方避难,并提供基本生活保障。

(3)恢复与重建

灾后评估:及时展开灾后评估,了解受灾情况和灾害影响,为后续重建提供科学依据。

社区重建规划:制订科学的社区重建规划,加强基础设施建设,提高社区抗震能力。

2.洪水

（1）预防与减灾

河道管理：加强河道治理，清理河道杂物，确保河道通畅，减少洪水发生的可能性。

防洪工程：建设防洪工程，包括堤坝、水库等，用以控制河流水位，减缓洪水的蔓延速度。

（2）应急响应

疏散和救援：对危险区域的人员进行紧急疏散，同时组织搜救队伍进行搜救行动。

紧急抢险：投入专业队伍和装备进行紧急抢险，加强对危险设施的监测和控制。

（3）恢复与重建

重建受损基础设施：对受损的桥梁、道路、排水系统等基础设施进行修复和重建。

恢复农业生产：对受灾农田进行修复，提供农业生产资金和技术支持，帮助农民尽快恢复生产。

3.飓风／台风

（1）预防与减灾

飓风监测与预警：建立高效的飓风监测系统，提前发出预警，让民众有足够时间进行撤离并做好防护准备。

强化建筑防护：在高风险区域建设飓风防护设施，确保建筑物能够抵御强飓风的袭击。

（2）应急响应

紧急疏散：及时组织人员进行紧急疏散，确保民众的生命安全。

搜救和救援：建立专业的搜救队伍，迅速投入搜救行动，救援被困人员。

（3）恢复与重建

重建基础设施：对受损的交通、供水、电力等基础设施进行快速修复和重建。

社区重建：协助受灾社区规划重建，加强防灾减灾措施的建设，提高社区整体抗灾能力。

（二）人为事故

1.工业事故

（1）预防与减灾

安全监测与预警：建立工业安全监测系统，通过监测有害气体、温度、压力等指标，提前发现异常情况并发出预警。

安全培训与演练：加强工业从业人员的安全培训，定期组织应急演练，提高其应对突发事故的能力。

（2）应急响应

紧急撤离：在事故发生时，迅速组织人员进行紧急撤离，确保工作人员和周围居民的生命安全。

火灾扑救：建立专业的火灾扑救队伍，迅速投入扑救行动，控制火源，防止火势蔓延。

（3）恢复与重建

环境清理与修复：对事故现场进行环境清理，清除有害物质，防止污染扩散，保护周围环境和生态。

安全检查与改进：事故处理后进行全面的安全检查，找出事故原因，采取措施防范类似事故再次发生。

2. 交通事故

（1）预防与减灾

交通管理与监测：加强交通管理，通过交通监测系统监控交通流量、道路状况，实时发现交通安全隐患。

交通安全教育：推广交通安全知识，增强驾驶员和行人的交通安全意识，减少交通事故的发生。

（2）应急响应

快速救援：建立快速救援队伍，迅速赶赴事故现场进行伤员救援和交通疏导。

事故处理：及时通知交警、医疗人员到现场进行事故处理，维持交通畅通，并救治伤员。

（3）恢复与重建

事故评估与改进：进行事故评估，找出事故原因，改进交通管理措施，提高道路交通安全性。

交通设施修复：对受损的交通设施进行修复和重建，确保道路和桥梁的安全通行。

（三）公共卫生事件

1. 传染病暴发

（1）预防与减灾

早期监测与报告：建立健全的传染病监测与报告系统，确保早期发现疫情，加强病例报告和信息分享。

防控措施宣传：加强传染病防控知识的宣传，提高公众对传染病的认知，促使民众采取自我防护措施。

（2）应急响应

隔离与检疫：建立快速隔离与检疫措施，对病例进行隔离治疗，阻断疫情扩散。

大规模疫苗接种：在疫情控制的基础上，进行大规模的疫苗接种，提高人群免疫力。

（3）恢复与重建

重建医疗体系：对因疫情而受损的医疗体系进行重建，增加医疗资源，提高医疗救助能力。

心理健康支持：提供心理健康支持服务，协助受疫情影响的人们恢复心理健康。

2.环境污染事件

（1）预防与减灾

污染源监测与控制：建立环境污染监测系统，监控可能导致污染的工业企业和化学品储存设施，提前发现并控制污染源。

安全生产监管：强化对生产企业的安全生产监管，确保其符合环保标准，减少事故发生的可能性。

（2）应急响应

污染区域隔离：迅速对污染区域进行隔离，防止污染扩散。

污染清理与治理：组织专业队伍进行污染清理与治理，减少对环境的长期影响。

（3）恢复与重建

环境修复：对受污染的土壤、水体等环境进行修复工作，恢复生态系统。

企业改进与监管加强：对污染事故企业进行整改，提高其安全生产水平，并加大监管力度，预防类似事件再次发生。

不同灾害情境下的灾害应急响应策略需要根据具体的灾害类型和特点进行科学规划和实施。在预防与减灾阶段，强化监测、预警和安全管理是关键；在应急响应阶段，快速救援、紧急疏散和隔离治疗等措施是至关重要的；而在恢复与重建阶段，重建基础设施、环境修复、企业整改和监管加强等都是必要的工作。通过全社会的合力，科学应对各种灾害，不仅能够最大限度地减轻灾害造成的损失，还能够促进社会的可持续发展。

第五节　灾后损失评估与边坡重建规划

一、损失评估的方法与指标体系

损失评估是灾害管理中非常关键的环节，它旨在全面、客观地评估灾害事件对人们生命、财产、环境以及社会经济的影响。本节将介绍损失评估的方法与指标体系，以帮助构建更有效的灾害风险管理体系。

（一）损失评估的定义与目的

1.定义

损失评估是指在灾害事件发生后，对受灾区域的各项损失进行系统、科学、综合评估的过程。这包括人员伤亡、房屋倒塌、基础设施破坏、经济损失、环境影响等多个方面。

2.目的

决策支持：提供决策者有关应急响应、恢复重建和风险管理的信息，帮助其制定切实有效的灾害管理策略。

资源配置：为有限的救援和恢复资源分配提供科学依据，确保资源能够优先用于最需要的地方。

风险评估：帮助分析灾害事件的风险水平，为未来的灾害防范和减灾提供经验和依据。

（二）损失评估的方法

1.定性方法

（1）专家判断

专家判断是一种主观定性的方法，依赖专业人员的经验和知识。专家根据其对灾害事件的了解，对受灾情况进行主观判断。这种方法在信息不足或无法量化的情况下发挥作用，但其局限性在于可能受主观因素的影响。

（2）事后调查与案例分析

通过事后调查和案例分析，收集灾害发生后的详细信息，包括人员伤亡情况、财产损失、环境影响等。通过分析案例，总结出规律性的损失模式，提高对未来灾害的预测和评估能力。

2.定量方法

（1）统计模型

统计模型利用历史数据和统计方法，建立数学模型来描述灾害事件的发生和影响。例如，对于地震，可以使用震级、震源深度等参数，通过统计方法预测可能的人员伤亡和建筑损失。

（2）经济损失评估

经济损失评估是一种常见的定量方法，通过对受灾地区的经济体系进行分析，包括产业损失、商业损失、农业损失等。这需要针对灾害事件对生产力、交通、贸易等方面的影响进行全面评估。

（3）社会成本－效益分析

社会成本－效益分析是一种综合考虑灾害影响的方法，将灾害引起的损失与救援、恢复的成本进行比较。这种方法考虑到了灾害管理活动的效益，有助于优化资源配置。

3. 集成方法

（1）地理信息系统（GIS）

GIS结合了地理信息和统计数据，可以提供可视化的损失评估。通过GIS技术，可以绘制受灾区域的地图，标注受灾程度、人员分布、资源分布等信息，为决策者提供直观的空间分布信息。

（2）风险评估模型

风险评估模型综合考虑了灾害发生的可能性、影响的程度以及社会脆弱性等多个因素。这些模型使用复杂的算法，结合大量的数据，为决策者提供全面的风险信息。

（三）损失评估的指标体系

1. 人员伤亡指标

（1）人员伤亡数

损失评估的基本指标之一是人员伤亡数，包括死亡、受伤、失踪等。这是一个直观、容易理解的指标，反映了灾害对人们生命安全的影响力。

（2）伤亡率

伤亡率是指在受灾区域内，死亡和受伤人数与总人口之比。它可以帮助评估灾害对人群的整体影响程度。

2. 财产损失指标

（1）经济损失

经济损失是指受灾地区在灾害事件中所遭受的财产损失，包括建筑物、基础设施、农田、商业损失等。经济损失是损失评估中一个关键的经济指标，它涵盖了多个方面的损失，为决策者提供了关于灾害影响的直观信息。

（2）直接损失和间接损失

直接损失：包括直接受灾的建筑物和财产的损失，以及因灾害导致的生产中断、商业中断等。

间接损失：包括由于直接损失而引起的连锁反应，例如失业、供应链中断、市场波动等。

3. 社会影响指标

（1）社会脆弱性

社会脆弱性是指社会体系对灾害的抵抗和应对能力。评估社会脆弱性包括对教育水平、医疗体系、社会安全网等多个方面的考察，以更好地理解社会对灾害的整体脆弱性。

（2）心理健康影响

灾害会对人们的心理健康产生深远的影响。人们可能产生创伤、焦虑、抑郁等心理问题。通过评估心理健康影响，可以更全面地理解灾害事件对社会的影响。

4. 环境影响指标

（1）自然资源损失

自然资源损失包括水资源、土壤、植被等在灾害中遭受的破坏。这些损失会对生态平衡和可持续发展产生长期影响。

（2）生态系统破坏

灾害事件可能导致生态系统破坏，如湿地消失、动植物死亡等。评估这些生态系统的损失，有助于理解灾害对自然环境的影响。

5. 时间因素

（1）恢复时间

恢复时间是指受灾区域从灾害中完全康复和恢复正常生活所需的时间。这是一个关键性的指标，影响着受灾地区的社会、经济和环境可持续性。

（2）恢复成本

恢复成本是指将受灾地区恢复到灾害前状态所需的资金数额。这包括救援、重建、恢复等各方面的费用，是一个决定资源投入的重要因素。

（四）损失评估的挑战与未来发展方向

1. 数据不确定性

由于灾害事件的突发性，常常存在数据不完备、不准确的情况。这使得损失评估的准确性受到挑战。未来需要进一步完善数据收集和共享机制，提高数据质量。

2. 多维度评估的复杂性

灾害的影响涉及多个方面，包括人员伤亡、财产损失、社会、环境等。多维度评估的复杂性要求采用更加综合的模型和方法，更好地考虑各方面的因素。

3. 社会脆弱性的深入研究

社会脆弱性对灾害的影响至关重要，未来需要深入研究社会体系的韧性和脆弱性，以更好地理解社会对灾害的应对能力。

4. 全球化背景下的合作

随着全球化的加深，跨国灾害管理变得更为重要。国际合作与信息共享对于全球范围内的灾害评估至关重要。未来需要建立更加紧密的国际合作机制，共同应对全球性灾害挑战。

5.利用新技术

新技术如人工智能、大数据、物联网等在损失评估中发挥着越来越重要的作用。这些技术能够提供更加实时、精准的数据，为灾害管理提供更好的决策支持。

损失评估是灾害管理中的关键环节，它通过全面、系统地评估灾害影响，为决策者提供科学依据，指导灾害应急响应和后续的恢复工作。不同的损失评估方法和指标体系能够从不同维度为决策者提供所需的信息，帮助其更好地理解灾害事件的影响力。然而，损失评估仍面临数据不确定性、多维度评估的复杂性等挑战。

二、灾后边坡重建的紧急性与优先级

灾后边坡重建的紧急性与优先级是一个在自然灾害发生后至关重要的议题。边坡灾害可能对人们的生命、财产和生态环境造成严重威胁，因此，及时、科学、有效地进行边坡重建具有紧迫性。本节将探讨边坡灾害的紧急性，分析边坡重建的优先级，并讨论相关的策略和措施。

（一）边坡灾害的紧急性

1.生命安全威胁

边坡灾害可能导致滑坡、泥石流等情况发生，对居民和过往行人的生命安全构成直接威胁。滑坡往往突发、迅猛，可能在短时间内造成严重的人员伤亡。因此，紧急采取边坡重建措施对于防止灾害进一步蔓延，保障人们的生命安全至关重要。

2.财产损失和经济影响

边坡灾害不仅对人们的生命构成威胁，还可能对财产造成巨大损失。房屋、基础设施、农田等都可能受到影响，并因此造成严重的财产损失。这不仅对个体家庭经济造成冲击，也对整个社区和地区的经济发展造成阻碍。因此，紧急展开边坡重建工作有助于尽早减轻财产损失，促进经济的快速恢复。

3.生态环境恢复

边坡灾害可能对生态环境造成破坏，包括植被破坏、土壤侵蚀等问题。这对于生态平衡和生态系统的稳定产生负面后果。紧急进行边坡重建工作有助于快速恢复受灾区域的生态环境，减少环境损害。

（二）边坡重建的优先级

1.人员密集区域

在人员密集区域，如城市、居民区、商业区等，边坡灾害的影响可能更为严重。因此，对于这些区域，边坡重建的优先级应较高。确保人员的生命安全和财产不受严重威胁是首要任务。

2. 重要基础设施

一些关键的基础设施，如道路、桥梁、水电站等，如果受到边坡灾害的影响，可能对整个区域的交通、供水、供电等产生严重影响。因此，重要基础设施的边坡重建应被列为优先考虑的任务，以保障基础设施的正常运行。

3. 高风险区域

根据地质勘察和风险评估的结果，高风险区域应被纳入边坡重建的紧急计划。这些区域可能更容易发生边坡灾害，因此需要更为紧急和有针对性的重建工作。

4. 受灾规模和影响程度

考虑到边坡灾害的不同规模和影响程度，对于受灾规模较大、影响程度较严重的区域，其边坡重建的优先级应较高。这有助于在有限的资源下，更有效地减轻灾害影响。

5. 社区和居民需求

边坡重建的优先级还应考虑社区和居民的需求。灾后的社区和居民可能面临住房短缺、生计困难等问题，因此，要优先考虑满足他们的基本需求，提高社区的整体抗灾能力。

（三）边坡重建的策略与措施

1. 地质勘查和风险评估

在进行边坡重建之前，必须进行地质勘查和风险评估。通过全面了解灾害地质条件、边坡结构、降雨情况等，评估边坡的稳定性，为后续的重建工作提供科学依据。

2. 工程结构加固

通过采用适当的工程结构加固方法，提高边坡的稳定性。这可能包括土石方工程、加固植被、设置挡土墙等。加固工程需要根据实际情况设计，并确保其科学、可行。

3. 治理水土流失

水土流失是导致边坡灾害的重要原因之一。因此，在边坡重建过程中，需要采取有效措施治理水土流失，减少土壤侵蚀，提高边坡的抗灾能力。这可能包括植被覆盖、设置护坡、引导雨水等方法，以减缓水土流失的速度。

4. 生态修复

边坡重建过程中，应注重对受灾地区的生态修复。通过植树造林、草本植被恢复等措施，促进生态系统的恢复和稳定，减少对生态环境的持久性影响。

5. 灾后监测与应急响应

建立边坡灾后监测体系，通过遥感技术、地面监测等手段，实时监测边坡的变化情况。同时，建立健全的应急响应机制，一旦发现边坡有不稳定的迹象，能够迅速采取应急措施，减轻可能的灾害影响。

6. 社区参与和教育

在边坡重建的过程中，应鼓励社区居民的积极参与。通过开展培训、宣传等活动，提高居民对边坡重建的认知和理解，增强他们的抗灾能力。社区居民了解边坡灾害的防范知识，可以更好地参与到防灾减灾的工作中。

7. 多部门协同合作

边坡重建是一个综合性的工程，涉及地质、工程、生态、社会等多个方面。因此，需要多部门之间的协同合作。政府、科研机构、社区组织等应共同努力，形成合力，推动边坡重建工作的有序进行。

（四）未来发展方向

1. 先进技术的应用

未来在边坡重建领域，应加强先进技术的研究和应用。包括地质勘查技术、遥感技术、工程结构设计等方面的创新，以提高边坡重建的科学性和效果。

2. 智能监测系统

建立智能监测系统，通过传感器、人工智能等技术，实现对边坡的实时监测。智能监测系统能够更及时、精准地发现潜在的边坡问题，为灾害的防范提供更加有力的支持。

3. 生态防护与修复技术

在边坡重建中，应更加注重生态防护与修复技术。通过合理的植被配置、水土保持等手段，实现对边坡的生态修复，提高其自然的抗灾能力。

4. 风险管理与预警体系

建立健全的边坡灾害风险管理与预警体系，通过地质勘查、气象监测等手段，实现对边坡灾害潜在风险的科学评估和预警。提前采取有效措施，减缓灾害发生的可能性。

5. 国际合作与经验交流

边坡灾害常常跨越地域界限，因此，国际合作与经验交流对于提高全球范围内的边坡重建水平具有重要意义。通过与国际组织、其他国家间的合作，共同研究解决方案，促进边坡重建技术的创新和进步。

边坡灾害的紧急性在于其可能对人们的生命安全、财产和生态环境造成严重影响。因此，在灾害发生后，及时展开边坡重建工作具有至关重要的意义。确定边坡重建的优先级需要考虑多个因素，包括人员密集区域、重要基础设施、高风险区域等。同时，采取科学的策略和措施，如地质勘查、工程结构加固、生态修复等，有助于提高边坡的抗灾能力。未来，通过先进技术的应用、智能监测系统的建立、生态防护与修复技术的发展等方面的努力，可以更好地应对边坡灾害带来的挑战，实现边坡重建工作的可持续发展。

三、重建规划中的环保与可持续发展考虑

重建规划中的环保与可持续发展考虑是应对自然灾害后的一项重要任务。在灾害发生后，不仅需要尽快地进行灾后重建，也应该注重环保和可持续发展，以确保重建过程中不再引发新的环境问题，并在长期内保持社区的可持续性。本节将讨论在重建规划中如何有效地融入环保与可持续发展的考虑，以实现灾后社区的全面恢复和未来的可持续发展。

（一）灾后重建中的环境挑战

在自然灾害发生后，灾区常常面临着严重的环境问题。例如，土地沉积、水土流失、生态系统破坏等，可能对环境产生长期的负面影响。如果在灾后重建中规划不合理，容易导致新的环境问题，进而影响社区的可持续发展。因此，灾后重建过程中需要认真考虑环境挑战，采取措施保护和改善环境。

（二）融入环保与可持续发展的重建原则

1. 可持续用地规划

在灾后重建规划中，应采用可持续用地规划原则。这包括合理划分土地用途，保留自然生态空间，确保城市的绿地比例，避免过度开发对自然环境的破坏。此外，应考虑防灾减灾的因素，避免在高风险区域进行建设，减少灾害发生的可能性。

2. 生态系统保护与修复

在重建过程中，应注重对受灾生态系统的保护与修复。通过植被的引入、湿地的建设、水土保持工程等手段，促进生态系统的自然修复，提高社区的生态稳定性。生态系统的保护不仅有助于减轻环境压力，还能提供生态服务，如水源涵养、气候调节等。

3. 环保建筑与基础设施

在建筑和基础设施方面，应采用环保的设计和建设原则。使用可再生能源、采用环保建材、推广低碳技术，以减少对能源和资源的消耗。此外，规划和建设可持续的交通系统，鼓励低碳出行，减少交通方面因排放对环境造成的不良影响。

4. 循环经济理念

在灾后重建中，引入循环经济理念是推动可持续发展的有效途径。通过推广废弃物的分类处理、资源回收再利用，减少对自然资源的过度开采，降低对环境的压力。

同时，促进循环经济产业的发展，推动社区经济的可持续增长。

（三）可持续发展的社区规划与管理

1. 社区参与和治理

可持续发展需要建立在社区层面的广泛参与和有效治理基础之上。在灾后重建规划中，应注重社区居民的参与，听取他们的意见和建议，确保规划的合理性和可行性。同时，建立健全的社区治理机制，提高社区的自我管理和抗灾能力。

2. 教育与培训

为社区居民提供环保和可持续发展的教育与培训，提高他们对环保问题的认知水平。通过开展环境教育、技能培训等活动，增强社区居民的环保意识和可持续发展理念。这有助于形成一个环保友好的社区文化。

3. 经济多元化与社会稳定

在可持续发展的社区规划中，应鼓励经济的多元化。通过引入新的产业、发展生态旅游、支持小微企业等方式，实现社区经济的多元化，减少对特定产业的依赖。这有助于提高社区的经济韧性和社会稳定性。

4. 空间布局与资源利用

合理的空间布局和资源利用是可持续发展的重要组成部分。在社区规划中，应考虑到地理环境、自然资源分布等因素，制订科学合理的用地规划，实现资源的高效利用和合理配置。避免过度开发、过度利用的行为，保护自然环境。

5. 城市绿化与生活品质

城市绿化是推动可持续发展的关键因素之一。在社区规划中，应注重城市绿化工作，增加绿地面积，改善城市生态环境，提高居民的生活品质。绿地不仅有助于提升城市景观，还能减轻城市的热岛效应，改善空气质量，促进居民的身心健康。

6. 公共服务设施建设

可持续发展的社区需要具备完善的公共服务设施。在规划和管理中，应重视公共教育、医疗、文化、体育等服务设施的建设。这不仅能够提高社区居民的生活质量，还有助于形成社会共建共享的良好氛围，推动社区的可持续发展。

（四）环保与可持续发展的挑战与应对

1. 技术创新与应用

在实现环保与可持续发展的过程中，技术创新是关键的驱动力。需要在能源、建筑、交通等领域推动先进技术的研发和应用，以提高资源利用效率，减少环境污染。

2. 资金支持与投资

实施环保与可持续发展规划需要大量的资金支持。政府、企业和社会各界需要加大对可持续发展项目的投资力度。建立多元化的融资体系，引导社会资本参与，推动可持续发展项目的顺利实施。

3. 法律法规与政策支持

环保与可持续发展需要有明确的法律法规和政策支持。政府应制定并不断完善相关法规，为环保和可持续发展提供法律保障。同时，建立激励机制，推动企业和个人更加积极地参与环保事业。

4. 社会参与和共建共享

可持续发展需要整个社会的广泛参与。政府、企业、居民等各方应加强沟通与合作，形成共建共享的发展理念。通过社区居民的积极参与，形成可持续发展的共同愿景，推动社区建设向着更加良好的方向发展。

5. 教育与宣传

提高公众对环保与可持续发展的认知水平是关键的一环。通过教育和宣传活动，增强社区居民对环保重要性的认识，培养环保意识，形成良好的环保行为习惯。这有助于推动社会文化的转变，促使可持续发展理念深入人心。

在灾后重建过程中融入环保与可持续发展的考虑，是实现社区全面恢复和未来可持续发展的关键。通过可持续用地规划、生态系统保护与修复、环保建筑与基础设施、循环经济理念等方面的努力，可以有效减少灾后重建过程中可能产生的环境问题，促使社区朝着更加可持续的方向发展。然而，要实现这一目标，需要面对如技术创新、资金支持、法律法规与政策支持等多方面的挑战。

第六节　地质灾害灾后生态修复与环境保护

一、灾后生态修复的原则与目标

灾后生态修复是指在自然灾害发生后，对受灾地区的生态环境进行有序、科学的恢复和重建的过程。这一过程旨在减轻灾害对生态系统造成的损害，保护生物多样性，维护生态平衡，提高生态系统的抗灾能力。本节将探讨灾后生态修复的原则与目标，以指导相关工作的实施。

（一）灾后生态修复的基本原则

1.生态优先原则

在进行灾后生态修复时，应坚持生态优先的原则，即以生态系统的健康和稳定为最终目标。这意味着在修复过程中，应优先考虑植被的恢复、土壤的改良、水体的净化等生态系统的核心要素，确保生态功能的正常运作。

2.自然恢复优先原则

自然恢复是指通过自然的生态过程，逐步实现生态系统的自我修复和再生。在灾后生态修复中，应首先考虑和利用自然恢复的力量。避免过度的人为干预，给予受灾区域足够的时间和空间，以促进自然过程对生态系统的修复。

3.多样性与复杂性原则

生态系统的多样性和复杂性是其稳定性和抗灾能力的重要保障。在生态修复中，应注重引入多样性的植被、动物和微生物，还原生态系统的复杂结构。通过提高生物多样性，增加物种的适应性，提升整个生态系统的稳定性。

4.参与与合作原则

灾后生态修复是一个综合性、复杂性的工程，需要多方面的参与与合作。政府、科研机构、社区居民等各方应积极参与生态修复工作，形成合力。跨部门、跨领域的协同合作有助于提高修复效果，确保各方面的利益得到平衡。

5.可持续发展原则

灾后生态修复应当遵循可持续发展的原则，即在修复过程中要综合考虑社会、经济和环境的协调发展。修复措施不仅要有利于生态系统的复原，还要符合社会和经济的可持续发展需求。保障当地社区的生计和发展，促进受灾地区全面复苏。

（二）灾后生态修复的目标

1.恢复生态平衡

灾害通常会破坏生态系统的平衡，导致生物多样性减少、土壤质量下降、水体污染等问题的发生。灾后生态修复的首要目标是恢复生态平衡，使各种生态要素之间的关系重新达到稳定状态。通过合理的植被配置、土壤修复、水体治理等手段，还原生态系统的平衡状态。

2.保护关键生态功能

生态系统具有许多关键功能，如水源涵养、土壤保持、气候调节等。在灾后修复中，应重点保护和加强这些关键生态功能。通过植被的恢复，改良水土环境，确保生态系统对人类社会的支持和服务能力。

3. 提升生态系统的抗灾能力

灾后修复旨在提高生态系统的抗灾能力，使其更好地应对未来可能发生的自然灾害。通过引入抗灾性强的植物种类、采取土地保护措施、加强水体管理等方式，增强生态系统的恢复和适应能力。

4. 促进生物多样性

生物多样性是生态系统健康和稳定的重要指标。灾后修复应当致力于恢复和提升生物多样性。通过保护濒危物种、建设野生动植物栖息地、推动物种迁徙等方式，促进生物多样性的增加。

5. 改善环境质量

自然灾害可能对土壤、水体、大气等环境要素造成污染和破坏。因此，灾后生态修复的目标之一是改善环境质量。通过采取适当的治理措施，减轻或消除环境污染，保障人类和其他生物的生存环境。

6. 促进社区可持续发展

灾后修复工作不仅要对自然生态系统进行修复，还应注重社区的可持续发展。通过引入生态旅游、开发绿色产业、培养生态教育等手段，促进社区的经济、社会和环境的协调发展。

7. 促进土地可持续利用

在灾后生态修复中，土地是一个重要的焦点。目标是通过科学合理的土地管理和利用，确保土地利用的可持续性。这包括防止过度开发、遏制土地退化、促进土壤肥力的提高等方面的工作。通过土地的可持续利用，确保地表覆盖的稳定性，为生态系统提供坚实的基础。

8. 保障人类健康

生态系统的健康直接关系到人类的生存和发展。因此，灾后生态修复的一个重要目标是保障人类健康。通过改善环境质量、提高饮用水安全、减少自然灾害对人类的危害等手段，确保受灾区域居民的身体健康。

9. 促进社区社会稳定

自然灾害常常给社区带来严重的社会冲击，影响社会稳定。因此，灾后生态修复的目标之一是促进社区社会稳定。通过提供就业机会、改善居住环境、加强社区居民的社会安全感等方式，促进社区的社会稳定和可持续发展。

（三）灾后生态修复的实施步骤

在明确了灾后生态修复的原则与目标后，下面将介绍一些常见的实施步骤，以指导实际工作的开展。

1. 评估受灾生态系统状况

在实施生态修复之前，首先需要对受灾生态系统的状况进行全面的评估。这包括土壤质量、植被状况、水体污染程度等多个方面。通过科学的评估，确定灾后生态修复的重点和方向。

2. 制订生态修复计划

根据评估结果，制订详细的生态修复计划。计划应包括具体的修复目标、实施步骤、时间表和资源投入等方面的内容。制订科学合理的计划有助于引导后续的实施工作，确保修复的效果。

3. 选择适当的修复措施

根据受灾生态系统的实际情况，选择适当的修复措施。这可能包括植被恢复、土壤改良、水体治理、生态工程等多种手段。选择合适的修复措施需要考虑当地的地理、气候、土壤等多个因素。

4. 实施生态修复工程

在计划确定并选择了适当的修复措施后，开始实施生态修复工程。这需要有组织、有计划地进行，确保各项工程有序推进。实施过程中需要密切监测生态系统的变化，及时调整和优化修复措施。

5. 生态修复效果评估

生态修复工程完成后，需要对修复效果进行评估。这可以通过监测植被覆盖率、土壤质量、水体水质等指标来进行。通过评估，了解修复效果，为未来的类似工程提供经验教训。

6. 持续监测与管理

生态修复不是一劳永逸的过程，需要进行持续的监测与管理。定期检查生态系统的状况，发现问题及时处理，能确保修复效果的长期稳定。同时，根据监测结果调整管理策略，以此提高生态系统的适应性。

（四）灾后生态修复的挑战与对策

在实施灾后生态修复时，可能面临一些挑战，了解这些挑战并采取相应对策是确保修复工作成功的关键。

1. 生态系统复杂性和不确定性

生态系统的复杂性和不确定性使得灾后生态修复工作充满挑战。不同地区、不同灾害类型带来的影响各异，需要因地制宜。因此，应采用科学的方法和技术，结合实际情况，制订有针对性的修复计划。

2. 资金和技术支持不足

灾后生态修复需要大量的资金和高水平的技术支持。然而，在一些贫困地区或发展中国家，这方面的资源可能相对匮乏。解决这一问题的关键在于加强国际合作，吸引更多的资金和技术投入。

3. 社会参与度不高

灾后生态修复涉及广泛的社会利益，需要社区居民的积极参与。然而，由于信息传递、社会组织等方面的问题，社会参与度可能不高。因此，应加强宣传教育，提高社区居民对生态修复的认知和参与度。

4. 生态修复与社区发展的平衡

在灾后生态修复中，需要平衡生态修复与社区发展之间的关系。有时，为了生态修复可能需要限制土地利用，这可能对当地居民的生计和社区的发展产生负面影响。因此，需要在修复计划中综合考虑社区的可持续发展需求，从中寻找生态与社区发展的平衡点。

5. 知识和经验不足

由于每次自然灾害的特殊性，灾后生态修复的知识和经验相对有限。在某些情况下，可能需要面对未知的挑战。为了解决这一问题，可以通过建立多学科团队、加强科研合作等方式，提升灾后生态修复的科学性和实效性。

6. 生态修复长效机制不完善

一次性的生态修复工程可能难以持续发挥效果，需要建立起长效的生态修复机制。这需要政府、社区和企业等多方的共同努力，通过建立法规、激励措施、社区组织等方式，形成生态修复的长效机制。

灾后生态修复是一个综合性而复杂的任务，需要科学的规划、有效的实施和持续的监测与管理。在修复过程中，遵循生态优先、自然恢复优先、多样性与复杂性、可持续发展等原则，以实现恢复生态平衡、保护关键生态功能、提升生态系统抗灾能力、促进生物多样性等多个目标。同时，需要面对一系列的挑战，包括生态系统复杂性、资金和技术支持不足、社会参与度不高等问题，应通过合作、创新和长效机制的建立，逐步克服这些挑战，推动灾后生态修复工作的顺利进行，实现生态与社会的可持续发展。

二、生态修复技术在灾后环境保护中的应用

自然灾害如地震、洪水、飓风等常常对环境造成严重破坏，给生态系统和人类社会都带来巨大影响。为了减轻灾害带来的环境压力，保护生态平衡，生态修复技术应运而生。

（一）生态修复技术概述

1.生态修复的定义

生态修复是指通过人为手段，对受到破坏或恶化的生态系统进行有计划、有组织的修复和重建的过程。其目的是还原或改善受灾生态系统的结构和功能，使其重新达到生态平衡。

2.生态修复技术的分类

生态修复技术包括多种手段，根据修复对象和方法的不同，可以分为以下几类。

植被修复技术：通过引入适应性强、对环境适应性好的植物，促进植被的快速恢复，防止水土流失，改善土壤质量。

土壤修复技术：通过改良土壤结构、提高土壤肥力、减轻土壤污染等手段，恢复土壤的生态功能。

水体修复技术：针对河流、湖泊等水体，采取生物修复、水体净化等手段，提高水质，促进水生态系统的恢复。

湿地修复技术：通过恢复湿地植被、水位调控等手段，保护湿地生态系统，提高其生态服务功能。

野生动植物保护技术：通过建设野生动植物栖息地、禁猎、保护濒危物种等手段，促进野生生物的繁衍和生态平衡。

（二）生态修复技术在不同灾害场景下的应用

1.地震灾害

地震常常导致土壤液化、山体滑坡等问题，对植被和土壤造成破坏。在地震灾害中，生态修复技术可以应用于以下几方面。

植被恢复：选择耐旱、耐盐碱的植物，通过植被的恢复防止土壤侵蚀，加强土壤保持能力。

土壤修复：利用土壤改良技术，提高土壤的结构和肥力，减轻地震对土壤的影响。

水体修复：处理地震造成的水体污染，保护水生态系统。

2.洪水灾害

洪水带走植被、破坏土壤，导致水体淤积和河岸退化。在洪水灾害中，生态修复技术可以应用于以下几方面。

植被修复：采用抗洪水的植被，通过植被的根系结构减缓洪水流速，减少洪水冲击。

土壤修复：采用植物根系改良土壤结构，减少土壤侵蚀，提高土壤保水能力。

水体修复：通过生物修复、水体净化等手段，减轻洪水对水体生态系统的冲击。

3. 飓风或台风灾害

飓风或台风可能带来强风、强雨等极端天气，对植被和土壤造成破坏。在这类灾害中，生态修复技术可以应用于以下几方面。

植被修复：选择抗风抗雨的植物，通过植被的稳定性减轻飓风或台风对土壤的侵蚀。

土壤修复：利用植物的根系改良土壤，减轻土壤流失，提高土壤的抗灾能力。

湿地修复：恢复湿地植被，通过湿地的自然缓冲作用，减缓飓风或台风对内陆地区的影响。

4. 森林火灾

森林火灾可能导致大片植被烧毁，土壤暴露，通常会对生态系统造成巨大影响。在森林火灾灾害中，生态修复技术可以应用于以下几方面。

植被恢复：选择易于生长、耐火的植物，通过植被的快速恢复减轻土壤侵蚀，防止火势的蔓延。

土壤修复：采用植物修复、土壤改良等手段，促进土壤的快速恢复，减轻火灾对土壤的破坏。

水体修复：处理由于火灾引起的水体污染，保护水生态系统。

5. 干旱灾害

干旱可能导致植被枯萎、土壤干裂，对生态系统和农业产生负面影响。在干旱灾害中，生态修复技术可以应用于以下几方面。

植被修复：选择耐旱的植物，通过植被的恢复提高土壤保水能力，减轻干旱对土壤的影响。

土壤修复：采用保水措施、土壤改良技术，提高土壤的保水性和肥力。

水体修复：通过合理的水资源管理，维护水体生态平衡，减轻干旱对水体生态系统的冲击。

（三）生态修复技术的原理与方法

1. 植被修复原理与方法

选择适应性强的植物：根据灾害场景的特点，选择具有抗逆性强、生长迅速的植物，以促进植被的快速恢复。

植被配置与结构优化：合理配置植被，提高植被的覆盖率，通过树木、草本植物等的协同作用，减缓水土流失，保护土壤。

人工引种与自然更新相结合：利用人工引种加速植被恢复的过程，同时保留和促进自然更新，实现植被多样性。

2.土壤修复原理与方法

植物根系改良土壤：选择深根植物，通过其根系结构改良土壤，增加土壤的孔隙度，提高土壤通气性和保水性。

有机物添加与土壤改良：通过向土壤添加有机物质，如腐殖质、腐植酸等，改良土壤结构，提高土壤的肥力。

水土保持工程：建设防风固沙、防治水土流失的工程，减缓土壤侵蚀，保护土壤。

3.水体修复原理与方法

生物修复：引入水体中适应性强的水生植物和微生物，通过生物吸附、降解等方式，净化水体。

水体循环调控：通过调整水体的流速、深度等参数，实现水体循环，促进水体中有害物质的自然分解和沉淀。

湿地建设：建设湿地生态系统，通过湿地的自净能力，减轻水体污染。

4.野生动植物保护原理与方法

建设野生动植物栖息地：通过合理规划，创造适宜的生态环境，提供野生动植物栖息、繁衍的场所。

禁猎与物种保护：制定合理的狩猎政策，加强对濒危物种的保护，维护生态平衡。

推动物种迁徙：通过采取多种措施，如修建通道、建设过渡区等，促进动物的自然迁徙，维持物种多样性。

三、灾后环境监测与管理的体系建设

自然灾害引发的环境问题对生态系统、人类健康和社会稳定都带来巨大的挑战。因此，灾后环境监测与管理的体系建设至关重要。

（一）灾后环境监测与管理的重要性

1.灾后环境问题的复杂性

自然灾害如地震、洪水、飓风等不仅直接导致人员伤亡和财产损失，还对环境产生深远影响。土壤污染、水体受损、空气质量下降等环境问题需要及时监测和有效管理，以减轻环境压力，防止次生灾害的发生。

2.保障生态系统功能

灾后环境监测与管理的目标之一是保障生态系统的功能。自然灾害可能破坏植被、破坏水体生态系统，影响生态平衡。通过监测生态系统的恢复情况，采取相应措施，有助于保障生态系统的稳定运行。

3. 人类健康与社会安全

环境问题的存在直接威胁人类健康和社会安全。灾后可能导致污水泄漏、化学品泄漏等情况，对饮用水质量和空气质量产生负面影响。通过灾后环境监测，可以及时发现潜在的危害，以采取有效措施保障人类健康和社会安全。

4. 预防次生灾害

自然灾害后，环境问题可能引发次生灾害，如滑坡、泥石流等。通过灾后环境监测，可以及时掌握灾后环境状况，预防次生灾害的发生，最大限度地减轻灾害带来的综合影响。

（二）灾后环境监测与管理体系建设的原则

1. 综合性与系统性原则

灾后环境监测与管理体系应具备综合性和系统性，全面覆盖空气、水、土壤等多个环境要素。只有综合监测各个环境要素的变化，才能全面了解环境状况，为科学决策提供支持。

2. 及时性与动态性原则

灾后环境监测需要具备及时性和动态性，能够实时获取环境数据，并根据数据的动态变化进行调整。只有及时了解环境状况的变化，才能采取有效的管理措施，防止问题进一步扩大。

3. 可追溯性与透明性原则

监测数据应具备可追溯性和透明性，确保数据的来源可查、数据的采集过程可追溯。透明的监测数据可以提高社会公众对环境问题的认知，增加对灾后管理决策的信任。

4. 科技化与信息化原则

充分利用现代科技手段和信息化技术，采用遥感、传感器等先进技术进行监测。科技化和信息化的手段有助于提高和扩大监测数据的准确性和覆盖范围，提升监测与管理的效率。

5. 参与性与社会化原则

在环境监测与管理中，应强调公众的参与性和社会化。通过借助社区力量、专业组织和志愿者等，形成多方合作的模式，实现全社会对环境问题的监测与管理。

（三）灾后环境监测与管理体系的关键要素

1. 监测网络建设

建立完善的监测网络是灾后环境监测与管理体系的基础。监测网络覆盖范围广、监测点位分布合理，可以全面获取环境数据，为决策提供可靠的基础信息。

2.数据采集与传输技术

采用先进的数据采集与传输技术，确保监测数据的实时性和准确性。无人机、遥感卫星、传感器等技术的运用可以实现对不同环境要素的高效监测。

3.数据处理与分析能力

建设灾后环境监测与管理体系需要具备强大的数据处理与分析能力。利用大数据、人工智能等技术，对监测数据进行深度分析，挖掘潜在问题和趋势，为科学决策提供支持。

4.管理与决策支持系统

构建灾后环境监测与管理体系需要建设管理与决策支持系统,通过整合监测数据、分析结果和专家意见，为决策者提供科学、全面的信息。这样的系统可以帮助制定灵活有效的管理措施，应对不同环境问题。

5.风险评估与应急预案

灾后环境监测与管理体系中必须包括风险评估与应急预案。风险评估可以帮助确定潜在的环境问题，为应急管理提供依据。而制定科学合理的应急预案则可以在环境问题发生时迅速应对，减轻灾害的影响。

6.公众参与和社会共治

在灾后环境监测与管理中，公众的参与至关重要。应建设一个开放、透明的监测与管理平台，引导社会各界积极参与环境监测、问题反馈和决策制定，形成社会共治的格局。

灾后环境监测与管理的体系建设是一项综合性、系统性的工程，涉及技术、资金、人才等多个方面。通过制定科学的原则、整合关键要素、借鉴成功案例以及应对各种挑战，可以建立健全的监测与管理体系，为灾后环境问题的科学化解决提供有力支持。这一工作不仅有助于保障生态系统的良好功能，也为人类健康和社会安全提供了重要保障。只有通过全社会的努力，才能更好地应对自然灾害带来的环境挑战，实现可持续发展的目标。

第六章 社会与环境影响评价

第一节 边坡工程对周边社会的影响评价

一、社会影响评价的基本原则和框架

社会影响评价是在规划、政策、项目等决策过程中，系统评估其对社会各个方面可能产生的影响的过程。社会影响评价的目的是确保决策的可持续性，促进社会的公正和可持续发展。本节将探讨社会影响评价的基本原则和框架，以期为各类决策提供科学的社会影响评价方法。

（一）社会影响评价的基本原则

1. 可持续性原则

可持续性原则是社会影响评价的核心原则之一。评价的对象，无论是规划、政策还是项目，都应当注重长期发展和维持社会平衡。社会影响评价需要考虑决策的经济、社会、环境三方面的可持续性，确保决策不会在短期内因取得经济利益而损害了社会公正和环境稳定。

2. 公平公正原则

社会影响评价应当坚持公平公正的原则，确保各类社会群体在决策过程中享有平等的权利和机会。评价过程中应当避免对特定群体的歧视，关注社会中的弱势群体，保障他们的权益不受侵害。

3. 参与性原则

参与性原则要求在社会影响评价的过程中，应当广泛征求社会各界的意见和建议。社会影响评价不应当是专业机构的单方面行为，而是一个多方参与的过程。通过社会各界的参与，可以更全面地了解社会的需求和担忧，提高评价的科学性和可信度。

4. 透明度原则

透明度是社会影响评价过程中必须遵循的原则。评价的过程、方法、数据等信息

应当对社会公开，确保决策的公开透明。透明度原则有助于提高评价的可信度，防止因信息的不对称对社会造成不利影响。

5.综合性原则

社会影响评价应当具有综合性，综合考虑各种社会因素对决策可能产生的影响。这包括经济、社会、文化、环境等多个方面。评价的结果应当是一个全面、平衡的综合体，以确保决策在各方面都经过了考虑。

（二）社会影响评价的框架

1.确定评价范围

在进行社会影响评价之前，首先需要明确评价的范围。评价的范围应当包括决策可能涉及的所有社会因素，例如经济、社会、文化、环境等。确定评价范围的过程中需要广泛征求社会各方面的意见，确保评价的全面性和公正性。

2.制定评价指标体系

评价指标体系是社会影响评价的基础。制定合理的评价指标体系需要考虑评价的目标和范围，确保包括了所有可能的社会影响因素。指标体系应当具有科学性、全面性和可操作性，便于评价的实施和结果的分析。

3.数据收集和分析

数据收集和分析是社会影响评价的关键步骤。通过采集各种社会数据，包括统计数据、调查数据、专业数据等，对评价指标进行量化和分析。数据收集需要广泛征求社会各方面的信息，确保评价结果的科学性和真实性。

4.评价方法选择

选择合适的评价方法是社会影响评价的重要环节。评价方法可以包括定性和定量两种，也可以采用多种方法相结合的方式。评价方法的选择应当根据评价的具体目的和评价指标体系来确定，要确保评价方法的科学性和适用性。

5.评价结果和建议

社会影响评价的最终目标是得出科学、客观的评价结果，并提出合理的建议。评价结果应当明确决策可能带来的社会影响，包括正面和负面的影响。建议应当具有可操作性，有助于决策者在决策时更好地平衡各种社会因素。

6.反馈与改进

社会影响评价并非一次性的活动，而是一个动态的过程。在评价结果和建议提出后，需要及时进行反馈与改进。反馈可以包括向社会各方公开评价结果，并接受公众的意见和建议。同时，根据反馈信息，对决策进行必要的调整和改进，以确保决策的社会可持续性。

（三）社会影响评价的实施难点与对策

1. 多因素交叉影响

难点：社会因素之间存在复杂的相互关系，一个决策可能在多个方面产生影响，而且这些影响可能相互交叉。

对策：采用系统分析方法，建立模型对多因素交叉影响进行综合评估。引入系统动力学、风险评估等方法，更全面地分析决策可能带来的社会影响。

2. 数据获取难度大

难点：社会影响评价需要大量的数据支持，而实际上一些社会数据的获取可能面临困难，尤其是在一些社会群体较为封闭或不愿公开信息的情况下。

对策：采用多源数据，包括官方统计数据、调查数据、社会媒体数据等。通过建立与社会各方合作的机制，提高数据获取的透明度和全面性。

3. 评价方法选择复杂性

难点：社会影响评价需要选择适当的评价方法，但不同的决策可能需要不同的评价方法，选择过程复杂。

对策：在评价方法选择中，可以采用多元化的方法，结合定性和定量分析，以及不同领域的专业方法。建立评价方法库，根据决策的具体情境选择适当的方法。

4. 社会参与难度

难点：社会参与是社会影响评价的重要环节，但社会参与难度大，可能面临公众对决策的不信任和参与动力不足的问题。

对策：开展有效的社会参与活动，采用多种方式，包括公开听证会、座谈会、问卷调查等，引导公众参与决策过程。提高社会各界对社会影响评价的认知，增强公众参与的积极性。

社会影响评价作为决策过程中的一项重要工具，有助于确保决策的可持续性、公正性和科学性。基于可持续性、公平公正、参与性、透明度和综合性等基本原则，构建社会影响评价的框架，旨在全面考虑各种社会因素对决策可能产生的影响。在实施社会影响评价时，需要克服多因素交叉影响、数据获取难度大、评价方法选择复杂性和社会参与难度等问题，采取相应的对策，提高评价的科学性和实用性。通过社会影响评价的逐步完善和实施，可以更好地实现各类决策对社会的积极影响，促进可持续发展目标的实现。

二、边坡工程对周边居民生活的影响

（一）概述

边坡工程是在山坡或道路旁边进行的一种工程，旨在防止山体滑坡、坡体崩塌等自然灾害，确保附近居民和交通的安全。然而，这些工程也不可避免地会对周边居民的生活产生一定的影响。本节将探讨边坡工程对周边居民生活的影响，并探讨如何最大限度地减少负面影响，确保居民的生活质量。

（二）边坡工程的类型及其影响

1. 边坡工程的类型

边坡工程包括多种形式，如挡土墙、护坡、加固处理等。不同类型的边坡工程在施工和维护过程中对周边居民的影响各异。

（1）挡土墙

挡土墙是一种常见的边坡工程，通常用于防止土体滑坡。挡土墙的施工可能涉及挖掘、加固和植被恢复等步骤。

（2）护坡

护坡工程旨在保护坡体，防止其受到侵蚀和坍塌。护坡的方式包括植被覆盖、岩石护坡等，这对周边环境有一定的影响。

（3）加固处理

在某些情况下，需要对已有的边坡进行加固处理，以增加其稳定性。这可能涉及基坑开挖、钻孔注浆等工序。

2. 边坡工程的影响

（1）噪声影响

边坡工程的施工可能会产生噪声，对周边居民的生活产生负面影响。噪声可能影响居民的休息、工作和学习，特别是在施工活动需要在夜间进行时。

（2）空气质量影响

挖掘和加固等施工活动可能会产生粉尘，对周边的空气质量造成影响。这可能导致居民产生呼吸方面的问题，尤其是对于儿童、老年人和患有呼吸系统疾病的人群。

（3）交通影响

边坡工程的施工可能导致道路交通的受阻和改道，给周边居民的出行带来不便。交通阻塞可能导致居民时间成本增加、耽误工作和学校。

（4）土地使用变更

一些边坡工程可能需要占用一定的土地，这可能对周边的土地使用造成一定的变更。这可能会影响居民的庭院、农田或其他用地。

（三）减轻边坡工程影响的策略

为了减轻边坡工程对周边居民生活的负面影响，可以采取一系列策略和措施。

1. 合理规划施工时间

合理规划边坡工程的施工时间，避免在居民的休息时间、夜间或有重要的社会活动时进行施工，以减少噪声对居民的影响。

2. 精准的噪声控制

在施工现场采取噪声控制措施，如设置隔音屏障、使用低噪声设备等，以最大限度地减少施工噪声的传播。

3. 粉尘防治

采取有效的粉尘防治措施，如喷水降尘、覆盖土体等，以减少施工活动对空气质量造成的影响。

4. 交通组织与引导

在施工期间，通过合理的交通组织与引导，最大限度地减少对周边交通的影响，确保居民出行的便利。

5. 社区沟通与参与

建立良好的社区沟通机制，及时向居民通报施工计划和可能产生的影响，同时充分听取居民的意见和建议，增强社区居民的参与感。

6. 生态恢复与植被覆盖

在工程完成后，进行生态恢复工作，通过植被覆盖等方式，尽量减轻对土地使用的变更，并提高周边环境的美观度。

三、社区参与与社会沟通的重要性

（一）概述

社区参与与社会沟通是现代社会中重要的概念，涉及政府、组织、企业和居民等多方面的互动。在各种工程、项目、政策制定等方面，社区参与和有效的社会沟通不仅是一种责任，更是推动可持续发展、提高社区满意度和减轻负面影响的关键因素。本节将探讨社区参与与社会沟通的重要性，并探讨如何最好地实施这些概念，以促进更加包容和可持续的社会发展。

（二）社区参与的重要性

1.提高社区满意度

社区参与是确保项目或政策得到社区支持的关键因素之一。通过让居民参与决策过程，听取他们的意见和建议，可以更好地满足社区的需求，提高社区满意度。

2.促进社区共建

社区参与有助于促进社区的共建共享。通过让居民参与项目的规划、设计和决策，可以建立更加共同体的社区，提高居民的凝聚力和认同感。

3.有效管理冲突

在项目实施过程中，难免会出现利益冲突和不同意见。通过社区参与，可以及早发现问题，采取有效的沟通和调解措施，降低冲突的程度，确保项目的顺利推进。

4.提高项目的可持续性

社区参与有助于提高项目的可持续性。通过居民的参与，项目可以更好地考虑到社区的长远利益，减少对环境的不良影响，确保项目在长期内对社区产生尽可能积极的影响。

（三）社会沟通的重要性

1.建立透明度

社会沟通有助于建立透明度，让公众了解项目的信息、目标和影响。透明的沟通可以增加公众的信任感，降低猜疑和不满情绪。

2.传递准确信息

社会沟通是传递准确信息的关键途径。通过及时、准确地向公众传递信息，可以避免谣言的传播，确保公众对项目或政策有清晰的认知。

3.提高公众参与度

通过社会沟通，可以激发公众的参与热情。提供充足的信息和渠道，让公众更容易参与决策过程，从而形成更加多元化的决策。

4.应对危机与挑战

在面对突发事件、危机或挑战时，有效的社会沟通是应对的关键。及时向公众传递信息，展现解决问题的决心，有助于平息社会公众的焦虑，维护社会稳定。

（四）实施社区参与与社会沟通的策略

1.制定明确的参与机制

建立明确的社区参与机制，包括进行公开听证会、社区座谈会、问卷调查等，确保社区居民能够参与到决策过程中。

2. 建立多元的沟通渠道

为了确保信息的准确传递，应建立多元的沟通渠道，包括社交媒体、官方网站、传统媒体等。不同的人群有不同的获取信息的偏好，多元渠道的建立可以满足不同层次的信息需求。

3. 开展社区教育活动

通过开展社区教育活动，提高社区居民的参与意愿和水平。例如，可以组织有关环境保护、健康知识等方面的讲座和培训。

4. 设立专门的社区参与团队

建立专门的社区参与团队，负责与居民沟通、收集反馈、解答疑问等工作。这有助于保持与社区居民的及时沟通和联系。

5. 建立社会沟通计划

制订详细的社会沟通计划，包括信息发布的时机、渠道选择、应对危机的策略等。有计划地进行社会沟通，可以更好地掌控舆论走向。

社区参与与社会沟通对于建设和谐社会、推动可持续发展至关重要。通过合理的参与机制、多元的沟通渠道、社区教育等策略的实施，可以更好地实现社区居民的参与和社会的协同发展。这不仅有助于提高项目的可持续性和社区的满意度，更有助于建立公众对组织和政府的信任，推动社会的稳定和可持续发展。在实施社区参与和社会沟通的过程中，要注重信息的准确传递、多元渠道的建设以及对不同层次人群的关注，确保各方的利益得到充分考虑。

需要强调的是，社区参与和社会沟通并非一劳永逸的过程，而是需要持续推进的。不同阶段可能会面临不同的挑战和需求，因此需要不断调整和优化参与机制、沟通策略。同时，要重视反馈机制，及时了解社区居民的意见和反馈，以便更灵活地应对问题和改进措施。

总体而言，社区参与与社会沟通是一项具有长远影响的工作。通过充分尊重和理解社区居民的需求，积极倾听他们的声音，可以实现共建共享的社区发展，推动社会的和谐与可持续。在未来的社会管理和发展中，更需要注重社区参与和社会沟通的价值，使其成为推动社会进步的有力引擎。

第二节　环境影响评价在边坡工程中的应用

一、环境影响评价的法规与标准

（一）概述

中国作为一个拥有丰富自然资源和复杂社会经济背景的国家，对环境影响评价（Environmental Impact Assessment，EIA）提出了明确的法规和标准以规范各类项目的规划、建设和运营。本节将探讨中国环境影响评价的法规与标准，分析其主要内容、特点和在实际项目中的应用情况。

（二）《中华人民共和国环境影响评价法》

1. 法律背景

《中华人民共和国环境影响评价法》（以下简称《EIA法》）于2003年颁布实施，是中国环境影响评价领域的法律基石。该法规明确了环境影响评价的法定地位，规范了评价程序、内容和管理要求，旨在通过科学合理的手段预防、减轻、弥补环境污染和生态破坏。

2. 适用范围

《EIA法》规定了环境影响评价的适用范围，包括建设项目前的评价和在建项目后的评价。适用项目范围广泛，涵盖了工业、交通、城建、农业等多个领域。法规对于项目的规模、特性、可能产生的环境影响等都做出了具体规定。

3. 环评报告的内容要求

法规详细规定了环境影响评价报告书（简称环评报告）的内容要求，包括项目的基本情况、环境影响评价的方法与标准、可能产生的环境影响、环境风险防范措施、社会经济效益等。同时，法规规定了环评报告的公众参与程序，确保公众对项目的环境影响有权知情和表达意见。

4. 主管部门与责任

《EIA法》规定了环境保护部（现已更名为生态环境部）为主管部门，同时赋予了地方环保主管部门的职责。主管部门在环境影响评价中负责审批、监督和管理，确保评价的科学性和合法性。

（三）《环境影响评价技术导则》

为了更具体地指导环境影响评价的实施，中国还颁布了《环境影响评价技术导则》。这一技术导则作为对《EIA 法》的补充，强调了在不同行业和项目类型中如何具体实施环境影响评价。

1. 行业导则

《环境影响评价技术导则》涵盖了不同行业的评价要点，例如能源、水利、交通、城市建设等。每个行业都有相应的技术导则，且明确了评价的具体内容和标准。

2. 项目类型导则

导则还根据项目的类型，如新建、改建、扩建等，提供了不同的评价方法和要点。这有助于根据项目的实际情况进行差异化评价，更好地适应各类项目的需求。

3. 环境风险评估导则

为了进一步提高环境影响评价的科学性，导则还引入了环境风险评估的概念。这一方法旨在评估项目可能对环境造成的潜在风险，并采取相应的预防和控制措施。

（四）环境影响评价的挑战与展望

1. 挑战

跨区域协同难度：随着中国区域发展不均衡和大型基础设施项目的增多，环境影响评价需要考虑跨区域协同的问题。不同地区的环境特点和社会经济状况各异，如何在评价中综合考虑这些因素是一个挑战。

量化指标的确定：在环境影响评价中，需要对影响因素进行量化评估。然而，确定合适的量化指标，特别是综合考虑生态、社会和经济的多维度影响，仍然是一个亟待解决的问题。

长效监测与追踪：随着项目的实施和运营，如何进行长效的环境监测和影响追踪也是一个挑战。有效的长效监测需要耗费大量资源，而如何在监测中形成有效的反馈机制则需要更多的实践和经验总结。

2. 展望

综合性考虑：未来中国环境影响评价的发展方向之一是更加综合性地考虑生态、社会和经济的影响因素。通过建立更科学、全面的评价体系，使得评价结果更具有参考和决策价值。

信息化与技术应用：随着信息技术的不断发展，未来环境影响评价将更加注重信息化和技术应用。利用遥感、GIS（地理信息系统）等技术，实现更精准的空间分析和影响评估，提高评价的科学性和准确性。

公众参与的深化：未来应深化公众参与，推动公众更直接、更广泛地参与环境影响评价的决策过程。借助互联网和社交媒体等工具，提高信息透明度，促进公众对项目的理解和支持。

国际合作与经验分享：面对全球性的环境问题，中国还可以加强与国际组织和其他国家的合作。通过与国际组织的合作，可以借鉴和学习其他国家在环境影响评价领域的经验和先进技术。同时，也有利于在全球范围内推动环境影响评价标准的国际化和一致性，为跨境项目提供更统一的评价准则。

创新方法与技术引入：未来的环境影响评价还可以探索创新的评价方法和技术。例如，引入生态系统服务评估、环境风险预警系统等新兴方法，以更全面、准确地评估项目对环境的影响。

法规和标准的不断完善：随着社会的发展和环境问题的不断演变，环境影响评价的法规和标准也需要不断完善和更新。及时修订法规，使其能够适应新的环境挑战和社会需求，保持其科学性和实用性。

中国环境影响评价的法规与标准体系是一个不断发展和完善的过程，旨在保护环境、促进可持续发展。通过《EIA 法》的制定和实施，中国在环境影响评价领域建立了一套相对完备的法规和标准体系，为各类项目的规划和实施提供了明确的指导和规范。

环境影响评价不仅仅是一种法定的程序，更是一种科学的决策工具。未来，中国可以通过创新方法、技术引入、加强公众参与以及与国际合作的方式，不断提升环境影响评价的科学性和实用性。通过综合考虑生态、社会和经济的影响因素，促进项目可持续发展，实现经济增长与环境保护的双赢。

二、边坡工程对生态系统的潜在影响

（一）概述

边坡工程是土地开发和基础设施建设中常见的工程形式，旨在解决地势不平、土地利用不充分等问题。然而，边坡工程的实施可能对周围的生态系统产生潜在的影响。本节将探讨边坡工程可能对生态系统造成的潜在影响，包括土壤侵蚀、植被破坏、水体变化等方面，以及可能的生态保护与修复措施。

（二）地形变化与土壤侵蚀

1. 切坡过程与土壤侵蚀

在进行边坡工程时，可能需要对地形进行切割、挖掘和填筑，这些过程可能导致地表裸露，增加土壤暴露的面积。裸露的土壤容易受到降雨、水流等自然因素的侵蚀，导致土壤流失、沟壑形成，甚至引发泥石流等地质灾害。

2. 土壤侵蚀对水质的影响

土壤侵蚀过程中，携带的泥沙、营养物质等可能会进入水体，对水质造成负面影响。沉积在水体中的泥沙会导致水深减小，底栖生物栖息环境发生改变，同时悬浮的泥沙也可能含有一些化学物质，对水生生态系统产生影响。

（三）植被破坏与生物多样性减少

1. 植被对生态系统的重要性

植被在生态系统中扮演着重要的角色，不仅有助于土壤保持，减缓水流速度，还提供了丰富的生态环境和食物来源。然而，在边坡工程中，常常需要清理或移除植被，导致局部生境破碎化，影响动植物的迁徙和繁衍。

2. 植被破坏对生物多样性的影响

植被破坏可能导致生物多样性的减少。原本栖息于植被中的动植物可能失去栖息地，导致一些物种数量减少或灭绝。此外，植被破坏还可能会打破原有的食物链，进而影响整个生态系统的平衡。

（四）水体变化与水生生态系统

1. 坡面径流与水体变化

边坡工程中，地表裸露和土壤侵蚀可能导致坡面径流的增加，加大水体的冲刷和侵蚀力度。这对于下游的水体生态系统可能带来负面影响，包括水体淤积、水质恶化等问题。

2. 水生生态系统的适应与脆弱性

水生生态系统对水体变化具有一定的适应能力，但在边坡工程引起的水体冲刷、泥沙输入等情况下，水生生态系统可能面临适应的困难。一些水生生物可能因栖息地破坏而减少，水体的营养物质浓度也可能升高，对水生生态系统的健康产生潜在威胁。

（五）生态保护与修复措施

植被恢复与保护：在边坡工程中，可以采取措施促使植被的快速恢复。例如，进行植被的人工重新种植，通过合理的植被覆盖来减缓土壤侵蚀的速度。同时，对于一些特有或濒危植物，可以考虑在其他地区进行搬迁保护。

防治土壤侵蚀：采用适当的坡度设计、坡面覆盖材料、植被覆盖等方式，减缓水流速度，降低土壤侵蚀的风险。合理的排水系统和梯田设计也可以有效减少水流对土壤的侵蚀。

水体生态系统修复：针对水体生态系统，可以采取水体修复和保护措施，包括建立湿地、植物过滤带、生态堤坝等，以减缓水体冲刷速度，提高水体的自净能力。此外，对水体的定期监测和生态环境调查也是保护水生生态系统的有效手段。

（六）生态系统管理与可持续发展

1. 生态系统管理的重要性

为了减少边坡工程对生态系统的潜在影响，生态系统管理至关重要。这包括科学规划、合理设计、精细施工和生态监测等方面。通过综合考虑生态系统的特点和脆弱性，制定科学的管理措施，可以最大限度地减轻工程对生态系统的不利影响。

2. 可持续发展原则

在进行边坡工程时，应秉持可持续发展的原则，即在满足当前需求的同时，不损害未来世代的生存和发展权益。这意味着在工程规划、设计和实施阶段，应充分考虑环境、社会和经济的平衡，确保项目的可持续性。

边坡工程的实施可能对生态系统产生潜在的影响，包括土壤侵蚀、植被破坏、水体变化等方面。为减轻这些影响，应采取一系列科学有效的生态保护与修复措施，包括植被恢复与保护、防治土壤侵蚀、水体生态系统修复等。同时，生态系统管理和可持续发展原则的应用将有助于在边坡工程中达到经济发展和生态保护的平衡，促使工程实现最大限度的可持续性。未来，需要继续深入研究和实践，不断完善生态系统管理的理论和方法，以更好地保护和维护生态环境。

三、环境保护对边坡工程设计的指导

（一）概述

边坡工程是土木工程领域中常见的一种工程形式，主要用于解决地势不平、土地利用不合理等问题。然而，在边坡工程的设计与实施中，需要综合考虑环境保护的因素，以确保工程的可持续性和对周围生态系统的最小影响。本节将探讨环境保护对边坡工程设计的指导作用，包括生态系统保护、水资源管理、土壤保持等方面。

（二）生态系统保护与边坡工程设计

1. 生态系统的重要性

生态系统是地球上各种生物和非生物要素相互作用的复杂系统，包括陆地生态系统和水生生态系统。生态系统提供了人类社会所需的各种生态服务，如水源涵养、土壤肥力维持、气候调节等。因此，在边坡工程设计中，保护周围生态系统是至关重要的。

2. 边坡工程对生态系统的潜在影响

边坡工程的实施可能导致土地破坏、植被破坏、水体污染等问题，从而影响周围生态系统的结构和功能。例如，土壤侵蚀可能导致水体淤积，植被破坏可能导致动植物栖息地的丧失，这会直接威胁生态系统的稳定性。

3. 环境保护在设计中的指导作用

为了保护生态系统，环境保护在边坡工程设计中发挥着指导作用。设计者需要综合考虑土地利用、植被保护、水体管理等方面的因素，制定科学合理的设计方案，以最小化对生态系统的影响。

（三）水资源管理与边坡工程设计

1. 水资源的关键性

水资源是边坡工程设计中一个关键的环境要素。边坡工程可能涉及水体的排放、水源涵养、降雨径流等问题，因此在设计中需要精细管理水资源，以确保工程的可持续性。

2. 水资源管理的设计原则

降雨径流控制：在边坡工程设计中，应采取措施控制降雨径流，减少对周围水体的冲刷和污染。可以通过设置雨水花园、透水铺装等方式，促使雨水渗入地下，减缓径流速度。

水体保护：如果边坡工程涉及水体，应确保水体得到保护。避免在水体附近进行大规模的挖掘和填埋，并采取适当的水土保持措施，防止泥沙、化学物质进入水体。

3. 生态湿地的构建与水资源管理

在一些边坡工程中，可以考虑构建生态湿地来进行水资源管理。生态湿地具有优良的水体净化和水源涵养功能，通过植物和微生物的作用，能够去除水中的污染物，保护水体生态系统的健康。

（四）土壤保持与边坡工程设计

1. 土壤侵蚀的挑战

土壤侵蚀是边坡工程中常见的环境问题之一。在工程施工和水流冲刷的作用下，裸露的土壤容易受到侵蚀，导致土壤的流失和地质灾害的发生。

2. 土壤保持措施的设计原则

植被覆盖：通过合理的植被设计，保持边坡上的植被覆盖，减缓水流速度，降低土壤侵蚀的风险。

梯田设计：在坡度较大的区域，可以考虑采用梯田设计，通过梯田的形式减缓水流速度，降低坡面的侵蚀力度。

排水系统：合理设置排水系统，防止积水和坡面径流，减少水土流失的可能。

（五）环境监测与调查

1.环境监测的重要性

在边坡工程的设计和实施过程中，环境监测是确保环境保护效果的重要手段。通过对水质、植被覆盖、土壤侵蚀等方面进行监测，要及时发现问题并采取相应的调整措施。

2.环境调查的设计前期工作

在进行边坡工程设计前，需要进行充分的环境调查。通过对项目周边环境的认真调查，获取土壤、水体、植被等方面的基础数据，全面了解项目区域的生态环境特征。环境调查可以为设计阶段提供重要的依据，有助于制定科学可行的设计方案，减少对环境的潜在影响。

（六）环境影响评价与边坡工程设计

1.环境影响评价的定义与目的

环境影响评价（Environmental Impact Assessment，EIA）是一种系统性的过程，用于评估计划、项目或政策可能对环境产生的直接和间接影响。在边坡工程设计中，进行环境影响评价有助于全面了解工程可能引起的环境问题，为项目设计和实施提供科学的依据。

2.环境影响评价在边坡工程设计中的应用

问题识别与预测：通过环境影响评价，可以识别和预测边坡工程可能引起的环境问题，包括生态系统破坏、水质变化、土壤侵蚀等方面的影响。

方案比较与选择：在设计阶段，通过比较不同设计方案对环境的影响，选取对生态环境影响最小的方案。这有助于在可行性和环境友好性之间找到平衡点。

风险评估与管理：评估边坡工程的环境风险，制定相应的管理和应对策略，降低潜在环境问题的发生概率。

（七）环境保护法规与标准的遵循

1.环境保护法规的作用

环境保护法规是规范环境行为的法律法规，对于边坡工程设计具有指导作用。遵循相关法规可以确保工程在法定环境标准范围内进行，从而保障环境的合法权益。

2.环境标准的执行

环境标准是对环境质量、生态系统健康等方面的具体要求。在边坡工程设计中，应当执行相关的环境标准，确保工程的环境影响在可控范围内。

（八）社会参与与信息透明

1. 社会参与的重要性

社会参与是环境保护的重要手段之一。在边坡工程设计中，应该积极倾听当地居民、环保组织等各方的意见和建议，形成共识，确保工程的合理性和可持续性。

2. 信息透明与公众沟通

及时向公众公开相关信息，保持信息的透明度，增加公众对边坡工程设计的理解和信任。公众沟通是环境保护的一部分，通过有效的信息传递，可以减少争议，提高项目的社会接受度。

环境保护对边坡工程设计具有重要的指导作用。通过综合考虑生态系统保护、水资源管理、土壤保持等因素，设计者可以制定科学合理的方案，最小化对环境的潜在影响。环境影响评价、法规与标准的遵循、社会参与与信息透明等手段都有助于确保边坡工程的可持续性和社会可接受性。未来，需要进一步加强环境保护的理念，不断完善相关法规和标准，促使边坡工程更好地融入生态环境，实现经济发展与环境保护的双赢。

第三节　边坡工程的可持续性评估

一、可持续发展原则在边坡工程中的体现

（一）概述

可持续发展是一种能够满足当前需求而不损害未来世代需求的发展方式。在边坡工程中，体现可持续发展原则不仅意味着要满足工程的技术和经济需求，还要最大限度地减少对环境的负面影响，确保社会和经济发展与自然环境的和谐共存。本节将探讨可持续发展原则在边坡工程中的具体体现，包括生态保护、资源利用、社会责任等方面。

（二）生态保护与边坡工程设计

1. 生态系统的重要性

生态系统是地球上生物和非生物组成的复杂系统，包括陆地和水域的相互作用。

生态系统提供各种生态服务，维持气候平衡、水源涵养、植物生长等，对于人类的生存和发展至关重要。

2. 边坡工程对生态系统的影响

边坡工程的实施可能导致土地破坏、植被破坏、水体污染等问题，对周围的生态系统产生直接或间接的影响。可持续发展原则要求在边坡工程中采取措施最大限度地保护周围的生态系统。

3. 生态保护的具体措施

植被保护与恢复：采用植被覆盖、植树造林等方式，保护和恢复边坡上的植被，减缓水流速度，降低土壤侵蚀的风险。

水体生态系统保护：针对可能涉及的水体，采取生态修复和水体保护措施，确保水体生态系统的健康。

环境影响评价：在项目设计前进行全面的环境影响评价，识别潜在的环境问题，并制定相应的保护和修复措施。

（三）资源利用与循环经济

1. 资源稀缺性的挑战

资源在边坡工程中的使用涉及土石方、水泥、钢材等，而这些资源的过度开采和浪费可能导致环境问题和资源枯竭。可持续发展原则要求最大限度地优化资源利用，实现循环经济的目标。

2. 循环经济在边坡工程中的实践

再生建材的使用：采用再生建材替代传统的资源消耗较大的材料，如使用再生骨料、再生钢筋等，降低对自然资源的依赖。

废弃物的合理处理：在施工中，合理处理产生的废弃物，进行分类回收利用，减少对环境的负面影响。

能源效益设计：采用能效设备和工艺，降低对能源的消耗，减少碳排放及对环境的破坏。

（四）社会责任与社区参与

1. 社会责任的内涵

可持续发展强调企业或工程在经济活动中的社会责任，包括对员工、社区、利益相关方和社会的责任。在边坡工程中，社会责任的体现不仅体现在合规经营，还包括对社区的尊重和参与。

2. 社区参与的具体做法

信息透明：向社区提供项目的相关信息，让社区居民充分了解工程的设计、影响和益处。

社区咨询：在项目设计阶段，主动与社区居民进行沟通和问询，听取他们的意见和建议，形成共识。

社区福利：在项目实施中，通过各种方式回馈社区，提升社区居民的幸福感，如修建公园、道路改善等。

（五）灾害风险管理与抗灾能力提升

1.灾害风险的考量

在边坡工程中，地质灾害如滑坡、泥石流等是常见的风险。可持续发展原则要求在设计中考虑灾害风险，制定科学的灾害防治措施。

2.抗灾能力的提升

科学规划：在选址和规划阶段，充分考虑潜在的地质灾害风险，选择相对安全的地段，并规划合理的边坡结构，降低灾害风险。

监测与预警系统：部署地质灾害监测系统，实时监测地下水位、边坡位移等关键参数，提前发现潜在的灾害迹象，并通过预警系统通知相关部门和社区。

应急响应计划：制订完善的地质灾害应急响应计划，明确各个层级的责任和应对措施，提高应对灾害的效率和效果。

（六）创新技术与绿色工程实践

1.创新技术的引入

可持续发展要求在工程设计和实施中采用创新技术，以提高工程效率和降低对环境的影响。在边坡工程中，可以引入先进的勘察技术、监测技术和工程建设技术，提高设计的准确性和施工的安全性。

2.绿色工程的实践

低影响开发：采用低影响开发原则，尽量减少对土地的开发程度，保留原有的自然特征。

生态工程设计：在边坡工程中融入生态工程设计理念，通过植被的保护和引入天然生态元素，增加工程的生态适应性。

雨水管理系统：设计并建立雨水管理系统，通过雨水的收集、净化和利用，降低对周边水资源的压力。

（七）环境影响评价与可持续性评估

1.环境影响评价的实施

在边坡工程设计之前，进行全面的环境影响评价，通过系统的方法评估工程可能产生的环境影响，包括生态、水资源、社会等方面的因素。

2.可持续性评估的考虑

可持续性评估要求在工程生命周期内综合考虑社会、经济和环境的影响。通过可持续性评估，可以更全面地了解边坡工程会环境的长期影响，并在设计和实施中采取相应的措施，确保工程的可持续发展。

可持续发展原则在边坡工程中的体现涉及生态保护、资源利用、社会责任、灾害风险管理、创新技术和环境评价等多个方面。通过综合考虑这些因素，边坡工程能够更好地融入自然环境，减少对生态系统的破坏，提高资源利用效率，履行社会责任，提升抗灾能力，促进创新技术的应用，最终实现工程的可持续性。未来，需要不断推动可持续发展理念的落实，结合实际情况不断创新和完善相关的技术和管理手段，使边坡工程更好地贡献于经济的可持续发展和环境的保护。

二、可持续性评估的指标体系与方法

（一）概述

可持续性评估是对一个系统、项目或活动在社会、经济和环境方面的影响进行全面评估的过程。为了确保可持续性评估的科学性和全面性，需要建立一个合理的指标体系和采用有效的评估方法。本节将探讨可持续性评估的指标体系和方法，包括社会、经济和环境三个方面的关键指标以及不同的评估方法。

（二）可持续性评估的指标体系

1.社会方面的指标

（1）社会公平与社会正义

收入分配：评估项目或活动对社会收入分配的影响，关注贫富差距是否扩大。

就业机会：考察项目是否能提供就业机会，尤其是对于当地居民的就业机会。

社会包容：评估项目对不同社会群体的包容性，防止社会排斥。

（2）社会健康与福祉

健康影响：考察项目对周边居民健康的影响，包括空气质量、水质等。

社区福祉：评估项目是否提高了当地社区的整体福祉水平，如基础设施、教育等。

文化保护：关注项目对当地传统文化的保护程度，避免文化冲击。

2.经济方面的指标

（1）经济增长与就业

GDP增长：评估项目对当地、区域或国家GDP的贡献。

就业机会：考察项目对就业的促进作用，包括直接和间接就业。

创新能力：评估项目对经济创新能力的提升，是否有助于新技术、新产业的发展。

（2）资源利用与效益

资源效益：考察项目对资源的利用效益，包括能源、原材料等。

生态效益：评估项目对生态系统的保护程度，是否有助于生物多样性维护。

经济效益：分析项目的经济回报率，确保项目投资的经济合理性。

3. 环境方面的指标

（1）生态系统健康

土地利用：评估项目对土地的利用情况，避免过度开发和生态系统遭受破坏。

水资源管理：关注项目对水资源的利用和管理，防止水污染和水资源过度开采。

空气质量：考察项目对大气环境的影响，包括排放物对空气质量的影响。

（2）碳足迹与气候变化

碳排放：评估项目的碳足迹，关注其对气候变化的潜在贡献。

可再生能源：考察项目是否采用可再生能源，减少对不可再生能源的依赖。

气候适应性：评估项目是否具备抵御气候变化影响的能力，包括防洪、防旱等。

（三）可持续性评估的方法

1. 综合评估法

综合评估法是指通过将社会、经济和环境的指标进行权衡和综合，得出一个整体的评估结果。这种方法注重各个方面的平衡，适用于项目或活动对各方面影响较为均衡的情况。

2. 环境影响评价（EIA）

环境影响评价是对项目可能引起的环境影响进行系统评价的过程。通过定性和定量的分析，识别潜在的环境问题，并提出相应的预防和修复措施。

3. 生命周期评估（LCA）

生命周期评估考虑了项目从生产、使用到废弃的整个过程，分析其对环境、社会和经济的综合影响。这种方法有助于全面理解项目对可持续性的长期影响。

4. 社会成本 - 效益分析（CBA）

社会成本 - 效益分析通过将项目的社会成本与效益进行货币化的比较，从经济角度评估项目的可持续性。这有助于决策者更好地理解项目对社会的经济影响。

（四）指标体系与方法的整合

在实际应用中，可持续性评估的指标体系和方法可以进行整合使用。综合评估法可以作为总体的评估工具，而具体的环境影响评价、生命周期评估、社会成本 - 效益分析等方法可以用于深入研究某一方面的影响。整合这些方法，可以更全面、深入地评估项目的可持续性。

1. 指标体系整合

在建立指标体系时，需要根据具体项目的性质和影响因素选择适当的指标，并确保各个方面的指标在整体上能够相互补充，形成一个全面而均衡的评估体系。例如，社会方面的指标可以包括就业机会、社区参与度等；经济方面的指标可以包括经济增长、资源利用效益等；环境方面的指标可以包括生态系统健康、碳足迹等。

2. 方法整合

不同的评估方法可以相互补充，形成一个更为完整的评估体系。

综合评估法与 EIA 的结合：综合评估法可以作为一个总体框架，而 EIA 可以在其中负责深入研究项目对环境的具体影响，提供详细的环境信息。

综合评估法与生命周期评估的结合：综合评估法可以提供一个全局的视角，而生命周期评估可以在其中分析项目从生产到废弃的整个过程，并深入了解项目的长期影响。

综合评估法与 CBA 的结合：综合评估法可以为 CBA 提供一个综合的评估框架，而 CBA 可以通过货币化的方式更直观地展示社会经济效益与成本的关系。

（五）可持续性评估的挑战与未来发展

1. 挑战

数据不足：可持续性评估需要大量的数据支持，但在一些地区或领域，数据的获取可能面临困难，这将影响评估的准确性。

主观性和不确定性：评估中涉及许多主观判断，而且未来的变化很难准确预测，因此评估结果可能受主观因素和不确定性的影响。

综合性难度：将社会、经济、环境等多个方面的指标综合考虑，需要面对复杂性和多样性，难度较大。

2. 未来发展方向

技术支持：随着技术的不断进步，可持续性评估可以更多地依赖先进的技术手段，如大数据、人工智能等，从而提高评估的科学性和准确性。

国际合作：可持续性评估通常涉及跨境或全球范围的问题，未来可以加强国际合作，共同制定评估的标准和方法，提高评估的国际性水平。

公众参与：引入更多的公众参与，让公众在评估过程中能够发表意见、提出建议，增强评估的民主性和公正性。

可持续金融：在评估中引入可持续金融的理念，使得投资和资金更倾向于支持可持续性的项目，推动可持续发展。

可持续性评估的指标体系和方法对于项目、活动或政策的制定和实施具有重要的指导作用。通过合理建立综合的指标体系和选择适当的评估方法，可以更全面、科学地评估可持续性，并在未来的发展中不断完善和创新，以促进可持续发展。在应对挑战的同时，通过国际合作、技术支持、公众参与等手段，将可持续性评估推向更高水平，为全球可持续发展目标的实现做出更大的贡献。

三、可持续性评估与社会经济发展的平衡

（一）概述

可持续性评估和社会经济发展之间存在着紧密的关系。可持续性评估旨在综合考虑社会、经济和环境的因素，确保当前的决策和行动不会损害未来的发展。社会经济发展则是国家、地区或社会的长期目标，追求经济的增长、社会的进步和人民生活水平的提高。在实现社会经济发展的过程中，必须平衡各方面的利益，确保发展是可持续的。本节将探讨可持续性评估与社会经济发展之间的平衡关系，分析二者的关联性、挑战和应对策略。

（二）可持续性评估的核心理念

1. 综合性与平衡性

可持续性评估的核心理念之一是综合性和平衡性。综合性要求考虑多个方面的因素，包括社会、经济和环境，在决策中不偏重某一方面。平衡性强调各个方面的利益在决策中的平等地位，避免过度追求某一方面的利益，确保各方面能够协调发展。

2. 长期与短期

可持续性评估注重对长期发展的考虑，确保当前的决策和行动不会对未来造成不可逆转的损害。这与社会经济发展的长期目标相契合，使得短期的经济利益与长期的可持续发展目标能够取得平衡。

3. 参与与透明

可持续性评估强调社会的广泛参与和决策的透明度。社会经济发展需要考虑广大民众的利益，而评估的过程应该对公众开放，让其能够了解和参与决策，确保决策符合公众的期望和需求。

（三）可持续性评估与社会经济发展的关联性

1. 可持续性评估的社会维度

（1）社会公平

可持续性评估关注项目或政策对社会公平的影响。在社会经济发展中，确保财富和资源的公平分配是可持续发展的基础。通过评估社会公平，可以促进社会的稳定和可持续性的发展。

（2）就业与职业发展

社会经济发展的一个重要目标是对公众提供更多、更好的就业机会。可持续性评估考虑项目对就业的促进作用，关注职业发展的平等性，确保发展过程中不会导致就业差距的扩大。

2. 可持续性评估的经济维度

（1）经济增长与创新

社会经济发展追求经济的增长和创新。可持续性评估通过考察项目对经济的贡献和创新能力，确保经济的发展是健康、可持续的。

（2）资源利用与效益

可持续性评估关注资源的利用效益，要确保项目在经济发展过程中不会对资源造成过度耗竭。合理的资源利用有助于维持经济的可持续性。

3. 可持续性评估的环境维度

（1）生态系统保护

社会经济发展需要在生态系统的基础上进行，可持续性评估通过评估项目对生态系统的影响，保护生态系统的健康，以支持社会经济的长期发展。

（2）气候适应性与碳减排

社会经济发展要适应气候变化的影响，并采取措施减缓气候变化。可持续性评估关注项目对气候的适应性和碳减排能力，确保经济的发展不会对气候造成过大的压力。

（四）可持续性评估与社会经济发展的挑战

1. 利益冲突

可持续性评估和社会经济发展之间存在着各方面的利益冲突。例如，在资源利用方面，经济发展可能追求更多的资源开发，而可持续性评估可能强调资源的保护和合理利用，两者之间产生利益的冲突。

2. 短期与长期的平衡

社会经济发展往往面临短期经济利益与长期可持续发展目标之间的平衡问题。一些短期获益可能会对环境或社会经济造成潜在的长期损害。例如，过度的资源开采和环境污染可能会在短期内带来经济增长，但却对未来的可持续性产生负面影响。

3.不确定性和复杂性

可持续性评估和社会经济发展都面临不确定性和复杂性的挑战。未来的社会、经济和环境变化难以准确预测，评估结果可能受到多种因素的影响，这增加了决策的复杂性。

4.参与度和透明度

在社会经济发展和可持续性评估中，广泛的参与度和透明度是关键因素。然而，实现公众的广泛参与和评估决策的透明度可能面临挑战，特别是在涉及复杂技术或是专业领域的决策中。

（五）应对策略与平衡之道

1.综合决策制定

采用综合决策制定的方法，将可持续性评估的结果与社会经济发展目标相结合。综合决策制定强调各方面利益的平衡，确保社会、经济和环境之间达到可持续的平衡。

2.强化公众参与

通过加强公众参与，确保社会经济发展的决策过程更具透明度和公正性。公众的意见和需求应该被纳入考虑，以避免单方面的决策，增加社会的认可度。

3.制定长期规划

社会经济发展需要制定长期规划，而可持续性评估应该成为规划的一部分。通过制定长期规划，可以更好地平衡短期经济利益与长期可持续发展目标，避免牺牲未来的利益。

4.采用新技术手段

借助新技术手段，如大数据分析、人工智能等，提高可持续性评估的科学性和准确性。新技术的应用有助于更全面地了解社会、经济和环境之间的关系，为决策提供更好的信息支持和依据。

5.践行可持续发展原则

社会经济发展和可持续性评估都应该践行可持续发展的原则。在决策制定和项目实施中，需要考虑到社会、经济和环境三重因素，以实现长期可持续的发展。

可持续性评估和社会经济发展之间的平衡是实现可持续发展的关键。通过将可持续性评估的综合性、长期性和参与度与社会经济发展的目标相结合，可以更好地引导决策，实现社会、经济和环境的协同发展。面对挑战，制定综合决策、强化公众参与、制定长期规划、采用新技术手段和践行可持续发展原则等策略都是实现平衡的途径。在全球范围内，共同努力促进社会经济的可持续发展，以应对日益严峻的环境和社会挑战。

第四节　社会与环境保护的法规要求

一、国内外相关法规对边坡工程的要求比较

（一）概述

边坡工程是土木工程中一个重要的领域，涉及土地开发、公路、铁路、水利等多个方面。为确保边坡工程的稳定性、安全性和环境可持续性，各国都制定了相关法规和标准。本节将针对国内外相关法规对边坡工程的要求进行比较，分析其异同点，并探讨对未来边坡工程规范的启示。

（二）国内法规与标准

1.《公路工程边坡设计规范》

中国国内的边坡工程法规主要包括《公路工程边坡设计规范》。该规范由中国交通运输部颁布，详细规定了公路边坡在设计、施工、监理等方面的要求。主要内容包括边坡的分类、设计参数、防护结构、施工工艺等。

2.《水利水电工程边坡设计规范》

在水利水电领域，中国还有《水利水电工程边坡设计规范》。该规范主要针对水利水电工程中的边坡设计，包括溢流坝、混凝土重力坝等不同类型的工程。规范中强调了边坡的抗滑稳定性、抗冲刷能力等。

3. 地方性规范

除了中央颁布的规范外，各省市也有相应的地方性规范和标准，以适应地方的地质、气候和工程特点。这些地方性规范在一定程度上会对中央规范进行补充和细化。

（三）国外法规与标准

1. 美国

在美国，边坡工程的法规和标准由美国联邦公路管理局（FHWA）颁布。《联邦公路行车边坡设计手册》是美国公路工程领域的权威文件，规定了边坡设计的要求、参数、施工方法等。此外，各州也有自己的规范，以适应不同地区的需要。

2. 欧洲

欧洲各国在边坡工程方面通常采用欧洲规范（EN）。EN包括了对边坡设计、施

工和监测的详细规定。欧洲的法规倾向于强调地质勘探、风险评估和灾害管理，以确保边坡工程在各种条件下都具有可靠性。

3. 日本

日本的边坡工程法规主要由日本建设省（现在是国土交通省）颁布。《边坡工程技术规范》是对边坡工程进行规范的文件，其中包括了边坡设计、施工、监测等方面的要求。日本的法规也强调了地质条件和地震因素对边坡的影响。

（四）国际性组织标准

除了各国的国家标准外，国际性组织也发布了一些边坡工程的标准。例如，国际地震工程学会（IAEE）发布的《地震作用下边坡和土体结构工程规范》，对地震下边坡的设计和施工进行了规范。

（五）比较分析

1. 设计参数和方法

各国的法规对于边坡的设计参数和方法存在一定的差异。例如，中国的规范中强调了对边坡地质条件的详细勘探和分析，而美国的法规则相对更加注重对地质和气候的风险评估。

2. 防护结构要求

不同国家的法规对于边坡防护结构的要求也存在一些差异。一些国家更加强调生态防护和植被的利用，而另一些国家可能更注重结构性的支护和防护。

3. 地质灾害风险评估

一些国家的法规在边坡工程中特别强调对地质灾害风险的评估，包括对地震、滑坡、泥石流等灾害的考虑。这反映了不同地区地质环境的特点。

4. 施工和监测要求

各国的法规对边坡施工和监测的要求也有所不同其中。一些国家可能更加注重施工工艺和监测手段的创新，以确保工程的质量和安全。

（六）启示与展望

通过比较国内外边坡工程法规，我们可以得出以下一些启示：

1. 强调地质勘探和风险评估

各国的法规都强调了地质勘探和风险评估的重要性。因此，在进行边坡工程设计时，应当充分了解地质条件，进行详尽的地质勘探，并对可能发生的自然灾害风险进行全面评估。这有助于提高工程的稳定性和安全性。

2.注重生态防护和可持续性

一些国家法规强调生态防护和可持续性的原则，包括植被的保护和利用。这表明在边坡工程中应考虑对生态系统的保护，通过植被的引入来增加边坡的稳定性，并减少对自然环境的不良影响。

3.关注地震影响

地震是边坡工程中一个重要的影响因素，一些国家在法规中对地震的影响进行了详细规定。在地震多发地区的边坡工程设计中，应充分考虑地震因素，采取相应的防护措施，以确保工程在地震发生时的稳定性。

4.加强施工工艺和监测手段

不同国家的法规对施工工艺和监测手段的要求也存在一定差异。在实际工程中，应引入先进的施工技术和监测手段，保障工程施工的高效性和监测的准确性。这有助于及时发现问题并采取措施，确保工程的质量和安全。

5.地方性规范的重要性

考虑到各地的地质、气候和工程特点的不同，地方性规范的制定显得尤为重要。在实际工程中，需要综合考虑中央规范和地方规范的要求，以制定更加符合当地实际情况的边坡工程方案。

边坡工程是土木工程领域中的重要组成部分，各国在这方面都制定了一系列的法规和标准。通过对国内外相关法规的比较分析，我们可以得出一些启示，包括强调地质勘探和风险评估、注重生态防护和可持续性、关注地震影响、加强施工工艺和监测手段以及地方性规范的制定。在今后的边坡工程实践中，应结合具体项目的实际情况，综合运用各项法规和标准，以确保工程的质量、安全和可持续性。同时，随着科技的不断发展，边坡工程领域的法规和标准也将不断更新，以更好地适应新的挑战和要求。

二、法规遵从与工程实践的融合

（一）概述

法规遵从与工程实践的融合是现代工程管理和执行的重要方面。法规和标准作为指导性文件，旨在确保工程的合规性、安全性和可持续性。然而，在实际工程实践中，面临各种复杂的挑战，需要将法规的要求与实际情况相结合，以找到最佳的解决方案。

（二）法规遵从的重要性

1.安全性保障

法规和标准制定的初衷之一是确保工程的安全性。遵守相关法规可以降低工程发生事故或灾害的风险，保障人员和环境的安全。例如，在建筑工程中，建筑法规规定了对建筑物的结构、材料和施工程序的要求，以确保其在使用期间的结构安全。

2. 合规性要求

法规通常制定了特定行业或领域的合规性要求。工程项目必须符合这些合规性要求，以做到合法合规。例如，在环境保护方面的法规规定了工程对周围环境的影响，要求实施相应的环境管理措施，以保护自然资源和生态平衡。

3. 可持续发展

法规和标准也与可持续发展原则密切相关。通过遵守相关法规，工程可以更好地考虑社会、环境和经济因素，推动可持续发展。例如，在能源工程中，法规可能要求采用可再生能源和能效措施，以减少对非可再生资源的依赖。

4. 项目质量保证

法规和标准通常规定了工程项目的质量标准和验收程序。遵守这些标准可以确保工程的质量得到保障，提高工程交付的可靠性。例如，ISO 9001 质量管理体系标准规定了质量管理的基本要求，许多工程项目都采用这一标准进行质量管理。

（三）工程实践的挑战

1. 复杂的项目需求

工程项目往往面临复杂的需求，包括技术、时间、成本等多方面的考量。法规和标准虽然为工程提供了一些指导，但在具体实践中，需要根据项目的特点进行综合考虑，以满足项目的整体要求。

2. 多元化的利益相关者

工程项目涉及多个利益相关者，包括政府、业主、承包商、设计师、居民等。这些利益相关者可能各有不同的利益和期望，法规遵从需要在不同利益之间进行平衡，确保各方的需求都得到妥善考虑。

3. 快速变化的技术和市场趋势

科技和市场的快速发展使得工程领域的技术和市场趋势不断变化。法规和标准在发布后可能难以迅速跟进这些变化，因此工程实践需要灵活性，以适应新的技术和市场趋势。

（四）实现法规遵从与工程实践的融合

1. 综合考虑法规和实际情况

在工程实践中，需要根据具体项目的要求，综合考虑法规和实际情况。这包括对法规的解读和灵活运用，以适应项目的特殊需求。综合考虑还需要在不同阶段进行，包括规划、设计、施工和运营阶段。

2. 制定有效的管理体系

建立有效的管理体系是实现法规遵从与工程实践融合的关键。例如，可以采用质量管理体系、环境管理体系和安全管理体系，确保项目在各方面符合相关法规的要求。这需要有系统性的管理和监控机制。

3. 制定应急预案和风险管理策略

在面对项目变化和不确定性时，制定应急预案和风险管理策略是必要的。这有助于项目团队在面临意外情况或风险时能够及时做出反应，确保项目的整体目标不受影响。

4. 加强沟通与合作

工程项目中涉及众多利益相关者，加强各方沟通与合作是实现法规遵从与工程实践融合的关键。通过充分沟通，各方能够更好地理解法规的要求，共同制定解决方案，确保项目的整体成功。

三、法规落实对企业社会责任的影响

（一）概述

企业社会责任（Corporate Social Responsibility，简称 CSR）是指企业在追求经济利润的同时，积极承担起对社会、环境、员工等各方面的责任。法规作为社会管理的工具，对企业社会责任的履行产生着深远的影响。本节将探讨法规在企业社会责任履行中的作用，分析法规对企业的引导、规范和激励作用，以及企业如何更好地融入法规框架履行社会责任。

（二）法规对企业社会责任的引导作用

1. 法规的制定背景

法规的制定通常是为了维护社会的公共利益，保障各方权益，并促进经济、社会的可持续发展。在这一背景下，法规为企业的社会责任履行提供了明确的指引和依据。

2. 法规对企业行为的规范

法规对企业的经营行为进行了明确的规范，要求企业在生产、销售、劳动关系等方面合法合规。这为企业履行社会责任提供了基础，约束企业遵循道德和法律规范，确保企业经营的公正性和合法性。

3. 法规对企业社会责任的明确要求

一些法规明确规定了企业需要承担的社会责任，如环保法、劳动法等。这些法规将企业的社会责任落实为具体的义务和标准，为企业提供了明确的方向和要求。

（三）法规对企业社会责任的规范作用

1. 利益平衡的要求

法规要求企业在追求经济利润的同时，要平衡经济、社会、环境等多方面的利益。这使得企业不仅仅关注财务绩效，还须考虑对员工、社会和环境的影响，促使企业更全面地履行社会责任。

2. 透明度和信息披露的要求

一些法规要求企业公开信息，包括社会责任报告、环境影响评估等。这促使企业更加透明，使社会各界了解企业的社会责任履行情况，推动企业更加主动地承担社会责任。

3. 风险管理和合规性的关注

法规对企业的风险管理和合规性提出了要求，要求企业考虑社会和环境风险，并采取措施进行管理。这有助于企业更全面地认识到社会责任对企业经营的潜在影响，从而更加谨慎地履行责任。

（四）法规对企业社会责任的激励作用

1. 奖惩机制的设立

一些法规通过建立奖惩机制，对企业社会责任履行情况进行评估和评价。履行社会责任的企业可能获得税收减免、贷款优惠等奖励，而未履行责任的企业可能面临罚款、执法处罚等制裁。这种奖惩机制激励了企业更加积极地履行社会责任。

2. 市场竞争力的提升

消费者、投资者等社会各界对企业社会责任的关注逐渐增加。履行社会责任的企业可能更容易获得社会认可，且能提升品牌形象，吸引更多的顾客和投资。这种市场竞争力的提升也是一种激励机制。

3. 制度建设的推动

一些国家和地区通过制定法规推动企业建立和健全社会责任制度。企业通过建立科学的社会责任管理制度，将更好地履行社会责任，提高企业的整体竞争力。

（五）企业如何更好地融入法规框架履行社会责任

1. 主动了解法规要求

企业应主动了解相关法规和标准，了解社会责任的相关要求。建立专业的法务团队或委托专业机构，帮助企业及时获取和理解法规信息，确保企业对法规的理解准确、全面。

2. 制定明确的社会责任政策

企业需要在内部建立明确的社会责任政策，明确社会责任的目标和责任分工。这有助于企业在实际操作中更好地融入法规框架，确保社会责任的履行不仅仅是一种义务，更是企业的长远发展战略。

3. 完善内部管理体系

建立和完善内部的社会责任管理体系，确保社会责任的履行得到有效执行。这包括建立社会责任部门或委员会，制定相应的管理制度和流程，明确责任人和任务，以确保社会责任的具体履行得到有效推动和监督。

4. 建立透明的信息披露机制

企业应建立透明的信息披露机制，主动向社会公开其社会责任履行情况。这不仅有助于社会对企业履行责任的监督，也提升了企业的透明度和信誉度。企业可以通过发布社会责任报告、参与社会评估等方式，向社会传递积极的履行社会责任的信息。

5. 积极响应社会关切

企业应主动关注社会热点和公共关切的议题，积极参与相关社会活动和公益事业。通过参与社会问题解决和公益事业，企业能够更好地回应社会期望，展现出对社会责任的积极态度。

6. 建立与利益相关者的合作关系

企业应建立与政府、消费者、员工、供应商等利益相关者的合作关系。与利益相关者的有效沟通和合作，有助于企业更好地履行社会责任，确保社会责任的履行符合各方利益。

7. 持续改进与创新

企业应采取持续改进的理念，不断优化社会责任履行的方式和效果。通过引入创新技术、管理方法，企业能够更高效地履行社会责任，并在经济、环境、社会等多方面实现可持续发展。

法规作为社会管理的工具，在引导、规范和激励企业履行社会责任方面发挥着重要作用。企业社会责任不仅仅是法规的要求，更是企业长远发展的需要。企业在履行社会责任过程中，应主动了解法规要求，制定明确的社会责任政策，建立健全的内部管理体系，透明信息披露，积极响应社会关切，建立与利益相关者的合作关系，持续改进与创新。通过这些努力，企业不仅能够更好地履行社会责任，还能够在竞争激烈的市场中获得可持续发展的优势。企业社会责任的履行不仅符合法规的要求，更是企业对社会的一种责任担当。

第五节　公路边坡工程的社会责任与义务

一、企业社会责任理念在边坡工程中的体现

（一）概述

企业社会责任（Corporate Social Responsibility，简称 CSR）是指企业在经济发展的同时，承担起对社会、环境和利益相关方的责任。在边坡工程领域，企业社会责任理念的体现不仅关乎工程的质量与安全，还包括对环境的保护、员工的福祉以及与社区的互动。本节将探讨企业社会责任理念在边坡工程中的具体体现，以及如何有效地落实和推动这一理念。

（二）边坡工程的特殊性及社会责任的重要性

1. 边坡工程的特殊性

边坡工程是土木工程领域的一项重要工作，涉及地质、土壤力学、水文等多个方面的知识。工程设计、施工及后期维护都直接关系到周边环境的安全和生态平衡。

2. 社会责任的重要性

在进行边坡工程时，不仅需要关注工程本身的安全与稳定性，也需要考虑对周边环境和社会的潜在影响。这包括遵循环保法规、关心员工的安全与福祉、与当地社区建立良好关系等。

（三）企业社会责任理念在边坡工程中的体现

1. 安全与质量保障

企业社会责任的核心之一是确保工程的安全和质量都达标。在边坡工程中，企业需要采取一系列措施，包括严格的工程设计、合规的施工操作、定期的安全检查等，以确保工程不仅在技术上稳定可靠，而且符合相关法规标准。

2. 环境保护与可持续性

边坡工程可能对周边环境产生一定的影响，包括土地利用、水土流失等。企业社会责任理念要求企业在工程实施过程中采取环保措施，减少对生态系统的破坏。这可能包括采用生态修复技术、合理的植被保护和恢复等。

3.员工福祉与培训

企业社会责任之一是关注员工的福祉，包括提供良好的工作环境、保障员工的安全与健康。在边坡工程中，可能面临一些复杂的工程环境，因此企业需要确保员工在工作中不受到伤害，为其提供相关的培训和保护设施。

4.社区关系建设

企业社会责任理念鼓励企业与当地社区建立积极的关系。在边坡工程中，企业可能需要获取当地社区的支持，同时应当关注工程可能对社区产生的影响。透明的沟通、参与社区建设项目等举措有助于建立良好的社区关系。

5.法规合规

企业社会责任要求企业遵守相关法规，确保在边坡工程中的各个阶段都符合国家和地方的法规标准。这包括环保法规、劳动法规等，企业需要通过合规性审查、定期培训等手段确保员工和工程的合法合规。

6.创新与改进

企业社会责任理念鼓励企业进行创新，寻找更环保、更安全、更高效的工程方法。在边坡工程中，采用新型的工程材料、先进的监测技术等都是履行社会责任的一种方式。通过引入创新技术和改进工程流程，企业可以提高工程的效益，同时减少对环境和社会的不良影响。

企业社会责任理念在边坡工程中的体现是一项综合而复杂的任务，既需要确保工程的安全与质量，又需要关注环境保护、员工福祉、社区关系等多个方面。未来，随着社会的不断发展和对可持续发展的需求，企业社会责任理念将更加注重环境友好型工程、数字化与智能化应用，全面参与社会治理，为边坡工程的可持续发展做出更积极的贡献。

二、边坡工程对当地社区的社会责任

（一）概述

边坡工程是土木工程领域中一项重要的工作，涉及土木结构的设计、施工和维护。在进行边坡工程时，企业除了关注工程本身的安全和稳定性外，还需要考虑对当地社区的社会责任。本节将探讨边坡工程对当地社区的社会责任，包括环境影响、社区参与、文化保护等方面的内容。

（二）环境影响与保护

1.环境影响评估

在进行边坡工程前，企业应进行全面的环境影响评估。这包括对土地利用、水土流失、植被覆盖等方面的评估，以了解工程可能对周边环境产生的影响。通过科学的评估，企业可以采取相应的措施，减少对当地生态系统的负面影响。

2.环保措施的实施

边坡工程的施工过程可能对土壤、水体等环境要素产生一定的影响。为履行社会责任，企业应采取一系列的环保措施，如合理的施工方案、防护措施、生态修复等，以最大限度地减少对周边环境的破坏。

3.生态修复与植被保护

在边坡工程完成后，企业应及时进行生态修复，恢复原有的植被覆盖。通过合理的植被保护和恢复措施，可以减缓水土流失，改善土地的生态环境，对当地社区的自然环境产生积极的影响。

（三）社区参与和沟通

1.透明沟通

在进行边坡工程时，透明的沟通是企业社会责任的重要组成部分。企业应及时向当地社区居民说明工程的必要性、影响范围、可能产生的问题等信息，建立起透明、开放的沟通渠道。

2.社区参与决策

企业在制定边坡工程方案时，应考虑到当地社区的实际情况和需求。通过邀请社区居民参与决策过程，听取他们的意见和建议，使得工程更符合社区的利益和期望，增强社区居民对工程的认同感。

3.社区福利和就业机会

企业在进行边坡工程时，应当考虑对社区居民的福利和就业机会。这包括提供合理的补偿方案，确保工程不会给社区居民带来不良的经济影响。同时，企业也可以给居民提供就业机会，促进社区居民的就业率和收入水平的提高。

（四）文化保护与遗产管理

1.文化影响评估

在进行边坡工程时，企业应当进行文化影响评估，了解工程可能对当地文化遗产的影响。这包括对历史建筑、文化景观等的保护，以及可能涉及的文化传统和风俗习惯。

2.文化遗产保护

企业在进行边坡工程时，应采取措施保护当地的文化遗产。这可能包括修复和保护历史建筑、记录文化传统等措施，以确保工程不会对当地的文化遗产产生负面影响。

（五）社会责任的长期维护

1.后期监测与管理

边坡工程完成后，企业应继续进行后期监测与管理。通过定期的工程安全检查、环境监测等手段，及时发现问题并采取措施加以解决，以确保工程的长期稳定性和社会责任的持续履行。

2.社区与企业合作

企业与社区的合作不应仅限于工程的实施阶段，更应该是一个长期的互动与合作过程。通过建立稳固的合作关系，企业可以更好地理解社区的需求，及时回应社区关切，最终实现社区与企业的双赢。

（六）社会责任的推动与实践

1.制定社会责任政策

企业在进行边坡工程时，应制定明确的社会责任政策。这一政策应包括对环境、社区、文化遗产等方面的责任承诺，明确企业对当地社区的关注和支持。

2.社会责任培训

为确保社会责任理念的深入贯彻，企业可以定期开展社会责任培训，提高员工对社会责任的认知水平。培训内容可以包括环境保护知识、社区参与技巧等，使员工更好地理解和实践社会责任。

3.社会责任报告

企业可以定期发布社会责任报告，向社会公众公开展示工程的社会责任履行情况。报告内容可以包括工程的环境影响评估、社区参与计划、文化遗产保护成果等，为社会提供翔实的信息。

4.社区反馈与改进

企业应建立社区反馈机制，接受社区居民的建议和意见。通过及时回应社区反馈，企业可以不断改进工程计划，提高社区居民的满意度，实现社会责任的积极推动。

（七）面临的挑战与应对策略

1.利益平衡

企业在履行社会责任时，需要平衡各方利益。有时候，社会责任的履行可能会增加工程成本或带来一定的经济压力。企业需要寻找合理的平衡点，通过提高工程效益和创新管理方式，降低社会责任的实施成本。

2. 复杂的社区利益

社区是一个复杂的群体，不同居民可能有不同的期望和需求。企业需要认真倾听社区居民的声音，进行全面的社区调研，以更好地理解社区的多元化利益，制订更为全面的社会责任计划。

3. 法规限制

在不同地区和国家，可能存在不同的法规和政策要求。企业在进行边坡工程时，需要仔细研究并遵守当地的法规，确保社会责任的实践符合当地法律的要求。

4. 持续性的社会责任

社会责任并非一次性的活动，而是需要持续推进和践行的过程。企业需要在整个边坡工程的生命周期中保持对社会责任的持续关注和实践，以确保其真正产生积极而持久的社会影响。

在进行边坡工程时，企业对当地社区的社会责任是一项重要而复杂的任务。通过环境保护、社区参与、文化遗产保护等方面的实际行动，企业可以为社区居民创造良好的生活环境，促进社区的可持续发展。然而，企业在履行社会责任时也会面临一系列挑战，如利益平衡、社区利益复杂性、法规限制等。通过制定明确的社会责任政策、进行社会责任培训、定期发布社会责任报告等手段，企业可以更好地应对挑战，确保社会责任的长期推动和实践。社区与企业的合作是共赢的，只有真正履行社会责任，企业才能赢得社区居民的信任，最终实现可持续发展的目标。

参考文献

[1] 谭捍华，许湘华，韩振中．山区公路边坡病害防治技术与工程实例 [M]. 贵阳：贵州科技出版社，2021.

[2] 赵艳华，张秀娟．职业院校土建类专业"互联网＋"精品教材 公路边坡防护技术 [M]. 成都：西南交通大学出版社，2021.

[3] 周斌．公路边坡生态恢复及防护技术的研究 [M]. 长春：东北师范大学出版社，2018.

[4] 杨阳．山区高速公路边坡植被恢复技术及质量评价 [M]. 北京：中国纺织出版社，2018.

[5] 汪晗．公路边坡工程防治技术 [M]. 合肥：合肥工业大学出版社，2014.

[6] 冯美军，洪波，左志武．公路边坡生态恢复及防护技术 [M]. 青岛：中国海洋大学出版社，2014.

[7] 刘东明，林才奎．高速公路边坡绿化理论与实践 [M]. 武汉：华中科技大学出版社，2010.

[8] 李晋，唐勇，朱霞．公路边坡柔性防护技术 [M]. 徐州：中国矿业大学出版社，2010.

[9] 江源．道路生态影响与公路边坡植被恢复生态研究 [M]. 北京：中国环境科学出版社，2011.

[10] 卫宏，王兰生．川西山区公路边坡地质灾害研究 [M]. 北京：煤炭工业出版社，2001.

[11] 王华俊．山区高速公路边坡防控及养护 [M]. 长沙：中南大学出版社，2023.

[12] 付宏渊．公路边坡工程 [M]. 北京：人民交通出版社，2017.

[13] 范文．公路边坡病害预测与稳定性评价 [M]. 北京：人民交通出版社，2020.